技工院校公共基础课程教材

TIYU YU JIANKANG

体育与健康

（中级）

U0899730

主　　编：姚明焰

副 主 编：耿志伟　王玉中　付　华

编写人员（按姓氏笔画排名）：

王延超　王　建　王显明　王　莉　王紫岳　艾雪飞　布　和

朱镇京　刘　庆　江　群　许钏泱　李卫东　杨二伟　杨　帆

张龙凤　张虎成　林　孟　赵卫新　荣　祺　钟羽江　段冠婷

耿嘉梅　葛娇娇　葛　煜　熊　铮

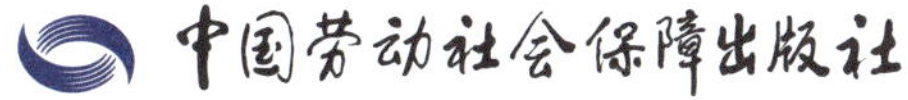

中国劳动社会保障出版社

图书在版编目（CIP）数据

体育与健康：中级 / 姚明焰主编．-- 北京：中国劳动社会保障出版社，2025. --（技工院校公共基础课程教材）．-- ISBN 978-7-5167-6980-5

Ⅰ. G634.961

中国国家版本馆 CIP 数据核字第 2025XB8248 号

中国劳动社会保障出版社出版发行

（北京市惠新东街 1 号　邮政编码：100029）

*

北京市艺辉印刷有限公司印刷装订　新华书店经销

787 毫米 ×1092 毫米　16 开本　16.25 印张　337 千字

2025 年 8 月第 1 版　2025 年 8 月第 2 次印刷

定价：38.00 元

营销中心电话：400-606-6496

出版社网址：https://www.class.com.cn

https://jg.class.com.cn

前言

体育承载着国家强盛、民族振兴的梦想。作为培养学生德智体美劳全面发展的重要途径，学校体育肩负着重要使命。技工院校体育与健康课程作为各专业学生必修的公共基础课程，对于学生的全面发展具有不可替代的作用。课程落实立德树人根本任务，坚持健康第一理念，充分发挥体育运动“以体育人”独特功能，通过系统化的运动技能学练、体能训练、体育竞赛或展演等实践活动，帮助学生在体育锻炼中“享受乐趣、增强体质、健全人格、锤炼意志”，同时提升学生自主锻炼能力，促其养成终身锻炼习惯，助力学生达到未来职业岗位所需的身体素质和心理素质要求。

本教材是技工院校体育与健康公共基础课程教材。教材基于核心素养培育目标，遵循运动技能形成规律，采用大单元、结构化设计，分为理论篇、体能篇和技能篇三部分。理论篇主要涵盖体育与健康基础知识、中华优秀传统体育文化及奥林匹克运动等内容，为学生开展科学、安全的体育锻炼提供理论指导；体能篇结合学生体质发展特点和职业需求，科学设计力量、耐力、柔韧、灵敏等身体素质的训练方法，以及针对不同职业的体能训练方法，为学生体质健康发展与专项技能学习打下基础；技能篇作为教材核心内容，依据学生运动认知水平，遵循技能习得规律，构建“学、练、赛”一体化教学体系，通过由易到难、循序渐进地学习专项技术、战术及竞赛展示等内容，帮助学生系统掌握运动技能，培养参赛能力，为终身体育奠定坚实基础。

本教材由姚明焰主编，耿志伟、王玉中、付华任副主编，邱丽玲任主审。全书编写分工如下，第一章：段冠婷；第二章：钟羽江；第三章：王玉中、张龙凤、杨帆；第四章：王玉中、杨二伟、王延超；第五章：荣祺、刘庆、王显明、王莉、耿嘉梅、许钏泱；第六章：张虎成、朱镇京；第七章：姚明焰、江群、李卫东、王紫岳；第八章：付华、艾雪飞、赵卫新；第九章：耿志伟、葛煜、林孟、熊铮；第十章：耿志伟、葛娇娇、布和、王建。姚明焰、耿志伟、王玉中负责统稿工作。杨帆、杨二伟、荣祺、张博延、辛绍赫、刘宇星、耿嘉梅、林茹婷、李亚楠、刘嘉申、任星语、夏宏宇、杨清晨、杨雷、孙泽、高安祺、余狄、王建参与了照片和视频的拍摄工作。

希望这本教材能够为技工院校体育与健康课程教学提供有力支持。为方便教师教学，本教材配套动作示范视频，可扫描封底二维码观看或登录技工教育网（https://jg.class.com.cn）下载使用。为进一步完善教材编写，读者可将对本教材的意见和建议发送至邮箱：ggk@class.com.cn。

编　者

2025 年 7 月

目录

理论篇

体能篇

技能篇

理论篇

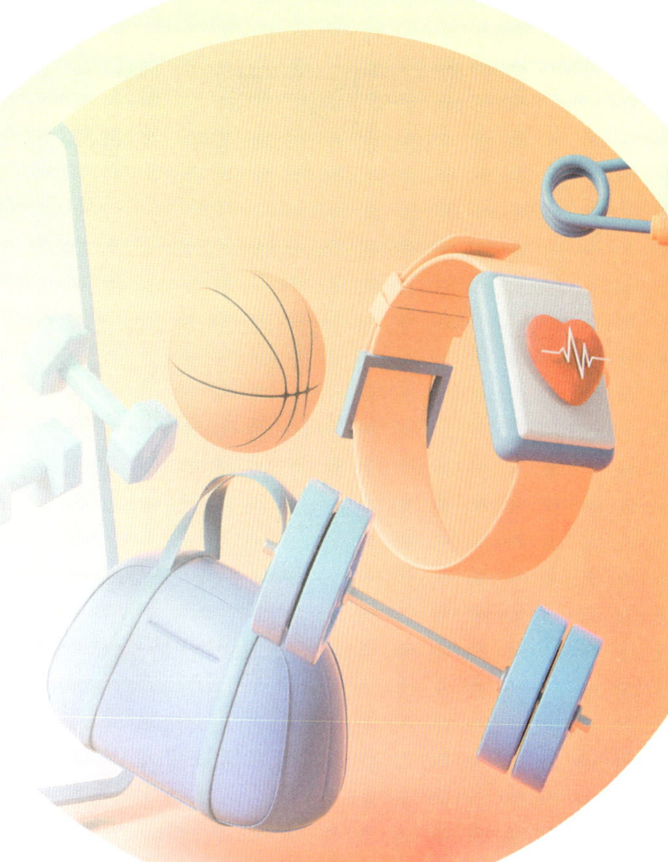

第一章 · 体育与健康知识

体育是人类通过身体活动来增强体质、提高运动技能、培养意志品质的一种社会文化活动。它不仅包括学校体育、竞技体育、群众体育等多种形式，还涵盖从日常锻炼到专业比赛的各种活动。体育的功能主要体现在促进身体健康、增强心理素质、提高社会适应能力等方面。通过体育锻炼，可以增强心肺功能、提高肌肉力量、改善身体协调性，从而有效预防疾病，提升身体素质。此外，体育还蕴含重要的教育价值，参与体育运动能够培养团队合作精神、竞争意识和坚韧不拔的意志。本章主要介绍体育与健康的基本知识，以帮助同学们理解体育对个人全面发展、文化交流与传承的重要作用，为今后的体育锻炼和健康生活奠定基础。

第一节　体育基本知识

学习目标

1. 了解体育的分类及其主要功能。

2. 了解中华优秀传统体育的起源、主要运动项目及其蕴含的民族文化和民族精神，增强民族文化自尊心、自信心和自豪感。

3. 了解奥林匹克运动的基本知识和我国参与奥林匹克运动的基本历程，感悟奥林匹克精神。

一、认识体育

体育是人类通过身体活动来增强体质、提高运动技能、培养意志品质的一种社会文化活动。它不仅是促进个人身心健康的重要途径，也是推动社会经济发展、促进文化交流、增强民族凝聚力的重要载体。根据体育的实践领域和目的的不同，可以将其分为学校体育、竞技体育和群众体育三类。

学校体育是在各级各类学校中开展的体育教育活动，是教育的重要组成部分，它的主要目的是促进学生正常生长发育，提高学生的运动能力，增强体质和提高健康水平，培养学生良好的思想品德和意志品质。学校体育通常包括体育课、课间体育活动、课外体育锻炼、体育竞赛等，是校园学习中不可或缺的一部分。

竞技体育是以体育竞赛为主要形式，以运动员创造优异运动成绩、夺取比赛优胜为主要目标的社会体育活动。竞技体育项目多达 30 多个大项、400 多个小项，每一个项目都有其相对独立系统的技术、战术和竞赛规则。

群众体育是广大人民群众为了健身、健美、娱乐和社交等目的而进行的体育活动，它具有广泛的群众基础和参与性，适合不同年龄、性别和身体状况的人群参与。

二、中华优秀传统体育文化

中华优秀传统体育文化是中华优秀传统文化的重要组成部分，是中国历史上形成并传承至今的体育活动和相关文化体系，它不仅包括具体的体育项目，还涵盖与之相关的哲学思想、道德观念、礼仪规范和社会习俗。

（一）中华优秀传统体育的起源与发展

中华优秀传统体育起源于我国古代劳动人民的生产生活实践，是中华民族在长期历史发展中形成的独特文化现象。早在远古时期，人们通过狩猎、农耕等劳动逐渐发展出奔跑、投掷、射箭等基本运动技能。随着社会的进步，传统体育逐渐从生产劳动中分离出来，形成了以健身、养生、竞技、娱乐为目的的多样化体育形式，如武术、蹴鞠、龙舟等。这些项目不仅体现了古人对身体健康的追求，还融入了哲学、医学、军事等多方面的智慧，形成了“内外兼修”“形神合一”的独特理念。历经数千年的传承与发展，中华传统体育不断丰富和发展，成为中华文化的重要组成部分，不仅在我国广为流传，还走向世界，成为展示中华文化魅力的重要窗口。

（二）中华优秀传统体育的主要项目

中华优秀传统体育项目源远流长，内容丰富，既包含武术这类注重身心修养的运动，也涵盖龙舟、舞龙和舞狮等兼具竞技性与文化性的集体活动，以及射箭等传统技艺。这些项目不仅展现了中华民族的智慧与精神，也为现代体育教育提供了宝贵的健身和文化资源。

1. 武术

武术是我国传统体育的重要组成部分，如图 1-1-1 所示。武术的历史悠久，可追溯至几千年前。它不仅是一种体育运动，还融合了哲学、医学和文化等多重内涵。武术包含多种技法，如拳法、剑法、棍法、刀法等。练习武术，可以通过力量、灵活性和反应能力的训练，全面提升个人素质。

太极拳是武术的一个拳种，如图 1-1-2 所示。它注重内外兼修，动作柔和缓慢，以其独特的动作和呼吸配合而著称。太极拳的典型技术动作包括揽雀尾、单鞭、云手、蹬脚、双峰贯耳、搬拦捶等。通过这些动作的练习，可以提高身体的协调性和平衡感，锻炼肌肉的柔韧性和力量，同时也有助于缓解压力，提升心理健康水平。

图 1-1-1 武术

图 1-1-2 太极拳

2. 龙舟

龙舟是我国传统的水上竞技运动，如图 1-1-3 所示，通常在端午节期间举行。龙舟项目的主要技术包括划桨的协调与配合、鼓手的节奏掌握、舵手的方向控制等。划手们需要配合鼓手的节奏，齐心协力划桨，保持船体的稳定和速度。这项运动既能锻炼身体，也能增强团队精神和集体荣誉感。

3. 舞龙和舞狮

舞龙和舞狮是中华民族的传统庆典活动，也是一项富有观赏性的体育表演项目，如图 1-1-4 所示。舞龙的主要技术包括 8 字舞龙、游龙、穿腾、翻滚和组图造型等，需要多人协作完成；舞狮分为南狮和北狮，通常以两人一组，一人扮狮头，另一人扮狮尾，主要技术包括眨眼、张嘴等神态动作，以及跳跃、翻滚、甩尾等形态动作。

图 1-1-3 龙舟

图 1-1-4 舞龙和舞狮（南狮）

4. 射箭

在古代，射箭是一项重要的军事技能。如今，其作为一项体育竞技项目受到人们的喜爱。射箭运动的基本技术包括站姿、握弓、拉弦、瞄准和放箭等。同时，射箭也是一种修炼心性的运动，能够培养耐心和毅力。

（三）中华优秀传统体育蕴含的民族精神

中华优秀传统体育中所蕴含的民族精神体现在具体的体育活动中，传递了中华民族的核心价值观和文化特质。

1. 自强不息的精神

中华传统体育强调通过锻炼身体来增强体质和精神力量，体现了中华民族自强不息、不断进取的精神。例如，武术作为中华传统体育的代表，不仅注重外在的招式训练，还强调内在的修养和意志的磨炼，讲究“内外兼修”。

2. 和谐共处的理念

许多传统体育项目强调人与自然的和谐，体现了中华民族“天人合一”的哲学思想。例如，太极拳讲究动作的舒缓、与自然的协调，通过呼吸与动作的配合，达到身心合一的状态。传统体育中的许多活动，如舞龙、舞狮等，也常常与自然节令和民俗活动相结合，进一步体现了人与自然和谐共处的文化传统。

3. 礼仪规范的传承

中华传统体育活动中常常遵循着严格的礼仪规范，体现了中华民族崇尚礼仪和道德的传统。例如，古代的“射礼”不仅是一项竞技活动，更是一种礼仪教育，参赛者需要遵守严格的规则，展现良好的风度和修养。这种礼仪规范不仅培养了参与者的道德品质，也传递了中华民族“以礼为先”的文化价值观。传统武术中的抱拳礼也体现了对礼仪的重视。

4. 团结协作的精神

许多传统体育项目需要团队合作，体现了中华民族团结协作、共同奋斗的精神。例如，龙舟是一项典型的团队运动，队员们必须齐心协力，默契配合，才能取得胜利。舞龙、舞狮等项目也需要团队的协作和配合，展现了团结协作的重要性。

5. 坚韧不拔的意志

中华传统体育项目往往需要长期坚持和刻苦训练，体现了中华民族坚韧不拔、持之以恒的精神。例如，武术练习者需要经过多年的刻苦训练，才能掌握高深的技艺。传统体育中的许多项目，如石锁、长跑等，也都需要极强的耐力和毅力。

三、奥林匹克运动

现代奥林匹克运动会分为夏季奥运会和冬季奥运会，每 4 年举办一次，两者交替进行。夏季奥运会是规模最大的综合性体育赛事，包含田径、游泳、体操、篮球等数十个大项。冬季奥运会则以冰雪项目为主，包括滑雪、滑冰、冰球等项目，展现了人类在极限环境下的运动能力。此外，国际奥委会还设立了残疾人奥林匹克运动会、青年奥林匹克运动会等赛事，进一步丰富了奥林匹克运动的内涵。

（一）奥林匹克精神

奥林匹克精神的核心是“相互了解、友谊、团结和公平竞争”。奥林匹克精神通过体育竞技传递了和平、友谊与进步的价值观，成为连接世界各国人民的文化纽带。

（二）奥林匹克标志与格言

1. 奥林匹克标志

奥林匹克标志由 5 个奥林匹克环套接组成，有蓝、黑、红、黄、绿 5 种颜色，环从左到右互相套接，整个造型为一个底部小的规则梯形，象征着五大洲和全世界的运动员在奥运会上相聚一堂，如图 1-1-5 所示。

图 1-1-5　奥林匹克标志

2. 奥林匹克格言

1913 年，国际奥委会将“更快、更高、更强”写入《奥林匹克宪章》。2021 年，国际奥委会同意在奥林匹克格言“更快、更高、更强”之后，加入“更团结”。其表达形式为“更快、更高、更强——更团结”，英文表述为“Faster, Higher, Stronger-Together”。

拓展阅读

中国与奥林匹克运动

我国与奥林匹克运动的接触始于 20 世纪初。1932 年，短跑运动员刘长春作为我国首位奥运选手参加了洛杉矶奥运会，开启了我国参与奥林匹克运动的历史。此后，由于历史原因，我国与国际奥委会的关系一度中断，直到 1979 年恢复合法席位。1984 年，我国代表团在洛杉矶奥运会上实现了金牌“零的突破”，射击运动员许海峰赢得了首枚奥运金牌，标志着我国体育迈入新的历史阶段。此后，我国在历届奥运会上不断取得优异成绩，逐步成为世界体育强国之一。

2008 年，北京成功举办了第 29 届夏季奥林匹克运动会，这是我国首次举办奥运会。此届奥运会、残奥会会徽及吉祥物如图 1-1-6 所示。北京奥运会以“同一个世界，同一个梦想”为主题，展示了中国的文化魅力和组织能力，赢得了国际社会的广泛赞誉。

图 1-1-6　2008 年北京奥运会、残奥会会徽及吉祥物

2022年，北京又成功举办了第24届冬季奥林匹克运动会，成为全球首座“双奥之城”，进一步提升了我国在国际体育舞台上的地位。此届冬奥会、冬残奥会会徽及吉祥物如图1-1-7所示。我国不仅通过竞技成绩为奥林匹克运动增光添彩，还积极弘扬奥林匹克精神，推动体育事业的发展，倡导“绿色、共享、开放、廉洁”的办奥理念，为全球奥林匹克运动提供了中国智慧和中国方案。同时，通过体育外交促进国际交流与合作，为世界和平与发展也作出了积极贡献。

图1-1-7 2022年北京冬奥会、冬残奥会会徽及吉祥物

第二节 健康基本知识

学习目标

1. 了解健康基本知识，树立体育锻炼增进健康的意识和全面的健康观。

2. 了解影响健康的因素，学会维护身体健康的基本方法。

3. 了解青春期的生理特点和心理特点，以及青春期卫生保健知识，养成良好的个人卫生习惯，培养自律的健康行为。

一、认识健康

健康是一个多维度的概念。根据世界卫生组织的定义，健康是“一种身体上、心理上和社会适应方面的完好状态，而不仅仅是没有疾病或不虚弱”。

身体健康是指人体各器官系统发育良好，功能正常，体格健壮，精力充沛，并具有良好劳动效能的状态。它是个体进行日常生活、工作和学习的基础，也是享受生命乐趣的前提。

心理健康是指个体在心理上保持一种良好的状态，具有稳定的情绪、积极的情感、坚强的意志、健全的人格，能够适应社会，与人正常交往，具有和谐的人际关系，以及符合其年龄特征的心理行为。心理健康是健康的重要组成部分，它影响着个体的认知、情感和行为，对个体的生活质量和工作效率有着重要的影响。

社会适应能力是指个体能够适应社会环境的变化、处理人际关系、应对生活压力和挑战的能力。它包括个体的社交技能、沟通技巧、解决问题的能力，以及应对变化的能力等。社会适应能力的强弱直接影响着个体的生活质量和社会参与度。

二、影响健康的因素

健康是一个复杂的综合状态，受到多种因素的共同影响。这些因素既包括个体无法改变的遗传因素，也包括可以通过努力改善的环境因素和生活方式因素。了解这些因素的作用，有助于我们更好地认识健康的多维性，并采取科学的方法维护和提升健康水平。

（一）遗传因素

遗传因素是影响健康的基础性因素，决定了个体的生理特征和潜在疾病风险。某些疾病，如糖尿病、高血压、癌症等，具有明显的家族遗传倾向。遗传因素不仅影响身体的结构和功能，还可能决定个体对某些疾病的易感性。然而，遗传因素并非不可改变，通过科学的生活方式和健康管理，可以在一定程度上降低遗传性疾病的发生风险。

（二）环境因素

环境因素包括自然环境和社会环境，对健康有着重要影响。自然环境中的空气质量、水质、气候条件等直接影响人体的生理状态，例如，空气污染可能引发呼吸系统疾病，极端气候可能增加患心血管疾病的风险。社会环境则包括经济条件、医疗卫生水平、教育程度等，这些因素决定了人们获取健康资源和信息的能力。良好的社会环境能够为个体提供更好的健康保障，而恶劣的环境则可能成为健康的潜在威胁。

（三）生活方式因素

生活方式是影响健康的最重要因素之一，也是个体最能主动调控的部分。合理的饮食、规律的运动、充足的睡眠和良好的心理状态是健康生活方式的核心内容。不健康的饮食习惯，如高糖、高脂饮食，可能导致肥胖和相关慢性疾病；缺乏运动则可能引发肥胖问题、心血管疾病和代谢问题；长期睡眠不足或心理压力过大，可能削弱免疫系统功能，增加患病风险。通过科学的生活方式调整，可以有效预防多种疾病，提升整体健康水平。

三、维护健康的方法

健康并非一蹴而就，而是需要通过科学的方法和长期的坚持来维护。具体来说，包括合理饮食、规律运动、充足睡眠和心理调节等几个方面。通过科学的生活方式，养成良好的生活习惯，以及积极的心理调适，我们可以有效预防疾病，提升整体健康水平。

（一）合理饮食

合理饮食是维持健康的基础。均衡的饮食应包含适量的蛋白质、碳水化合物、脂肪、维生素和矿物质，以满足身体的各种营养需求。多吃新鲜蔬菜、水果和全谷物，减少高糖、高盐和高脂肪食物的摄入，有助于预防肥胖、糖尿病和心血管疾病等慢性病。此外，定时定量、细嚼慢咽的饮食习惯也能促进消化吸收，减轻肠胃负担。

（二）规律运动

规律运动是增强体质、预防疾病的重要手段。每周至少进行 150 min 的中等强度有氧运动，如快走、游泳或骑自行车，可以有效提高心肺功能，增强肌肉力量，改善代谢水平。此外，力量和柔韧练习也是不可或缺的，它们能够帮助人体维持骨骼健康，预防骨质疏松，并提高身体的协调能力和灵活性。运动不仅能改善身体健康，还能缓解压力，提升心理健康水平。

（三）充足睡眠

充足睡眠是身体恢复和修复的重要环节。成年人每天应保证 7 ~ 9 h 的睡眠时间，青少年则需要更多的睡眠以支持身体发育。中医认为，睡眠时间与人体阴阳平衡密切相关，晚上 11 点至凌晨 3 点是肝胆经运行的时间，此时进入深度睡眠有助于身体排毒和修复。长期睡眠不足可能导致免疫力下降、记忆力减退和情绪波动，甚至增加患慢性疾病的风险。因此，养成良好的作息习惯，保证高质量的睡眠，对维护健康至关重要。

（四）心理调节

心理健康是整体健康的重要组成部分。长期的压力、焦虑和抑郁可能引发多种身心疾病，如高血压、胃溃疡和免疫系统功能下降。通过心理调节，如深呼吸、正念练习等方法，可以有效缓解压力，保持情绪稳定。此外，建立良好的社交关系，培养兴趣爱好，也能帮助个体保持积极的心态，增强心理韧性。心理调节不仅有助于提升生活质量，还能为身体健康提供坚实的心理支持。

四、青春期卫生保健

青春期是指从儿童向成人过渡的发育阶段，通常开始于 10 岁左右，结束于 18 ~ 20 岁。这一阶段不仅是身体快速发育的时期，也是心理和社会角色发生显著变化的阶段。

（一）青春期生理与心理特点

1．生理特点

青春期是身体发育的高峰期，主要表现为身高和体重的快速增长，性器官和第二性征的发育。男生会出现喉结突出、声音变粗、体毛增多等变化，女生则会经历乳房发育、月经初潮等生理现象。此外，青春期还伴随着骨骼、肌肉和内脏器官的快速发育，身体机能逐渐趋于成熟。

2．心理特点

青春期的心理发展同样显著，主要表现为情绪波动大、自我意识增强和独立性提高。在这一阶段，我们更加关注自我形象，渴望得到他人的认可，同时也容易产生叛逆心理。此外，我们的认知能力和逻辑思维能力也在迅速发展，但情绪控制能力相对较弱，容易受到外界环境的影响。

（二）青春期卫生保健知识

1．个人卫生

在青春期，由于激素水平的变化，皮肤油脂分泌增加，容易出现痤疮等问题。因此，保持良好的个人卫生习惯尤为重要。建议每天清洁皮肤，勤换衣物，保持身体清洁。女生在月经期间应注意经期卫生，使用合格的卫生用品，并定时更换。

2．营养需求

青春期是身体发育的关键时期，对营养的需求显著增加，应保证摄入充足的蛋白质、维生素和矿物质，多吃富含钙质的食物以支持骨骼发育，如牛奶、豆制品和绿叶蔬菜。同时，避免高糖、高脂肪的饮食，预防肥胖和相关健康问题。

3．心理健康

为了维护心理健康，我们要学会自我调节情绪，遇到困难和挫折时勇敢面对，积极寻求家人、朋友或老师的帮助和支持。要保持良好的心态，乐观向上，学会欣赏自己的优点，也要正视并努力改进自己的不足。同时，培养一些兴趣爱好，如阅读、绘画、音乐等，这些都能有效缓解压力，改善心情。此外，还要学会合理安排时间，平衡学习和娱乐，避免过度压力导致的心理问题。

4. 运动与休息

适量的运动有助于促进青春期身体的健康发展，增强体质，缓解心理压力。建议每天进行至少 1 h 的中等强度运动，如跑步、跳操、游泳或球类运动。此外，充足的睡眠对青少年的身体发育和心理健康至关重要，建议每天保证 8 ~ 10 h 的睡眠时间。

第二章 · 体育锻炼与运动安全

体育锻炼是增强体质、促进健康的重要途径，科学的锻炼方法和安全意识是确保运动效果和避免伤害的关键。本章将系统介绍体育锻炼应遵循的基本原则、锻炼内容与方法，以及运动安全与防护知识。通过本章的学习，同学们将了解如何科学地进行体育锻炼，掌握运动中的安全防护措施，培养良好的运动习惯，从而在享受运动带来的乐趣与益处的同时，确保自身的安全与健康。

第一节　体育锻炼的原则和方法

学习目标

1. 了解体育锻炼应遵循的基本原则，懂得体育锻炼对身体健康的益处，能够遵循各项基本原则，自觉开展体育锻炼。

2. 了解体育锻炼的内容，掌握体育锻炼的方法，能够选择适合自己的体育项目开展体育锻炼。

一、体育锻炼应遵循的基本原则

体育锻炼应遵循科学原则，其中适宜的运动负荷、安全性、个性化和循序渐进是四大核心。适宜的运动负荷原则能够确保锻炼效果与安全；安全性原则强调避免运动伤害；个性化原则是根据个体差异制定健身方案；循序渐进原则则要求逐步增加运动负荷，促进身体机能稳步提高。遵循这些原则，同学们可以更安全、更有效地进行体育锻炼，培养运动习惯，提升身体素质，享受运动带来的乐趣与益处。

（一）适宜的运动负荷原则

适宜的运动负荷原则是指在运动训练或锻炼中，施加给身体的生理和心理刺激（即运动负荷）必须控制在个体当前机能状态所能承受的合理范围之内。这个范围既要足以引起机体产生积极的适应性变化（提高体能、技能），又要确保安全，不会导致过度训练、损伤或健康风险。它不是一个固定值，而是因人、因时、因目标而动态变化的。健康的技工院校学生日常锻炼的心率建议控制在最大心率的 60%～80%，其中最大心率计算公式为：最大心率 = 211-（0.64 × 年龄）。

知识拓展

如何判断运动量是否适宜？关于运动量是否适宜，可以从身体反馈来判断。若锻炼后感觉良好，精力充沛，食欲旺盛，睡眠质量高，且渴望再次运动；锻炼后肌肉有轻度酸痛感，虽有疲劳但一夜休息后即可恢复，这说明运动负荷是合适的。相反，若锻炼后精神萎靡，全身无力，头晕脑胀，特别疲倦，食欲和睡眠均不佳，易出汗，且不愿再练习，这表明运动负荷过大，需要适当调整。

（二）安全性原则

安全性原则是指体育锻炼过程中要避免或减少运动伤害事故的发生，这是科学健身的首要前提。在运动中遵循安全原则，应做到以下几点。

一是选择合适的场地和空间。例如，踢足球应选择足球场，避免在篮球场等水泥地面上进行；跳远应在跳远沙池或专门的跳远垫子上进行，避免在水泥地面上跳远；跑步练习时应保持足够的安全距离，防止碰撞。

二是注意运动器械的安全。例如，打羽毛球前，应检查球拍手柄连接处是否松动或可能脱落，若有松动则不能使用；练习单、双杠前，应检查器械是否老化或损坏，确保安全措施到位后再开始运动。

三是充分热身以预防运动损伤。运动前，应拉伸肌肉和韧带，并充分活动关节，以确保运动安全。例如，跑步前可以进行肩部、腰部和腿部的拉伸，并重点活动膝关节和踝关节；对于球类运动中使用频繁的部位，应重点进行有针对性的热身。如踢足球前，充分活动膝关节和踝关节；打羽毛球前，充分活动头颈部、手腕、肘关节和膝关节等。

（三）个性化原则

个性化原则是指根据每个人的遗传特征、体质与健康状况、运动基础、兴趣爱好及现实条件等，制定个性化的运动健身方案。

同龄人之间，由于身体机能和运动基础的不同，所采用的运动健身方案也会有所不同。不同的人对相同运动健身方案的反应和取得的效果也会有所差异。例如，有些同学喜欢篮球或足球等运动，可以选择自己喜欢且容易坚持的项目进行锻炼，以培养运动习惯，这样锻炼效果会更好。

（四）循序渐进原则

循序渐进原则是指在体育锻炼过程中，根据自身对运动的适应程度，逐步增加运动负荷，以使身体机能稳步提高。

身体机能的提高需要经历一个过程，在体育锻炼中不能急于求成，而应逐步提高。要确保运动中身体消耗的能量得到恢复，身体疲劳得到消除，身体机能完全恢复后，再逐步增加运动负荷。

例如，进行力量练习时，开始可能只能卧推 50 kg 12 次。经过一周的练习后，力量有所增加，便可以将负荷增加到 55 kg。这样不断地增加负荷，肌肉力量就会不断增强。当然，增加运动负荷应根据每个同学的自身情况而定，要遵循循序渐进的原则，不能盲目增加超过自己所能承受的最大运动负荷，以避免运动损伤的发生。

知识拓展

当人体进行一段时间的体育锻炼后，身体机能和运动能力在一定时间内可以超过之前的水平，这种现象称为超量恢复。超量恢复是指通过循序渐进地增加运动负荷，使人的机能水平在不断进行的“反应—适应”过程中逐步提高运动潜能。简而言之，在机体初次承受较大运动负荷时，机能反应较强烈，训练效果也比较明显。但随着机体对该训练负荷逐渐适应，机能反应会越来越低，训练效果也越来越不明显。在此情况下，若要继续提高运动水平，则需要适度增加运动负荷，以引发新一轮的“反应—适应”过程。

二、体育锻炼的内容

体育锻炼的内容和形式多样，同学们可以根据自己的兴趣和身体状况，选择适合自己的运动项目，并采用科学的体育锻炼方法，提升身体素质。

（一）体能健身类运动项目

体能健身类运动项目是指侧重于提升人体身体素质的运动项目，如田径、游泳、自行车、滑冰、滑雪、定向越野等。参与这类项目，能有效提高人体的速度、力量、耐力、柔韧等身体素质，提升体能和体质健康水平。对于青少年而言，这类项目是促进身心健康发展、有效提升体质健康水平的重要途径。需要注意的是，选择这类运动项目作为锻炼手段时，应根据自身的身体状况与体能水平，合理调整运动方式，控制运动时间和强度。

（二）技能表现类运动项目

技能表现类运动项目是指以身体运动技能和塑形、健美为主要特征，通过动作的精准性、协调性和艺术性来展现运动美感的运动项目，如体操、健美操、艺术体操、体育舞蹈、瑜伽等。练习此类项目能有效改善人体的协调性和灵活性，陶冶情操，愉悦身心，适合身体发育期的青少年锻炼。

（三）竞技对抗类运动项目

竞技对抗类运动项目是指运动者双方共同参与、相互制约和竞争对抗，以取胜为主要目的的运动项目。这类项目具有强烈的对抗性和竞赛性，能充分发挥、挖掘和突破运动者的运动潜能，培养竞争意识和进取精神。竞技对抗类运动项目的种类繁多，包括隔网对抗类项目（如网球、乒乓球、排球、羽毛球等）、同场对抗类项目（如篮球、足球、曲棍球、手球、橄榄球等），以及格斗对抗类项目（如拳击、击剑、摔跤、跆拳道、武术散打等）。

（四）探险挑战类运动项目

探险挑战类运动项目是指运动者通过挑战某些自然或人造的环境和条件，满足战胜自我、挑战自然的精神需求和身心体验的体育运动项目，如登山、穿越、徒步、攀岩、极限运动等。此类运动项目不仅具有刺激性，还伴随着较大的风险。因此，在进行这类项目时，运动者要充分评估风险，做好安全措施，确保自身安全。

三、体育锻炼的方法

体育锻炼必须选择和运用科学的方法，并通过反复训练才能实现锻炼效果。常用的体育锻炼方法有重复锻炼法、组合锻炼法、变换锻炼法，以及利用自然力锻炼法等。

（一）重复锻炼法

重复锻炼法是一种通过反复执行同一动作或组合动作来提升体能、增强力量或提高技能的健身方法。其核心在于固定动作模式、重复次数和组数，通过逐步增加负荷来突破身体适应性，从而实现训练目标，如肌肉增长、力量提升或动作熟练度提高。例如，在健美训练中，可以采用哑铃弯举动作来锻炼上臂的肱二头肌。具体方法为每组进行 12～15 次，共完成 5 组，组间休息 1 min。若能够轻松完成，则可增加难度，如增加哑铃质量，以充分刺激肱二头肌，达到较好的健身效果。

（二）组合锻炼法

组合锻炼法是指将多种不同的练习手段在训练中有机地组合起来的训练方法。它不仅仅是将各种单一训练方法简单相加，而是通过综合考虑运动内容、运动手段和练习部位的组合，以达到更全面的锻炼效果。例如，“有氧运动＋力量训练＋拉伸练习”是一组常见的组合锻炼方式。有氧运动如快走、跑步、跳操、游泳等，可以提高心肺功能；力量训练如深蹲、俯卧撑或使用哑铃、杠铃等器械的练习，可以增强肌肉力量；拉伸练习如压腿、躯干屈伸等，有助于增加身体的柔韧性和关节灵活性，可以缓解运动疲劳，促进身体机能快速恢复。将这三者结合起来，可以全面提升身体素质。

（三）变换锻炼法

变换锻炼法是一种通过动态调整训练变量（如动作模式、强度、节奏、环境等）来打破身体适应性、提升综合运动能力和避免训练瓶颈的健身方法。其核心在于“变中求进”，通过多样化刺激促进身体全面发展。

一是动作变换，即通过调整动作角度、幅度或器械，刺激不同肌群。例如，做俯卧撑变式：标准俯卧撑 → 窄距俯卧撑（强化肱三头肌）→ 击掌俯卧撑（提升爆发力）。二是强度与节奏变换，即通过改变速度或间歇时间，调整能量代谢模式。例如，做变速跑：在 400 m 跑道上，直道冲刺（80% 最大速度）与弯道慢跑交替，持续 20 min（提升无氧与有氧能力）。

（四）利用自然力锻炼法

利用自然力锻炼法是指借助自然环境中的天然元素（如地形、温度、水流、风力、沙地等）作为阻力或训练条件，以提升体能、增强适应力和促进身心健康的运动方式。例如，在松软沙地上进行短跑、跳跃或深蹲练习，由于沙地阻力大，这种练习方式能强化肌肉耐力和关节稳定性。

第二节　体育锻炼的安全与防护

学习目标

1. 掌握体育锻炼中常见的几种生理反应，并能够正确应对与处理。

2. 培养安全运动意识，能够正确运用运动防护知识预防运动损伤的发生，提高体育锻炼的安全性和自我保护能力。

一、体育锻炼中常见生理反应与处理

在体育锻炼过程中，人体的生理平衡可能会受到暂时性的破坏，并随之出现一些生理反应，这些反应被称为运动生理反应。常见的运动生理反应包括腹痛、肌肉酸痛、肌肉痉挛、头晕或头痛以及胸痛等。

（一）腹痛

运动中腹痛是指因体育运动引起或诱发的腹部疼痛，其中右上腹部疼痛最为常见。这是一种一过性的机能紊乱，并非疾病，随着运动的停止，症状可逐渐缓解。若运动中出现腹痛，可适当减慢运动速度，加深呼吸，调整呼吸与运动的节奏配合（如三步一呼、三步一吸或四步一呼、四步一吸），用手按压疼痛部位，或弯腰慢跑一段距离，一般疼痛可减轻或消失。若经上述处理无效，应停止运动，并寻求医生的诊断

和处理。

（二）肌肉酸痛

对于平时不经常参加体育锻炼或长时间中断体育活动又重新参加锻炼的人来说，运动后往往会感到明显的肌肉酸痛。根据运动后肌肉酸痛出现的时间，可分为即刻性肌肉酸痛和延迟性肌肉酸痛。

即刻性肌肉酸痛在运动后很快就能感到，且痛感的消失一般也较快。而延迟性肌肉酸痛常在运动后 24 ~ 48 h 产生，可持续 3 ~ 5 d，其中运动后 24 ~ 72 h 酸痛达到顶点，再逐渐消失。症状除酸痛外，还可能伴有僵硬感和明显的压痛。

肌肉酸痛是运动中的正常生理现象，一般经过适当的调整和休息可自行消失。不应将其误认为病态，更不应因此中断锻炼。运动前应做好充分的准备活动，运动后应做一些拉伸和放松的整理活动。只要经常坚持锻炼，并在出现肌肉酸痛的部位适当减小运动强度，或采用局部热敷、按摩等方法，即可保持适当的运动量而不出现肌肉酸痛。

（三）肌肉痉挛

肌肉痉挛（俗称抽筋）是肌肉不自主地强直性收缩。在运动中，小腿腓肠肌最易发生肌肉痉挛，其次是足底的部分屈肌和手部肌肉等。这种情况多发生于游泳、足球、长跑、举重等运动项目中。发生肌肉痉挛时，肌肉会僵硬且疼痛难忍，痉挛缓解后局部仍可能有酸痛不适感。

解除肌肉痉挛可采用牵引痉挛肌肉的方法，如小腿腓肠肌痉挛时，可让患者仰卧，膝关节伸直，牵引者面对患者，左手托住患者脚踝，右手握住脚掌，向右发力将脚掌向患者身体的方向推，使痉挛的肌肉得以伸展。牵引时切忌用力过猛，以免造成肌肉拉伤。此外，还可配合局部按摩、点按穴位等方法。肌肉痉挛缓解后，不宜继续运动，应针对原因进行恰当处理。服用维生素 C 对预防或减轻运动引起的肌肉痉挛性疼痛有一定效果。

（四）头晕或头痛

运动时出现头晕或头痛，有时还伴有脸色苍白、肢体无力、出汗过多、恶心甚至呕吐等症状，这些症状常与体弱、运动不足有关。加强身体的全面锻炼是预防的重要方法。运动前后应做好准备活动和整理活动，充分的准备活动可避免剧烈运动带来的不适，充分的整理活动可避免因运动突然停止而产生的不适。若运动中出现头晕或头痛等症状，要暂时停止运动或减小运动强度，并采取针对性措施，必要时就医。

（五）胸痛

运动中常见的胸痛多出现在初练长跑的人身上，有时会感到胸部两侧或左右肋下有痛感，这通常是由于呼吸不得法引起的。长跑时出现胸痛，应注意以下几点：一是加深呼吸，在出现胸痛时要及时调整呼吸，用力向外呼气；二是注意呼吸节奏，把呼吸节奏和跑的动作节奏配合起来，做到两步一呼、两步一吸（或三步一呼、三步一吸）；三是若是在天气寒冷时长跑，不要张大口呼吸，要用鼻子呼吸或口鼻并用，使冷空气加温变暖，减少刺激。

二、体育锻炼中常见运动损伤与处理

体育运动过程中所发生的损伤被称为运动损伤。它与一般的生产或生活中的损伤有所不同，其发生与运动项目、技术动作、训练水平、运动环境及条件等多种因素有关。以下为常见的运动损伤及其处理方法。

（一）挫伤

挫伤，又称撞伤，是钝性外力直接作用于身体某部分而引起的一种急性闭合性损伤。如运动中相互冲撞、被踢到或身体碰撞在器械上，都可能发生局部和深层组织的挫伤。最常见的挫伤部位是大腿和小腿的前部、头部等。

挫伤后，伤部会出现疼痛、肿胀、局部皮肤青紫、压痛和运动功能障碍等症状。疼痛多为初轻后重，一般持续 24 h。如果挫伤严重且有并发症，还可能出现全身症状或某些特殊体征。对于轻、中度挫伤，伤后 24 ~ 48 h 内可采取局部冷敷、加压包扎、抬高伤肢等措施，并注意休息，可在局部涂擦一些消炎或缓解疼痛的药品。48 h 后可进行温热疗法，包括各种理疗和按摩。在伤情允许的情况下，应尽早进行强度适当的锻炼。严重挫伤者应立即就医。

（二）肌肉损伤

除直接外力作用引起的肌肉挫伤外，常见的肌肉损伤主要是在间接外力作用下发生的肌肉拉伤。据有关资料显示，肌肉损伤约占各种运动损伤的 25%。常见的肌肉损伤部位有大腿后肌群、腰背肌、小腿肌群、肩袖肌群等。

肌肉拉伤后，伤处会出现疼痛、肿胀、压痛，肌肉紧张或痉挛，触之发硬。受伤肌肉做主动收缩或被动拉伸时疼痛加重，疼痛部位通常为拉伤肌肉的损伤处。对于轻度肌肉拉伤，可立即冷敷、加压包扎并抬高伤肢，注意局部休息。拉伤 24 h 后可外敷中药、热敷、理疗或按摩。重度肌肉拉伤者应立即就医。

（三）关节韧带损伤

关节韧带损伤主要是由间接外力作用引起的一种闭合性损伤，在体育活动中最常见的是踝关节、膝关节、掌指关节和肘关节等的韧带损伤。当外力使关节超出了其正常的活动范围时，关节周围的韧带会因受到过度而猛烈的牵拉而造成损伤，严重的可导致韧带断裂。

受伤后，局部会出现疼痛、肿胀，若合并关节其他组织受伤时，会出现整个关节的肿胀或血肿，局部有明显的压痛，发生关节运动功能障碍。轻者关节活动受限，不能着力；韧带断裂者，关节有不稳或松动感，关节功能明显障碍。对于关节韧带损伤，应立即冷敷、加压包扎，抬高伤肢并休息，以减轻出血和肿胀。受伤 48 h 后，可根据伤情采用中药外敷、痛点注射药物、热敷、理疗或按摩等。当关节肿胀和疼痛减轻后，在不引起疼痛或疼痛加重的原则下，尽早进行伤肢活动，以防止发生肌肉萎缩和组织粘连，促进功能恢复。韧带断裂者应立即就医。

（四）擦伤

擦伤是指身体的皮肤表层接触钝性致伤物，与其猛烈摩擦所致。小臂外侧、手掌、大腿外侧、膝盖、小腿外侧及面部都是容易发生擦伤的部位。

擦伤后，皮肤会被擦破出血或有组织液渗出。对于创口较浅、面积小的擦伤，可用生理盐水洗净创口，周围用 75% 的酒精消毒，局部擦以碘酒，一般无须包扎，让其暴露在空气中待干即可，也可以覆以无菌纱布。对于关节附近的擦伤，一般不用暴露疗法，因为干裂易影响关节运动，一旦发生感染也易波及关节。因此，关节附近的擦伤经消毒处理后，多采用消炎软膏或多种抗菌软膏涂抹，并用无菌敷料覆盖包扎。如果创口中含有煤渣、细沙、泥土等异物，要用生理盐水冲洗干净，必要时可用已消毒的硬毛刷将异物刷净。创口可用双氧水处理，周围用 75% 的酒精消毒，然后用医用纱布覆盖创口并包扎。若创口较深、污染较重时，应及时就医。

（五）鼻出血

当鼻部受到外力打击（如器械或人碰撞）时，鼻内的血管可能会破裂，导致鼻内出血。对于鼻出血者，首先要给予安慰，消除其紧张情绪及恐惧心理。口中的血要尽量吐出，不要咽下。可暂时用口呼吸，以防止因鼻部的呼吸运动而使出血程度加重。可让出血者坐在椅子上，在鼻部放置冷毛巾以止血。如果出血仍不止，可将医用纱布卷塞入出血的鼻腔内。情况严重者应尽快就医。

体育锻炼在带来健康与快乐的同时，也伴随着一定的生理反应和运动损伤风险。了解并正确处理这些生理反应，有效预防和处理运动损伤，是保障体育锻炼安全性和持续性的关键。同学们要掌握科学的安全防护知识，提高自我保护意识，确保在享受体育锻炼益处的同时，避免不必要的伤害，让运动更加安全、健康。

体能篇

第三章 · 基础体能

基础体能是指一个人在日常生活和各类体育活动中所需的基本身体素质，包括力量、速度、耐力、柔韧、灵敏等素质，以及平衡、协调等能力。基础体能不仅是各种运动技能和专项体能训练的基础，而且对我们的身体健康和运动表现具有重要影响。本章我们将一起了解基础体能的概念与训练的基本原则，了解发展基础体能的作用以及多种练习方法，学习如何科学、有效地进行体能训练，并将所学知识应用在日常训练中，增强在各类体育活动中的表现能力，全面提升自身的身体素质和健康水平，促进身心全面发展。

第一节　基础体能概述

学习目标

1. 了解基础体能的概念，理解发展基础体能对健康促进及个人全面发展的作用。

2. 掌握基础体能的训练原则，并能够在训练中应用这些原则，确保练习的科学性和有效性。

一、认识基础体能

基础体能是指个体在执行日常活动和参与各类体育运动时所需的基本运动能力，是体能发展的根基，也是身体健康和运动表现的基础。它涵盖了身体素质、身体机能和身体形态三个方面，这些要素相互关联、共同作用，决定了个体的整体体能水平。

身体素质是指人体在活动中所表现出来的力量、速度、耐力、柔韧、灵敏等素质，也包括协调、平衡等能力，为个体参与并胜任各种活动提供必要的身体条件和支持；身体机能是指人体各器官系统的功能，是人体活动能力的基础，良好的身体机能是高效运动和快速恢复的前提；身体形态是指人体外部与内部的多项形态特征，表现在体型、体重、体脂率和肌肉量等方面，这些特征不仅关系到运动表现和健康状态，而且影响体能训练的效果。身体素质、身体机能和身体形态三者相互联系、不可分割，共同决定了个体的体能水平。

二、基础体能的训练原则

在进行基础体能训练时，需要遵循一系列科学原则，以确保训练的安全性和有效性。

（一）动作规范原则

在任何训练前，必须先掌握正确的动作模式，确保姿势准确。动作规范不仅能有效刺激目标肌群，还能减少因动作错误导致的运动损伤。例如，俯卧撑、深蹲等基础动作都应在保证标准的前提下逐步提高强度。实践中应遵循“先规范，再加强”的理念，以确保训练的质量和安全性。

（二）渐进性原则

体能提升需要循序渐进的过程。应从适合当前水平的低强度训练开始，逐步增加强度、时间或次数。过度训练可能引发疲劳或损伤，而强度过低则无法达成训练目标。因此，应根据体能水平逐步调整训练计划，并通过适时的休息与恢复促进体能稳步提升。

（三）安全性原则

安全性是基础体能训练的首要前提。训练场地应平整安全，装备需符合训练需求，力量训练应正确操作，使用器械时最好在专业教练指导下完成。训练中应避免盲目追求高强度，应遵循渐进性原则，以确保训练效果与安全。

（四）适宜负荷与充分恢复原则

科学的负荷设计与充分的恢复是提升体能的关键。训练强度应结合年龄、体能水平与目标合理设定，确保既能有效刺激身体，又不导致过度疲劳。训练后，应通过拉伸、营养补充和休息促进身体恢复，形成“刺激—恢复—适应”的良性循环，稳步提升体能水平。

（五）系统性与周期性原则

体能训练应以系统性和周期性为指导，确保训练项目、方法及目标之间协调统一，避免随意拼凑或无序练习。训练计划应有明确的目标，涵盖不同素质与能力的全面发展，并根据身体的适应情况定期调整训练内容或强度。通过分阶段设定目标，如逐步增加跑步距离、力量训练质量或耐力训练时间，在阶段性目标的不断达成中，实现体能的持续进步与稳定提升。

遵循以上原则，基础体能训练能够在安全高效的前提下帮助个体全面提升体能水平，养成良好的运动习惯，为健康生活和运动表现奠定基础。

三、发展基础体能的作用

发展基础体能不仅能帮助个体在身体素质和运动能力方面取得显著进步，更能对个体全面发展与健康生活方式的养成产生积极影响。

（一）促进身体健康与提升运动能力

通过系统的基础体能训练，能够有效增强心肺功能，提升肌肉力量、平衡能力和柔韧性，同时改善关节健康和姿势问题。这些综合作用不仅能降低运动损伤的发生风险，还能增强个体在日常活动和运动中的表现能力，为进一步发展专项体能奠定坚实基础。

（二）高水平运动表现的基础

扎实的基础体能是提升运动技术和专项体能的前提条件。通过力量、速度、耐力等基本身体素质训练，可以显著提高运动技术动作的精准性和效率，从而为高水平的运动表现提供支撑。良好的基础体能还能增强个体适应不同运动环境和训练强度的能力，进一步拓展其运动潜力。

（三）促进健康生活方式的形成

通过基础体能训练，个体能够养成规律的运动习惯，提高健康意识，并在日常生活中做出更合理的健康选择。随着身体素质和机能的提高，不仅可以预防慢性疾病、改善整体健康状况，还能在各类活动中保持更旺盛的精力和更强的适应能力。基础体能的发展贯穿于健康与运动表现的各个层面，既是身体素质提高的重要手段，也是实现个体全面发展和健康生活方式的重要基础。

第二节　发展基础体能的方法

学习目标

1. 掌握发展力量、速度、耐力、柔韧、灵敏等身体素质，以及协调、平衡能力的方法，形成正确的动作模式，并能够在锻炼中科学应用。
2. 树立科学的训练理念，能够有针对性地进行体能练习。

一、发展力量素质的练习方法

力量素质是指人体某部分肌肉收缩和舒张时克服阻力的能力，是支持身体动作执行和提高运动表现的重要基础。在发展力量素质的锻炼中，应强调多关节、多肌群、多维度参与，减少单关节、单肌群、单平面的锻炼方法。按照肌肉的向心收缩和离心收缩方式，再结合上肢动作、下肢动作、躯干动作和全身动作 4 种动作模式，练习方式主要包括上肢的推或拉、下肢的推或拉，以及躯干的抗旋转和屈伸，全身的前后、上下和对角线运动等。

（一）单臂农夫走

【练习方法】站立准备，身体保持直立，右手直臂侧平举，左手抓握壶铃，将壶铃上举至贴近耳朵位置，以直线行走，步伐平稳，如图 3-2-1 所示。行走完成后，缓慢放下手臂和壶铃，恢复初始站姿。建议每组练习行走 20 m，每次做 3 ~ 5 组。

【动作要领】躯干和肩关节保持稳定，上举侧的手臂应紧贴耳朵，行走时减少身体晃动。

（二）交替水平推拉

【练习方法】采用弓步跪姿准备，躯干保持稳定。将弹力带的中端固定在身体正前方，双手抓握弹力带两端，直臂前平举准备，一侧手抗阻屈肘后拉，另一侧手直臂前推，主要依靠前胸和背部肌群发力，带动两侧手快速交替前推后拉，如图 3-2-2 所示。之后缓慢释放弹力带，还原至起始姿势。建议左、右臂交替，每组分别练习 8 ~ 15 次，每次做 2 ~ 4 组。

【动作要领】身体保持稳定，两臂交替推拉，动作连贯。

图 3-2-1 单臂农夫走

图 3-2-2 交替水平推拉

（三）上提下劈

【练习方法】采用半蹲预备姿势准备，将弹力带一端固定在左侧下方，双手合十抓握弹力带的另一端，直臂于左腿外侧，全身肌群发力，直臂抗阻向右上“提”；将弹力带的一端固定在左上方，双手合十抓握弹力带的另一端，直臂向右下方“劈”出，如图 3-2-3 所示。完成一侧后，再进行另一侧练习。建议每组每侧完成 8 ~ 15 次，每次做 2 ~ 4 组。

【动作要领】下肢保持稳定，核心收紧，全身肌群发力，避免单纯依靠上肢发力，动作连贯有序。

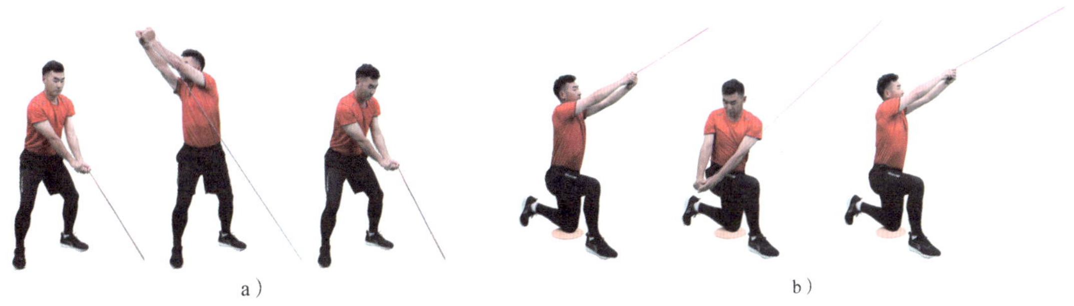

图 3-2-3 上提下劈

a）上提 b）下劈

（四）壶铃摆举

【练习方法】两脚打开，比肩稍宽，躯干挺直。双手抓握壶铃，置于体前，屈髋，躯干前倾准备。后侧链肌群发力，顶髋，同时双手前平举上摆壶铃，依次重复进行。动作过程如图 3-2-4 所示。建议每组进行 12 ~ 15 次练习，根据个人能力完成 2 ~ 4 组。

【动作要领】动作连贯有序，后侧链肌群应主动发力，顶髋时臀部收紧。躯干保持稳定，避免弯腰代偿。

图 3-2-4　壶铃摆举

（五）保加利亚蹲

【练习方法】背对高位凳站立，右腿伸髋屈膝，脚背放置在高位凳上方，左腿支撑地面，屈髋屈膝成弓步下蹲姿势，再还原站姿，如图 3-2-5 所示。完成一侧后，换另一侧腿练习。建议左、右腿每组进行 8 ~ 15 次，共完成 2 ~ 4 组。

【动作要领】肩关节保持稳定，避免耸肩。在下蹲过程中，髋、膝、踝保持一条线，避免膝关节内扣。

图 3-2-5　保加利亚蹲

（六）跪姿躯干抗旋转

【练习方法】跪姿准备，双臂支撑在肩关节下方，双膝跪地于髋关节下方。异侧手脚抬离地面，向远端延伸，之后肘膝触碰，还原跪姿，如图 3-2-6 所示。两侧交替进行。建议每组异侧肘膝触碰 6 次，根据自身能力完成 2 ~ 4 组。

【动作要领】核心收紧，躯干抗旋转，保持稳定。

图 3-2-6 跪姿躯干抗旋转

学练指导

1. 在进行上肢练习时，应保持肩胛骨稳定，避免在肩胛骨松动状态下进行大负荷训练。

2. 在力量练习过程中，躯干应始终保持稳定，避免腰椎过度屈曲。

3. 在进行下肢力量练习时，膝关节应朝向脚尖方向，避免过度膝内扣。

4. 在进行涉及爆发力的练习时，要求动作连贯，并快速发力。

5. 力量练习的次数、组数，以及器械质量应根据个人能力选择，建议初学者先从克服自重开始，循序渐进增加练习负荷。

6. 弹力带按阻力分为超轻、轻、中、重、超重等级，建议初学者从低阻力开始，逐步提升至适合自己的强度。

7. 在力量素质练习前，要做好充足的热身激活，提高机体温度，降低运动损伤的风险。必要时可佩戴护具，做好自我保护。

二、发展速度素质的练习方法

速度素质是指人体或人体某部位快速运动的能力，具体体现在人体快速完成动作、对外界信号刺激快速反应，以及快速位移的能力上。速度素质分为反应速度、动作速度和移动速度。反应速度是指人体对各种信号刺激快速应答的能力，动作速度是指人体快速完成某一动作的能力，移动速度是指人体在特定方向上位移的速度。在体育运动中，短跑、乒乓球、羽毛球、速度滑冰、篮球等项目，都与速度素质有着直接关系。速度素质水平的高低直接影响运动表现。

（一）追球跑

【练习方法】采用起跑姿势，双手持球置于胸前准备，随后双手快速向前方推球，在推出球的瞬间，迅速向前冲刺跑追球，争取在球落地前抱住球，并还原成站姿。建议每组进行 6 ~ 8 次，根据自身能力完成 2 ~ 3 组。

【动作要领】推球时快速有力，起跑迅速，加速度向前跑。

（二）四边形听口令跑

【练习方法】在空旷场地内摆放 4 个标志桶，每个标志桶间隔 5 m，呈四边形布局，如图 3-2-7 所示。练习者采用半蹲启动姿势站在四边形中间，听到指向四边形随机位置的口令后，迅速跑向相应的标志桶，再快速启动回到四边形中间，等待下一个口令。建议每组完成 6～8 次，根据自身能力完成 3～5 组。

【动作要领】注意力高度集中，反应迅速，快速启动跑动，制动时转身保持稳定。

（三）T 形跑

【练习方法】在场地内摆放 4 个标志桶，呈“T”字形布局，分别标记为 ABCD 位置，如图 3-2-8 所示。练习者以起跑姿势站在 A 点出发，迅速冲刺跑到 B 点，侧滑步到 C 点后，再侧滑步到 D 点，之后侧滑步回到 B 点后，再倒退跑回到 A 点，还原成站姿。完成一趟完整的 T 形跑为 1 组，建议共完成 6 组。

【动作要领】身体始终朝向前方，快速启动跑，制动时降低身体重心，保持稳定。

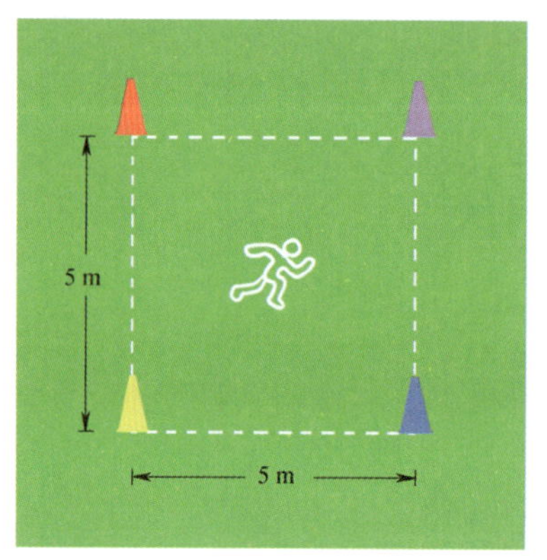

图 3-2-7　四边形听口令跑

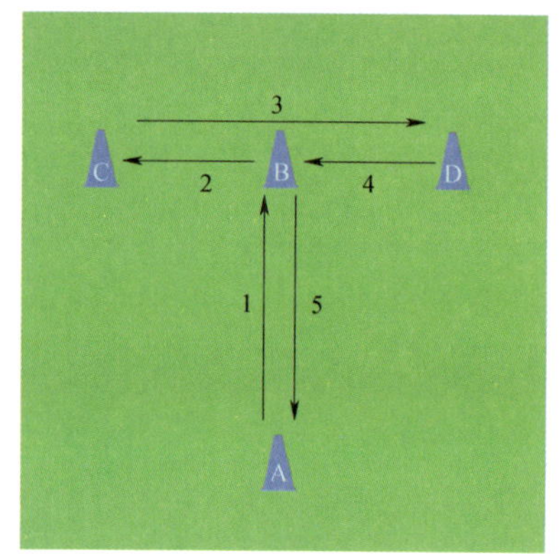

图 3-2-8　T 形跑

（四）垫步节奏跳

【练习方法】站姿准备，左侧支撑腿快速垫步跳一次，同时右腿顺势屈膝屈髋 90°后，右腿伸膝伸髋支撑地面快速垫步跳，同时左腿顺势屈膝屈髋 90°，再快速交换左腿支撑地面，右腿屈膝屈髋保持控制 2～3 s，如图 3-2-9 所示。建议连续进行 20 次为一组，根据自身能力完成 3～5 组。

【动作要领】垫步跳时要有节奏，单脚支撑时核心收紧，保持身体稳定。

（五）撑墙交替抬腿

【练习方法】面对墙面，双脚并拢，身体前倾呈一条直线，双手支撑于墙面，身体保持稳定准备。右腿支撑地面，左腿快速屈髋屈膝，勾脚尖，然后伸髋落地支撑，如图 3-2-10 所示。接着换右腿，屈髋屈膝至 90°。两侧交替进行，最后还原至起始姿势。建议每组每侧腿完成 8 次，根据自身能力完成 3～4 组。

【动作要领】支撑腿保持稳定，两侧腿快速交替抬腿。

图 3-2-9　垫步节奏跳

图 3-2-10　撑墙交替抬腿

（六）口令变速跑

【练习方法】在 100 m 场地内，以起跑姿势准备。听到口令后，迅速冲刺跑。再次听到口令时，放慢速度成慢跑。依次循环，直至跑到终点。建议听从随机变换的口令进行 100 m 变速跑，根据自身能力完成 3 ~ 6 组。

【动作要领】注意力集中，反应迅速，启动快速，缓慢减速。

学练指导

1. 在速度训练时需要下肢肌群快速启动完成收缩，在这种高强度快速运动状态下极易发生运动损伤。因此，在速度训练前，必须做好充分的准备活动。

2. 在进行速度训练时，精神需要高度集中，以便神经系统快速做出动作反馈。在松散状态下进行锻炼极易造成运动损伤。因此，在锻炼过程中要合理安排锻炼时间和间歇时间，确保精神集中。

3. 在快速移动训练中，一定要在正确动作模式基础上进行锻炼，避免导致运动损伤。

4. 在练习负荷的安排上，建议遵循少次数、少时长、多组数的原则，确保充足的锻炼间歇时间，以提高速度锻炼的时效性和效果。还要确保速度训练的速度属性，如因大负荷造成速度降低，应及时适当减少运动负荷。

三、发展灵敏素质与协调能力的练习方法

灵敏素质是指人体在各种突然变化的环境条件下，能够快速、协调、准确地完成动作的能力，反映了运动技能的熟练度和神经反应速度。在灵敏素质的练习中，快

速反应和准确判断是基础，同时需要多种素质的协调配合。协调能力则是指不同身体系统和部位协同完成动作的能力，涉及神经系统的控制、反应、空间定向能力等多个方面。

（一）米字绕行跑

【练习方法】在场地内摆放 8 个标志桶，呈“米”字形布局，如图 3–2–11 所示。练习者站在“米”字中心起跑，依次向 8 个方向快速跑出，每到达一个标志桶均转身跑回“米”字中心。完成 1 次完整的米字绕行跑为 1 组，建议根据自身能力完成 3 ~ 6 组。

【动作要领】练习过程中保持低重心。到达每个点后，需要转变方向，转身敏捷。

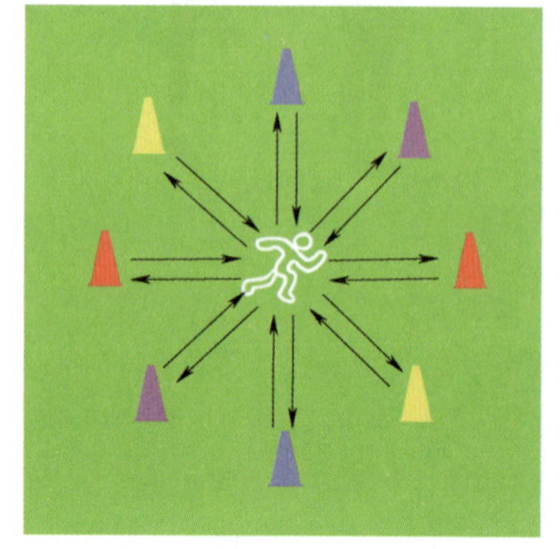

图 3-2-11　米字绕行跑

（二）组合快频移动

【练习方法】在场地上依次摆放灵敏圈、标志盘和绳梯。练习者以半蹲准备姿势站在灵敏圈内，然后分别向灵敏圈的前后左右跳出，每次跳完后都要回到灵敏圈内。全部完成后，迅速冲刺到前方标志盘处，完成 3 个标志盘的侧滑步移动，再以一格两步的方式快速通过绳梯。最后，迅速冲刺 10 m。完成 1 次完整的组合快频移动为 1 组，建议根据自身能力完成 3 ~ 6 组。

【动作要领】脚下步伐移动快速，手臂自然摆动，保持身体稳定。

（三）栏架四边跳

【练习方法】在场地内摆放 4 个栏架，呈四边形布局。练习者以半蹲姿势站在四边形中间，身体始终朝向前方。然后依次向 4 个栏架外侧跳跃，每次跳跃后都要回到中心点，再进行下一次跳跃。直至完成四边跳跃后，还原至半蹲姿势。建议每组连续完成 12 次，根据自身能力完成 3 ~ 5 组。

【动作要领】快速向上起跳，手臂协调向上摆动，落地时屈膝缓冲稳定。

（四）扶木棒移动

【练习方法】两人面对面站立准备，右手拿木棒置于身体右侧。同一时间松开自己抓握的木棒，并迅速跑向对面位置，在木棒掉落之前抓住木棒。依次重复此动作。建议每组连续完成 12 次，根据自身能力完成 3 ~ 5 组。

【动作要领】反应迅速，移动快速，抓握木棒时要稳定。

（五）背向接网球

【练习方法】两人配合完成。一人背向站立，半蹲预备姿势准备；另一人面向对方，喊“接”口令，同时随机用左手或右手抛出一个网球，背向练习者迅速转身接住网球。初次练习时，可以增加“左”“右”的口令提示。随着练习熟练程度的提高，可以只喊“接”的口令。建议每组进行 12 次练习，根据自身能力完成 3 ~ 6 组。

【动作要领】要求动作快速，反应迅速。

（六）绳梯侧向移动接网球

【练习方法】两人一组。一人侧向站在绳梯前方，以一格两步的方式进行侧向移动，同时眼睛目视前方，注意接住另一人随机扔出的一个网球。接住后，将网球抛回对方手中，继续移动，直至到达绳梯终点。建议每组进行 6 次练习，根据自身能力完成 3 ~ 6 组。

【动作要领】脚下步伐移动快速，降低身体重心以保持稳定，注意力集中，反应迅速。

学练指导

1. 在进行灵敏协调练习前，务必做好充分的准备活动，避免运动损伤。

2. 练习效果受运动技术成熟程度的影响，在锻炼前应先掌握正确的技术动作模式。

3. 在进行灵敏协调练习时，要求精神高度集中，使神经更高效地控制肌肉。

4. 借助绳梯进行训练时，要固定好绳梯的位置，防止由于绳梯脱离地面造成磕绊。

5. 练习时可采取信号刺激训练法，通过声音、视觉信号等外部刺激增强反应速度。

6. 练习时可采取移动目标训练法，通过设定和追踪移动的目标来提高协调性和反应能力，增强身体对动态环境的适应能力。

7. 应合理安排足够的间歇时间，以保障每次训练的时效性和效果。

四、发展耐力素质的练习方法

耐力素质是指机体在特定负荷条件下持续运动或抵抗疲劳的能力，分为肌肉耐力和心肺耐力。肌肉耐力是指单块肌肉或肌群在次最大负荷下持续收缩（动态或静态）或重复做功的能力，主要依赖局部能量代谢与神经肌肉效率；心肺耐力是指心肺系统（心脏、肺、血管）与肌肉系统协同工作，持续摄取、运输和利用氧气进行有氧供能的能力。发展耐力素质，可以增强心血管系统的功能，提高有氧代谢水平，增强人体骨骼肌和关节韧带承受更长时间负荷的能力，培养克服困难、坚持不懈的意志品质。

（一）六边形跳

【练习方法】在场地内摆放一个六边形，练习者双脚并拢站在六边形中间，双手屈肘置于体侧准备。双脚依次跳出 6 个边外，每次跳出后跳回六边形中间，再进行下一边的双脚跳，依次进行。直至完成 6 个边连续跳跃。建议每组进行 3 圈六边形跳，根据自身能力完成 3 ~ 5 组。

【动作要领】双手屈肘协调摆臂，双脚同时跳跃，落地微屈膝缓冲。

（二）开合跳

【练习方法】站姿准备，双手直臂置于体侧，双脚跳跃同时打开，同时双手直臂上举，头上击掌，再还原至站姿，依次重复进行，如图 3-2-12 所示。建议每组连续进行 30 次练习，根据自身能力完成 6 ~ 10 组。

【动作要领】手脚协调配合，膝关节保持朝向脚尖方向，核心肌群收紧以保持稳定。

（三）高抬腿

【练习方法】站姿准备，右腿作为支撑腿，左腿快速屈髋屈膝至 90°，如图 3-2-13 所示。勾脚尖后，快速伸髋伸膝落地支撑。接着右腿快速屈髋屈膝抬高，左、右腿快速交替抬腿，手臂自然协调摆动。建议每组进行 4 次，每次持续高抬腿 50 s，共完成 6 组。

【动作要领】躯干保持稳定，左、右腿快速交替抬腿，支撑腿保持稳定。

图 3-2-12　开合跳

图 3-2-13　高抬腿

（四）快频出拳

【练习方法】站姿准备，下肢微屈膝，双手屈肘置于体前，两侧手交替快速直臂向前出拳，下肢跟随出拳动作自然移动，如图 3-2-14 所示。连续快节奏完成 30 次后，还原至站姿。建议每组快速持续进行 30 次练习，根据自身能力完成 6 ~ 8 组。

【动作要领】快速出拳，配合呼吸，身体自然移动。

（五）跳跃四方位肘膝触碰

【练习方法】站姿准备，双手抱头，一侧腿直膝支撑地面，另一侧腿向前抬腿，同时对侧肘关节触碰膝关节，两侧交替进行。接着髋部外旋，向外抬腿，躯干倾斜，同侧肘关节触碰该腿膝关节，如图 3-2-15 所示。快速交换动作，两侧交替进行。建议每组进行 4 次，每次持续完成 40 次动作，共完成 6 组。

【动作要领】手脚协调配合，腿尽量抬高，肘关节尽量触碰对应的膝关节。

图 3-2-14 快频出拳　　图 3-2-15 跳跃四方位肘膝触碰

（六）高强度间歇组合训练

【练习方法】站姿准备，原地依次进行以下动作：垫步跳、高抬腿、开合跳、后踢腿、俯撑登山跑、跳绳。每个动作按照规定的时间持续进行，动作之间保持短暂的间歇。建议每个动作以最快速度持续练习 30 s，动作间歇 10 s，完成一组休息 1 min，完成 3 ~ 6 组。

【动作要领】动作模式正确，短时间内以快频率完成尽可能多的次数，注意呼吸配合。

学练指导

1. 在进行耐力素质练习时，由于练习负荷强度较大，练习者应根据自身实际情况，适当调整练习负荷，以避免过度疲劳或受伤。

2. 若在练习过程中感到体力不支，可以适当增加间歇休息时间或减少每次锻炼的时间，以确保训练的可持续性和有效性。

3. 练习时，建议通过测量脉搏的方式，实时监控自身状态，了解当前的锻炼强度。根据脉搏情况及时调整练习负荷，确保训练既达到锻炼效果，又不超出身体承受能力。

4. 耐力素质可以通过循环训练方法进行提高。循环训练法是指在一个训练周期内，不断变换不同的练习项目，使全身各部分得到综合训练。这种方法有助于提高身体的全面适应能力，特别适用于提高综合体能。

五、发展柔韧素质的练习方法

柔韧素质是指人体关节的活动幅度，以及肌肉、肌腱、韧带等软组织的伸展能力。柔韧素质受不可控因素（关节结构、年龄、性别等）和可控因素（肌肉和结缔组织、神经调节、体温、训练等）共同影响。其中，关节结构、肌肉和结缔组织是最主要的影响因素。

针对柔韧素质的训练多以静态拉伸、动态拉伸、筋膜松解等方式为主。这里主要介绍静态拉伸和动态拉伸。

静态拉伸是指人体在一定时间和活动范围内慢慢牵拉的训练方法。具体方法是拉伸到一定合适范围后，静止保持 20 ~ 30 s，重复 2 ~ 3 次。静态拉伸还分为主动拉伸和被动拉伸。主动拉伸是练习者自主完成拉伸动作，被动拉伸则是练习者在外力或他人帮助下完成拉伸动作。

动态拉伸是通过主动、有控制地重复动作，使肌肉和关节在动态过程中逐渐增加活动范围的训练方法。拉伸动作有节奏、速度较快、幅度逐渐加大，且多次重复一个动作，达到最大幅度后控制 2 ~ 3 s。

（一）胸大肌拉伸

【练习方法】侧对墙体站立，成前后弓步姿势。靠近墙面的一侧手屈肘 90°，小臂紧贴墙面，外侧手叉腰，躯干逐渐向外侧旋转，下肢保持稳定，如图 3-2-16 所示。保持该姿势 30 s 后，还原至起始姿势，然后交换另一侧进行拉伸。建议每组进行 3 次，每次持续拉伸 30 s，可根据自身情况完成 3 ~ 6 组。

【动作要领】可以手臂为支撑点，适当上下调整小臂角度，以拉伸胸部不同肌群。旋转躯干时，逐渐增加拉伸幅度。注意不要过度扭转，以免造成伤害。保持呼吸顺畅，不要憋气。

（二）旋外肌群拉伸

【练习方法】坐姿准备，下肢屈髋屈膝，双脚踩地，双手手背置于腰间，肘关节向内收，弓背，拉伸旋外肌群，如图 3-2-17 所示。保持该姿势 30 s 后，还原至起始姿势。建议每组进行 3 次，每次 30 s，根据自身情况完成 3 ~ 6 组。

【动作要领】保持呼吸顺畅，循序渐进地增加拉伸幅度，在吸气时保持拉伸姿势，呼气时可适当增加拉伸幅度。

图 3-2-16　胸大肌拉伸

图 3-2-17　旋外肌群拉伸

（三）背阔肌拉伸

【练习方法】跪姿准备，臀部向后坐在脚跟上方，双手直臂向前延伸，躯干前倾，俯身向下，保持拉伸姿势 30 s，再还原至起始姿势，如图 3-2-18 所示。建议每组进行 3 次，每次持续拉伸 30 s，根据自身情况完成 3～6 组。

【动作要领】臀部向后延伸，双手向前延伸，充分拉长背阔肌。

（四）仰卧后侧链肌群拉伸

【练习方法】仰卧姿势准备，双臂侧平举，双肩、左腿直膝紧贴地面，右腿屈膝屈髋抬离地面，向左臂方向伸展，拉伸左侧后侧链肌群，如图 3-2-19 所示。两侧交替进行。建议每组每侧进行 3 次，每次持续拉伸 30 s，根据自身情况完成 3～6 组。

【动作要领】拉伸侧充分向对侧伸展，双肩紧贴地面，避免代偿。

图 3-2-18　背阔肌拉伸　　图 3-2-19　仰卧后侧链肌群拉伸

（五）俯卧前侧链肌群拉伸

【练习方法】俯卧姿势准备，双手侧平举，右腿伸髋屈膝，向左手方向延伸，充分拉长前侧链对角线肌群，右手紧贴地面，保持拉伸姿势 30 s，如图 3-2-20 所示。两侧交替进行，再还原至起始姿势。建议每组每侧进行 3 次，每次持续拉伸 30 s，根据自身情况完成 3～6 组。

【动作要领】被拉伸侧肌群充分拉长，循序渐进增加拉伸幅度，确保身体稳定。

图 3-2-20　俯卧前侧链肌群拉伸

（六）跪姿后伸前顶髋

【练习方法】弓步跪姿准备，臂部后移，伸直前侧腿膝关节，同时躯干前倾，双手触碰前侧腿脚尖，保持 30 s 后，还原弓步站姿，充分顶髋，同时双臂上举置于耳侧，如图 3-2-21 所示。建议每组每侧进行 3 次，每次持续拉伸 30 s，根据自身情况完成 3 ~ 6 组。

【动作要领】动作要缓慢进行，到达拉伸最大幅度后控制 30 s，再缓慢进行下一个动作，逐渐增大动作幅度。

图 3-2-21　跪姿后伸前顶髋

1. 练习过程中要保持均匀呼吸，吸气时保持动作，呼气时增大拉伸幅度。

2. 在拉伸过程中，拉伸幅度和范围要循序渐进，避免突然发力。突然发力可能导致肌肉拉伤或关节损伤。

3. 每个人的身体条件和柔韧性都不同，拉伸幅度和范围因人而异。感受到拉伸的张力和紧张感后，保持 30 s，然后再增加拉伸幅度和范围，循序渐进地练习。

4. 随着身体对拉伸强度的逐渐适应，可适当增加每次的拉伸时间和拉伸幅度。

5. 动态拉伸一般在锻炼开始前作为准备活动进行，静态拉伸则在锻炼结束后进行。

六、发展平衡能力的练习方法

平衡能力是指人在运动和受到外力作用时，能够自动调整和保持姿势的能力。维持人体平衡需要人体感觉器官与中枢神经之间的信息传递，以及运动系统与固有体位反射的协同配合。

平衡可分为静态平衡和动态平衡两种。静态平衡是指人体在没有外力或外力作用很小时，能够保持静止姿势并控制和稳定身体重心的能力；动态平衡则是指人体在运动过程中或受到外力干扰后，能够不断调整自身姿势，以保持平衡状态的能力。

（一）单脚站立绕肩

【练习方法】站姿准备，左腿支撑站立，右腿屈髋屈膝，抬离地面，双手侧举，依次进行顺时针和逆时针的肩部绕环动作，如图 3-2-22 所示。建议每组每侧进行 3 次，每次 1 min，共完成 6 组。

【动作要领】支撑腿保持稳定，肩关节在环绕过程中逐渐增加绕环幅度。

图 3-2-22　单脚站立绕肩

（二）单脚三点触碰

【练习方法】练习者面前摆放 3 个标志桶，呈三角形布局。单脚站立，支撑腿微屈膝，躯干前倾，单手依次触碰3个标志桶，每次触碰完成，回到站立姿势，如图3-2-23所示。两侧腿交替练习，完成后还原至站姿。建议每组每侧完成3次，每次完成8次动作，根据自身能力完成3～5组。

【动作要领】支撑腿保持稳定，核心收紧，减少晃动。

图3-2-23 单脚三点触碰

（三）壶铃硬拉

【练习方法】站姿准备，两脚与肩同宽，双手抓握壶铃置于体前，下肢微屈膝，以髋为轴，屈髋使躯干前倾，壶铃自然下垂至膝关节下方后，伸髋，挺直躯干，带动壶铃垂直上拉，还原至站姿，如图3-2-24所示。建议每组练习连续完成8次动作，根据自身能力完成3～5组。

【动作要领】注意要以髋为轴进行练习，避免过度屈膝成半蹲姿势。

图3-2-24 壶铃硬拉

（四）双人对抗推拉

【练习方法】两人配合完成。面对面成半蹲预备姿势准备，间隔一脚距离。两人互相推拉对方的肩、手臂等可以触碰到的部位，增加对方抗旋转的控制能力。持续推拉15～20次。建议每组持续推拉30 s，根据自身能力完成3～6组。

【动作要领】核心肌群收紧，保持稳定，推拉力度适中，以增加干扰为宜。

（五）蹲起跳对抗干扰

【练习方法】两人配合完成。半蹲预备姿势准备，双手直臂后摆，下肢伸髋伸膝蹬地，向上起跳，双手同时向上摆臂。在跳起的同时，同伴环抱瑞士球推向练习者躯干，增加抗旋转能力。对抗稳定后，屈髋屈膝还原半蹲预备姿势。建议每组完成 8 次，根据自身能力完成 3 ~ 6 组。

【动作要领】起跳时快速蹬地，对抗时身体保持稳定，落地时屈膝缓冲。

（六）后弓步抬腿

【练习方法】前后分腿姿势准备，双手叉腰，躯干保持稳定。下肢屈膝成弓步蹲姿势，控制 2 ~ 3 s 后，后侧腿快速屈髋屈膝抬离地面至 90°。前侧腿伸髋伸膝，成单脚站立姿势，静止保持 3 s 后，还原成前后分腿姿势。建议每组每侧进行 5 次，根据自身能力完成 3 ~ 5 组。

【动作要领】在弓步蹲时，要保持膝关节始终朝向脚尖方向，并保持身体稳定。

学练指导

1. 练习前应先确立正确的动作模式，在掌握正确的动作模式基础上进行体能训练可以有效降低运动损伤风险。

2. 练习时一旦出现疼痛的感觉，应立即停止该动作的练习，避免在疼痛状态下继续重复练习，进而造成不必要的运动损伤。

3. 在练习过程中如无法完成某个动作，可以对该动作进行适当降级，如增加辅助或使用更大的支撑面等。遵循循序渐进的原则，逐渐增加练习难度。

4. 平衡素质练习对下肢膝关节的稳定性有较高要求。因此，在练习前，可以加强下肢的臀中肌、内收肌等小肌群力量。

5. 在练习过程中，可以采用从支撑面由大变小、支撑物由稳定到不稳定、练习动作由静态到动态、身体重心由高到低、由睁眼到闭眼、由自身稳定到外界干扰、由短时间维持到长时间维持等方式，逐渐增加练习难度和负荷。

第四章 · 职业体能

职业体能是指个体基于特定职业任务需求，在完成工作过程中所需的身体素质与能力的总和。在现代职业环境中，职业体能不仅是个人健康的重要保障，更是职业发展的关键因素。随着职业分工的日益专业化，不同职业对从业者的体能要求也愈发多样化和精准化。本章我们将学习职业体能的分类、特点以及各类职业对体能的特殊需求，并提供针对不同职业特点的具体练习方法，从而帮助同学们通过科学的锻炼提升职业体能，促进身心健康发展，为未来的职业发展奠定坚实的基础，提升职业竞争力。

第一节　职业体能概述

学习目标

1. 了解职业体能的概念，理解发展职业体能对健康促进及职业发展的作用。

2. 了解职业体能的分类，认识不同职业对体能发展的特定需求。

一、认识职业体能

在现代职业环境中，体能不仅是身体健康的基础，更是职业发展的重要支撑。随着社会分工的日益细化，不同职业对从业者的体能要求也呈现出多样化和专业化的趋势。

职业体能是指个体基于特定职业任务需求，在完成工作中所需的身体素质与能力的总和，包括力量、速度、耐力、柔韧、灵敏等身体素质，以及协调、平衡等能力，还包含个体在特定工作环境中高效、安全、持续作业所具备的功能性体能水平。发展职业体能有助于提升个体对岗位的适应能力，使从业者更好地胜任工作要求，进而提高工作效率，也有助于预防工作过程中可能出现的伤病，保障从业者的身体健康，为职业的长期稳定发展提供有力支撑。

二、职业体能的分类

职业体能因职业特性而异，不同职业对从业者的体能需求各有侧重。一般可以根据工作姿态的差异将职业体能分成以下几大类。

（一）静态坐姿类职业体能

静态坐姿类职业主要包括会计、秘书、行政办事员、软件和信息技术服务人员等。这类职业的工作特征是长时间处于坐姿状态，易导致颈椎、腰椎等部位的劳损。因此，从业者需要具备较强的颈部、腰部力量和身体耐力，特别是后链肌群的力量，以维持良好的身体姿态，应对长时间的伏案工作。同时也要注重下肢锻炼，以促进身体素质的全面发展。

（二）静态站姿类职业体能

静态站姿类职业主要包括营业员、礼仪主持人等。这类职业的工作特征是长时间站立，易引发下肢静脉曲张和腰部疲劳。因此，从业者需要具备较强的下肢力量和耐力，以支撑身体质量，并保持良好的站姿。此外，良好的平衡能力和身体稳定性也至关重要。

（三）流动变姿类职业体能

流动变姿类职业主要包括营销员、导游、城市轨道交通服务员等。这类职业的工作状态较为灵活多变，需在不同场景中不断变换姿势和移动。因此，从业者需具备较强的心肺功能以支持长时间的活动，具备良好的灵敏性和协调性以迅速适应环境的变化，以及较强的腿部力量确保行走和跑动的效率。

（四）操作姿态类职业体能

操作姿态类职业主要包括机械操作工、生产线操作工等。在操作中，从业者可能需要反复进行相同或相似的动作，容易造成局部肌肉的疲劳和损伤。因此，他们需要具备较强的上肢力量和一定的手部灵活性，以完成精确的操作。同时还需具备较好的专注力和耐力，以保证工作的准确性和持续性。

（五）特殊岗位姿态类职业体能

特殊岗位姿态类职业主要包括消防员、民航乘务员、测绘服务人员等。消防员在执行任务时可能面临各种突发情况，需要具备全面的身体素质，包括力量、速度、耐力、灵敏等。民航乘务员在高空工作，需要适应气压变化，兼具耐力、力量等身体素质。测绘服务人员则要应对复杂的自然环境，需要强大的适应能力和综合体能。

第二节 发展职业体能的方法

学习目标

1. 掌握发展职业体能的各种训练方法，能够根据自身需求选择相应的练习方法。

2. 能够主动进行职业体能训练，促进身心健康发展，为未来职业发展打下基础。

一、静态坐姿类职业体能练习方法

基于静态坐姿类职业的特点，其体能练习需重点关注身体疲劳、肌肉僵硬等问题，以及颈椎和腰椎因长时间负荷积累而可能引发的慢性疾病。在体能练习中，主要采用克服自重和使用轻器械的方式进行，锻炼负荷适中。通过针对性的训练，增强腰腹力量，提高肩颈灵活性，并发展有氧耐力。同时，注重身体后链肌肉的训练，以维持身体正确姿态，并通过肩颈部的活动，缓解肌肉酸痛症状。

（一）核心力量练习

核心力量是指附着在人体核心部位的肌肉和韧带在神经支配下收缩产生的力量。这里的“核心”通常指的是人体的中间环节，即肩关节以下、髋关节以上，包括骨盆在内的区域。通过自重训练来强化核心力量，特别是加强身体后链肌群的力量训练，有助于保持身体正确的坐姿姿态，减少因长时间静态坐姿而出现的头前伸、驼背等不良现象。

1. 平板支撑

【练习方法】俯卧，双肘弯曲，支撑在垫子上，双脚脚尖踩地，使身体离开地面，保持腰、背、臀、腿呈一条直线，核心肌群收紧，躯干保持稳定，双眼注视地面，保持均匀呼吸，如图 4-2-1 所示。可根据个人能力保持 30 ~ 60 s。

【动作要领】躯干与手臂约成 90°，腰、背、臀、腿始终保持一条直线，身体保持稳定。

2. 卷腹

【练习方法】屈膝仰卧，双手置于耳旁，准备好后，通过收紧腹部肌肉，完成卷腹动作练习，如图 4-2-2 所示。每组 15 ~ 25 次，共进行 2 ~ 3 组。

【动作要领】双手应轻轻置于脑后或耳旁，切勿交叉用力。在卷腹过程中，应主要由腹部肌肉发力。

图 4-2-1　平板支撑

图 4-2-2　卷腹

（二）拉伸练习

拉伸练习是对某关节或肌肉进行动态或静态的拉伸，以增大肌肉、肌腱、韧带等软组织伸展的运动。通过静态和动态拉伸，活动肩颈和腰部，可以提高关节的灵活性，促进血液循环，从而缓解长时间静态坐姿工作时的肌肉疲劳。

1. 颈部活动

【练习方法】站姿或坐姿，匀速缓慢地向前、后、左、右 4 个方向活动颈部关节，循环 2 次，如图 4-2-3 所示。

【动作要领】活动时力度要适中，不可过大，避免进行颈椎旋转的练习。

2. 腰部扭转

【练习方法】坐姿，躯干（腰部）向左右两侧缓慢交替扭转，当扭转至一侧时，一手扶跳箱边沿，另一手抵住对侧腿膝盖外侧，进行对抗，保持 3 s，两侧交替进行，如图 4-2-4 所示。

【动作要领】扭转时动作要缓慢、平稳，不可突然发力。

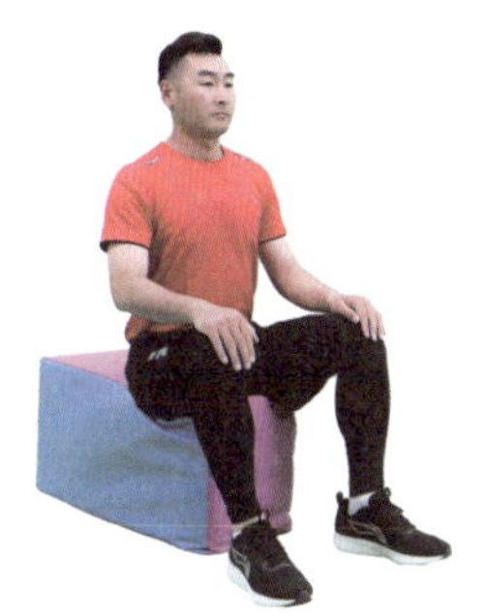

图 4-2-3　颈部活动

图 4-2-4　腰部扭转

3. 体前屈拉伸

【练习方法】双脚开立，身体站直，双手置于墙面或桌椅上，身体向前下方俯身屈髋，如图 4-2-5 所示。可进行静态拉伸，保持 15 ~ 20 s，也可进行动态拉伸 8 ~ 10 次。

【动作要领】拉伸力度要适中，拉伸至肌肉有一定酸痛感，俯身时双腿伸直。

4. 体侧屈拉伸

【练习方法】双脚开立，身体站直，双臂侧举，左手叉腰，右侧手臂向身体左侧伸展，同时伴随躯干向左侧伸展，如图 4-2-6 所示。左右两侧各进行 8 ~ 10 次。

【动作要领】身体侧展时，应保持身体在同一平面，不能弯腰驼背。

5. 体后屈拉伸

【练习方法】双脚开立与肩同宽，身体站直，双臂上举，准备好后身体缓慢向后伸展拉伸，保持 3 s，如图 4-2-7 所示。

【动作要领】注意后仰幅度不宜过大，有拉伸感即可。

（三）有氧耐力练习

有氧耐力是指人体长时间进行有氧代谢供能的运动能力。有氧耐力练习的负荷强度适中，持续时间较长。通过长时间慢跑、有氧健身操等有氧运动方式，可以发展心肺功能，提高有氧耐力水平，有助于缓解长时间静坐导致的身体疲劳。

图 4-2-5　体前屈拉伸

图 4-2-6　体侧屈拉伸

图 4-2-7　体后屈拉伸

1. 间歇快走或慢跑

【练习方法】进行短时间的慢跑，如 15 min 或 3 km 距离的慢跑。跑步时强度控制在最大心率的 60%～80%（条件允许时可结合电子手环进行监测）。也可以进行间歇快走锻炼，例如，从快走 30 m 到慢跑 20 m，进行 6～8 组 400 m 距离的练习。

【动作要领】进行快走或慢跑时，要注意呼吸方式，可以三步一呼、三步一吸。

2. 长距离慢跑

【练习方法】在热身后进行一定时间的慢跑运动，可以选择在公园、操场或健身房进行。慢跑时全脚掌着地，均匀呼吸，体会跑步的节奏和配速。每次慢跑时间大于 20 min，每周进行 2 次；或每次慢跑 3～5 km，每周进行 2 次。

【动作要领】跑前做好热身，跑后进行放松，呼吸有节奏。

学练指导

1. 练习前应安排 5～10 min 的热身活动，如快走、动态拉伸等，以有效预防运动损伤。

2. 在核心力量练习时，要注意保护腰椎。例如，在进行平板支撑动作时，可略微屈髋，臀部抬起，防止腰椎压力过大。另外，保持时间也不宜过长，30～60 s 即可。除平板支撑外，也可进行一些拓展练习，如侧支撑、侧支撑转体、俄罗斯转体等动作。

3. 对于久坐后的拉伸练习，可以进行静态拉伸，也可以进行动态拉伸，如站姿体前屈拉伸、站姿体侧屈拉伸、肩部绕环、扩胸拉伸等练习动作，以充分活动整个身体。

4. 进行跑步练习时，应选择公园、健身房等安全的场所进行，以避免突发情况。跑步时要循序渐进，如从 20 min 到 30 min，或从 3 km 到 5 km。

5. 练习时应穿着简易运动服装，动作尽量标准，同时关注呼吸方式。可选择便携、易操作的小器材进行辅助练习，练习时可多组多次进行，强度适中或偏低。

二、静态站姿类职业体能练习方法

静态站姿类职业的特点主要表现为长时间站立、躬身操作以及精神高度紧张。基于这些特点，其职业体能的发展应重点聚焦在下肢力量、核心力量、平衡能力和有氧耐力等方面。在下肢力量的训练中，应侧重肌肉耐力的提升，单个动作的训练次数应不少于 12 次，且应进行多组训练。除力量训练外，基础的有氧耐力训练也必不可少。此类训练主要以克服自重的方式进行，旨在发展长时间静态站姿所需的体能素质，增强下肢耐力、腰背部力量和平衡能力。其中核心力量和有氧耐力的练习方法可参考静态坐姿类职业体能练习方法。

（一）下肢力量练习

下肢力量是下肢对抗阻力时所产生的力量。通过原地蹲起、弓步蹲等克服自重的锻炼，可以有效发展下肢肌肉力量，提升站立工作时的平衡能力，增强长时间站立工作的耐力，同时减轻腿部疲劳，并降低因长时间站立而引发的下肢问题，如静脉曲张等。

1. 徒手深蹲

【练习方法】双脚开立，略宽于肩，屈髋屈膝下蹲，直至大腿低于水平面，然后起立恢复站姿，如图 4-2-8 所示。重复此动作，每组 10 ~ 15 次，共进行 2 ~ 3 组。

【动作要领】下蹲时，应先屈髋后屈膝，膝盖不要内扣，保持身体稳定。

2. 深蹲起跳

【练习方法】双脚开立，略宽于肩，屈髋屈膝下蹲，直至大腿低于水平面，随后双臂快速摆动起跳，起跳后成半蹲姿势落地，如图 4-2-9 所示。重复此动作，每组 10 ~ 15 次，共进行 3 组。

【动作要领】膝盖不要内扣，双脚不要过度外八，膝盖不要超过脚尖，起跳时用力均匀。

3. 弓箭步蹲

【练习方法】向前迈出一大步，成半蹲姿势，半蹲时前腿屈膝约 90°，后腿膝盖与地面保持约 10 cm 距离，如图 4-2-10 所示。重复此动作练习，每侧 8 ~ 12 次，共进行 2 ~ 3 组。

【动作要领】膝盖不要超过脚尖，不要内扣，上体保持稳定，不要晃动。

图 4-2-8　徒手深蹲

图 4-2-9　深蹲起跳

图 4-2-10　弓箭步蹲

（二）平衡能力练习

平衡能力是指人体在静止或运动状态下，身体维持姿势稳定、抵抗外力干扰的能力。通过单脚站立或提高难度的闭眼单脚站立动作，可以有效提高长时间静态站姿时身体的平衡能力，减少跌倒等意外事故的发生。

1. 单脚站立

【练习方法】单脚站立，双手侧平举，保持身体平衡，另一只脚悬空，保持身体稳定，悬空的脚尽量不要落地，如图 4-2-11 所示。每组练习 1 ~ 2 min，共进行 2 ~ 3 组。

【动作要领】身体保持直立，不要晃动，通过双手侧平举辅助身体保持平衡。

2. 闭眼抱膝单脚站立

【练习方法】单脚站立，双手抱住膝盖，闭眼，如图 4-2-12 所示。每组练习 1 ~ 2 min，共进行 2 ~ 3 组。

【动作要领】身体保持稳定，不要晃动，通过双手抱住膝盖辅助身体保持平衡。

图 4-2-11　单脚站立

图 4-2-12　闭眼抱膝单脚站立

1. 练习前通过跑步和动态拉伸进行热身，如先慢跑 5 min，然后进行小腿后群拉伸、弓箭步拉伸、躯干拉伸等动作；练习后采用静态拉伸，每个部位拉伸 15 s，促进身体恢复。

2. 在进行蹲起类动作的力量练习时，动作要标准，避免运动损伤的同时还能增加训练效果。注意膝盖不要超过脚尖，膝关节不要内扣，脊柱处于中立位等动作细节。

3. 进行下肢力量训练时要循序渐进，除徒手深蹲、深蹲起跳、弓箭步蹲等动作，还可以进行一些拓展训练，如深蹲提膝、双脚跳小栏架、双脚跳箱等。

4. 力量练习时也可选择容易操作的小器材，如壶铃、药球等。

5. 训练时注意呼吸方法，不要憋气，可以在下蹲时吸气、站起时呼气，保持呼吸的顺畅和节奏。

三、流动变姿类职业体能练习方法

流动变姿类职业的特点主要体现在其流动性上，如长时间站立或行走、快速反应、负重行走或奔跑等。针对这些特点，其职业体能的发展应重点聚焦在有氧耐力、核心力量、爆发力，以及灵敏素质、协调能力上。在练习过程中，既要发展一般体能以奠定体能基础，也要针对性地发展与职业相关的体能，提高职业动作能力。练习时，可采用克服自重和器械训练相结合的方式。

（一）灵敏协调练习

灵敏协调是指人体在运动中，能够迅速、准确、协调地改变身体运动方向、速度和节奏，以适应不同环境和任务需求的能力。通过抛抓和绳梯的练习，可以提高灵敏素质、反应能力和协调性，从而提高工作时的应变能力，以及身体在复杂工作环境中的适应能力。

1. 左右抛抓

【练习方法】微屈髋屈膝，双手置于体前，左手抛球，右手快速抓住，右手再抛球，左手快速抓住，左右手交替进行，如图 4-2-13 所示。每组 20 ~ 30 次，进行多组练习。

【动作要领】在空中抓球后快速松手，另一手快速接住，动作连贯，速度由慢到快。

2. 绳梯进出

【练习方法】站在绳梯一侧，左右脚交替迈进、迈出绳梯格子，可按照“进进出出”的顺序依次完成，横向完成练习，如图 4-2-14 所示。每组 3～5 次，进行多组练习。

【动作要领】膝盖微屈，配合摆臂，上下肢协调。

图 4-2-13　左右抛抓　　图 4-2-14　绳梯进出

（二）上下肢力量练习

上下肢力量练习主要是通过锻炼提高上下肢的爆发力，以帮助从业者在工作时更好地克服困难。练习时可以通过克服自重或使用跳箱、小栏架等器械进行。爆发力训练的动作次数较少，但要求快速完成。

1. 俯卧撑推起

【练习方法】双手双脚撑地，身体呈一条直线，略微屈髋，快速完成俯卧撑推起，如图 4-2-15 所示。每组 10～15 次，共进行 2～3 组。

【动作要领】头、腰、背、腿保持一条直线，不塌腰、不低头。下落时吸气，撑起时呼气。

图 4-2-15　俯卧撑推起

2. 连续跳箱

【练习方法】双脚开立，略宽于肩，预摆后屈髋屈膝下蹲，然后快速蹬地摆臂起跳，屈髋屈膝缓冲落在跳箱上，如图 4-2-16 所示。每组 10～15 次，共进行 2～3 组。

【动作要领】落地时缓冲，跳箱保持稳定，不要移动，以免受伤。

3. 连续跳

【练习方法】双脚开立，略宽于肩，屈髋屈膝，双臂后摆准备，快速蹬地起跳，落地后还原起始姿势，如图 4-2-17 所示。每组 10 ~ 15 次，共进行 2 ~ 3 组。

【动作要领】落地时缓冲，不要碰到小栏架，以免受伤。

图 4-2-16 连续跳箱　　图 4-2-17 连续跳

（三）核心力量练习

核心力量练习可以使用瑞士球在稳定或非稳定平面上进行，以强化核心稳定性和力量，提高体能素质，有助于从业者更好地完成复杂环境下的工作。

1. 瑞士球跪撑

【练习方法】双腿跪姿，上体保持身体稳定，保持一段时间，可轻微地左右晃动，如图 4-2-18 所示。每组 60 s，共进行 2 ~ 3 组。

【动作要领】身体保持稳定，可轻微晃动以增加难度，初学者可扶墙或栏杆以辅助保持平衡，避免受伤。

2. 瑞士球转体

【练习方法】肩靠在瑞士球上，双脚撑地，双手上举药球，准备好后进行左右转体练习，如图 4-2-19 所示。每组 10 ~ 15 次，共进行 2 ~ 3 组。

【动作要领】保持身体稳定，挺髋以增加核心肌群的参与度，双手握紧药球，保持动作的稳定性，避免受伤。

图 4-2-18 瑞士球跪撑　　图 4-2-19 瑞士球转体

3. 瑞士球俯卧撑

【练习方法】双脚支撑地面，双手扶在瑞士球上，身体保持稳定，不要塌腰，尝试完成俯卧撑练习。每组 8 ~ 15 次，共进行 2 ~ 3 组。

【动作要领】身体保持稳定，确保动作的标准性。

（四）有氧耐力练习

有氧耐力练习可采用间歇训练法，以提升心肺耐力和运动能力，以及身体的适应能力，有助于从业者胜任高强度的工作内容。

1. 走跑交替训练

【练习方法】进行一定距离的走跑交替训练。如在操场上进行直道 100 m 快跑，在弯道进行 100 m 慢走恢复，重复进行练习。每组 400 m，共进行 2 ~ 3 组。

【动作要领】快速蹬地摆臂，前脚掌着地，保持均匀呼吸。

2. 高强度间歇组合训练

【练习方法】按照顺序依次完成 8 个动作的快速练习，如高抬腿、开合跳、提膝下压等动作。每个动作在 20 s 内快速完成，动作之间休息 10 s，重复 8 个动作，共计 4 min 的训练时长。

【动作要领】动作要标准，快速完成，注意调整呼吸。

学练指导

1. 对于流动变姿类职业体能训练，应先发展一般体能素质，并多关注灵敏协调、下肢力量、核心力量的训练。单个动作训练次数不少于 12 次，并进行多组训练，以奠定良好的体能基础。

2. 在训练爆发力时，要选择与职业特征相符合的专项练习动作，并且安排的次数和组数要少。每次爆发力练习都应注重练习效果。

3. 在进行力量练习前，一定要进行热身。可采用动态拉伸的方式，充分激活关节周围的韧带和肌肉，拉伸参与训练的肌肉群，以提高肌肉弹性。训练结束后，应采用静态拉伸，每个部位拉伸 15 s。如果训练强度较大，在拉伸放松时可进行两组拉伸，以更好地促进身体恢复。

4. 流动变姿类职业体能训练负荷较大，训练后要关注超量恢复。在训练前、中、后都要适度补充水分，同时确保摄取充足的营养，为体能的恢复和提高提供支持。

5. 应依据职业特征制订科学的训练计划。训练时关注训练次数、组数和强度的组合变化，遵循负荷递增、超量恢复等训练原则，以确保训练效果的最大化。

四、操作姿态类职业体能练习方法

操作姿态类职业的特点主要体现在需要通过躯体某些部位控制生产工具或器械来完成相应的操控工作任务。基于这一特点，其体能训练应重点体现在手指力量、灵活性、上肢力量、下肢力量、核心力量等方面。通过采用自重练习方法或使用轻器械进行体能训练，可以帮助从业者发展相应的体能素质，从而胜任各项复杂的工作内容。

（一）手指力量、灵活性练习

通过网球、握力器等小器械进行手眼协调和手指的力量训练，可以提高从业者手部的操作能力，以更好地适应工作需求。

1. 交替抓握壶铃

【练习方法】屈髋屈膝，双手置于体前，左右手在体前交替抓握壶铃，如图 4-2-20 所示。每组 15 ~ 20 次，可根据个人能力进行多组练习。

【动作要领】保持手眼协调，动作由慢到快，抓球动作准确、连贯。

2. 壶铃快速翻转

【练习方法】坐姿，小臂支撑于桌面，选择合适质量的壶铃，右手握住壶铃把手的一侧，左右翻转壶铃，如图 4-2-21 所示。左右手各翻转 15 ~ 20 次，可根据个人能力进行多次多组练习。

【动作要领】小臂支撑于桌面，手腕与小臂同时旋转。

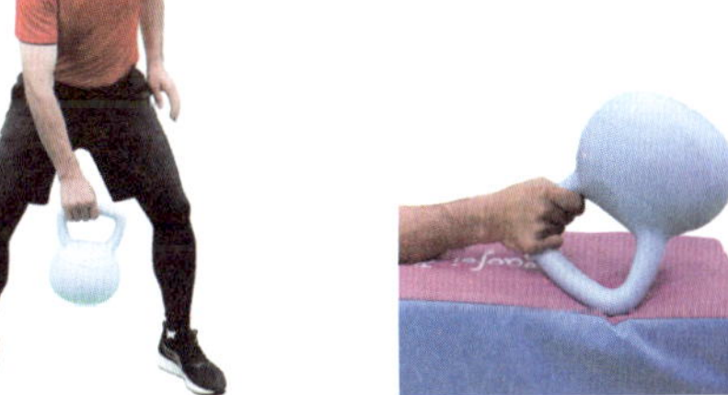

图 4-2-20 交替抓握壶铃

图 4-2-21 壶铃快速翻转

（二）上肢力量练习

通过弹力带等器械进行适度的抗阻训练，可以发展上肢力量，适应工作需求，并减缓疲劳积累。

1. 坐姿后拉

【练习方法】屈髋坐姿，上体直立，双脚踩住弹力带中间部位，双手握住弹力带两端，进行后拉抗阻练习，如图 4-2-22 所示。每组 10 ~ 15 次，共进行 2 ~ 3 组。

【动作要领】屈髋时，上体可适度前倾，但需保持背部直立。后拉时，手臂应伸直，充分感受背部和手臂肌肉的发力。

2. 侧平举

【练习方法】直立站姿，保持脊柱中立位，双手握住弹力带置于体侧，双肘微屈，完成侧平举练习，如图 4-2-23 所示。每组 10 ~ 15 次，共进行 2 ~ 3 组。

【动作要领】手臂微屈，充分感受肩部三角肌发力。

图 4-2-22 坐姿后拉　　图 4-2-23 侧平举

（三）下肢力量练习

通过蹲起、弓箭步等动作形式，以克服自重和抗阻训练的方式，发展并提高下肢力量，以适应长时间站立、走动的工作需要。

1. 半蹲开合跳

【练习方法】双脚开立，略宽于肩，起跳落地时双脚大于肩宽，屈髋屈膝下蹲，大腿降至水平面，然后再次起跳，双腿向中间靠拢，垫步后再次屈膝下蹲，双臂自然摆动，如图 4-2-24 所示。重复此动作，每组 12 ~ 15 次，共进行 2 ~ 3 组。

【动作要领】膝盖不要内扣，不要过度超过脚尖，双脚不要过度外八。

2. 行进间弓箭步蹲

【练习方法】向前迈一大步，成半蹲姿势，半蹲时前腿屈膝约 90°，后腿微屈伸直，进行行进间练习，如图 4-2-25 所示。重复此动作，每组 10 ~ 15 次，共进行 2 ~ 3 组。

【动作要领】膝盖不要超过脚尖，不要内扣，上身保持稳定。

图 4-2-24 半蹲开合跳

图 4-2-25 行进间弓箭步蹲

（四）核心力量练习

核心力量练习可以通过使用轻便软式的器械进行抗阻训练，在确保训练安全的基础上进行，以发展核心力量，保持良好体态，提高身体稳定性。

1. 站姿侧抛药球

【练习方法】双脚开立，与肩同宽，双手左右抱住药球，微屈髋屈膝，准备好后，顺势蹬地，从身体一侧将药球抛出，如图 4-2-26 所示。每组 8 ~ 12 次，共进行 2 ~ 3 组。

【动作要领】微屈髋屈膝，快速蹬地。

2. 下砸药球

【练习方法】身体直立，提踵同时上举药球，准备好后，快速收腹，下砸药球，如图 4-2-27 所示。每组 8 ~ 12 次，共进行 2 ~ 3 组。

【动作要领】身体保持稳定，核心肌肉收紧，下砸药球时注意安全。

图 4-2-26 站姿侧抛药球

图 4-2-27 下砸药球

学练指导

1. 训练前应进行 5 ~ 10 min 的热身活动，如慢跑、动态拉伸等，让身体充分预热，为接下来的训练做好准备。

2. 针对工厂操作类职业从业者的体能练习，无须过大强度。建议以发展一般体能为基础，同时在训练中融入手指力量、灵活性的练习，以全面提升身体素质。

3. 在进行核心力量练习时，可先进行徒手练习，然后过渡到器械练习，循序渐进。练习时注意次数和组数的组合变化，也可以进行拓展练习，如药球俄罗斯转体、药球俯卧撑、瑞士球跪撑、瑞士球俯卧撑等。

4. 在进行蹲起等练习时，要特别关注动作模式，确保动作规范。使用器材进行练习时，更要注意动作规范，以防止运动损伤的发生。

五、特殊岗位姿态类职业体能练习方法

基于特殊岗位职业的特点，从业人员需保持良好的体态，并具备长时间工作的能力。因此，其体能训练应主要包括有氧耐力、上肢力量、下肢力量和核心力量等方面。通过系统的体能训练，可以打好体能基础，塑造良好体态，从而胜任长时间站姿或行走的工作内容。

（一）有氧耐力练习

有氧耐力练习可以采取持续训练、间歇训练等方法进行，如长距离慢跑、法特莱克跑等。

1. 长距离慢跑

【练习方法】在充分热身后，进行一定时间的慢跑运动。可选择在公园、操场或健身房进行。慢跑时全脚掌着地，保持均匀呼吸，体会跑步的节奏。每次慢跑时间不少于 30 min，每周进行 2 次；或每次慢跑 5 km，每周进行 2 次。

【动作要领】跑前做好热身，跑步过程中保持放松，呼吸有节奏。

2. 法特莱克跑

【练习方法】利用地形、地貌或人为设置的加速与减速路段来发展耐力。根据自我感觉和地形变化，自行变换速度，自由决定加速和放松的时间和距离。每次练习时间 30 min，每周进行 2 次。

【动作要领】跑前做好热身，跑步过程中保持放松，全脚掌着地，呼吸有节奏。速度要有快慢变化，根据地形和自我感觉灵活调整。

（二）上肢力量练习

上肢力量练习主要通过克服自重的方式进行，可以帮助从业者更好地完成在工作中涉及上肢操作的任务，如搬运物品等。

1. 俯身摸肩

【练习方法】双手双脚撑地，间距略宽于肩，左右手交替摸对侧肩，身体保持稳定，如图 4-2-28 所示。每组 12 ~ 15 次，共进行 2 ~ 3 组。

【动作要领】双手双脚撑地，身体稳定，不要侧倾。

2. 俯身转体

【练习方法】双手双脚撑地，间距略宽于肩，单手支撑时身体旋转，并伸展手臂至最上方，保持身体呈一直线，如图 4-2-29 所示。每组 10 ~ 15 次，共进行 2 ~ 3 组。

【动作要领】身体保持稳定，不要侧向塌腰和屈髋。

图 4-2-28 俯身摸肩

图 4-2-29 俯身转体

（三）下肢力量练习

下肢力量练习主要通过克服自重和抗阻的方式进行，可以帮助从业者提高工作中长时间站立、徒步行走等能力。

1. 深蹲提膝

【练习方法】双脚开立，略宽于肩，屈髋屈膝下蹲，起立时屈髋向身体对侧提膝，左右两侧交替进行，如图 4-2-30 所示。每组 10～15 次，共进行 2～3 组。

【动作要领】注意膝盖不要超过脚尖。

2. 弹力带开合蹲起跳

【练习方法】双脚开立，与肩同宽。将弹力带套在脚踝处，轻微起跳后屈髋屈膝下蹲，下蹲时双脚分开至宽站位。起立时跳回原位置，重复此动作，如图 4-2-31 所示。每组 10～15 次，共进行 2～3 组。

【动作要领】注意膝盖不要超过脚尖。

3. 保加利亚蹲

【练习方法】双腿呈弓箭步姿势，后脚抬高置于垫子上，前脚着地，准备好后进行下蹲练习，前腿屈膝至 90°，如图 4-2-32 所示。每组 8～12 次，共进行 2～3 组。

【动作要领】下蹲时屈髋屈膝，膝盖不要超过脚尖。

图 4-2-30 深蹲提膝

图 4-2-31 弹力带开合蹲起跳

图 4-2-32 保加利亚蹲

（四）核心力量练习

对于特殊岗位姿态类职业从业者，核心力量可以帮助其保持良好的身体姿态，完成涉及上肢负重和下肢耐力等的工作任务。

1. 手撑开合跳

【练习方法】手撑呈俯撑姿势，身体保持稳定，略微屈髋，双脚进行开合跳，如图 4-2-33 所示。每组 10 ~ 15 次，共进行 2 ~ 3 组。

【动作要领】双手俯撑时注意不要塌腰，保持身体呈一直线。

2. 肘支撑转体

【练习方法】双肘双脚撑地，双肘支撑时身体左右侧旋，如图 4-2-34 所示。每组 10 ~ 15 次，共进行 2 ~ 3 组。

【动作要领】身体保持稳定，不侧向塌腰和屈髋，保持身体呈一直线。

图 4-2-33 手撑开合跳

图 4-2-34 肘支撑转体

3. 肘支撑侧提膝

【练习方法】双肘双脚撑地，略微屈髋，左右腿交替向体侧提膝，如图 4-2-35 所示。每组 10 ~ 15 次，共进行 2 ~ 3 组。

【动作要领】身体保持稳定，不侧向塌腰和屈髋。

图 4-2-35 肘支撑侧提膝

学练指导

1. 进行特殊岗位姿态类职业体能练习，应先发展一般体能，包括有氧耐力、基础力量、灵敏性、协调性和身体柔韧性，以及体态管理等。在此基础上，再结合职业特征，发展与职业相符合的专项体能训练。例如，空乘人员应重点关注身体形态的塑造、长时间站立的能力，以及上肢力量的提升。

2. 训练前应进行热身，可先慢跑 5 ~ 10 min，再进行动态拉伸练习，如伟大拉伸、弓步转体等动作。训练结束后，应针对参与训练的目标肌群进行拉伸放松，每个动作保持 15 s。

3. 合理规划休息时间，训练后要给予身体充足的时间来恢复，避免过度疲劳导致受伤或对训练效果产生不利影响。

4. 练习时应关注环境安全，选择适宜、安全的场地和器材，避免因环境因素引发意外情况。

技能篇

第五章 · 球类运动

球类运动是指以球作为基础工具的运动或游戏。从绿茵场上的足球激战，到篮球场上的激烈对抗；从排球场上的默契配合，到乒乓球台前的灵巧交锋，再到羽毛球场上的轻盈跃动，每一项球类运动都独具特色，既对个人技巧、速度与反应提出了高要求，又充分展现了团队的协作、策略与责任感。球类运动不仅是锻炼体能、提高运动技能、促进身心健康的有效途径，更是增进人际交流与合作的桥梁。本章将带领同学们全面了解这些球类运动的基本规则，指导大家练习并掌握这些球类运动的基本技术和实战策略。希望你能积极参与其中，切身感受球类运动的独特魅力，同时培养团结协作的精神、勇于挑战的勇气，以及不断超越自我、追求卓越的体育品格。

第一节 足 球

学习目标

1. 了解足球运动的特点、锻炼价值和比赛规则等基本知识，会观赏足球比赛。

2. 掌握足球运动中运球、踢球、停球、抢断球等基本技术，并能够灵活组合运用这些技术，提高体能与技术、战术运用水平。

3. 积极参与足球运动，感受足球运动带来的快乐与锻炼价值，培养勇敢拼搏、团结合作的精神，以及遵守规则的意识。

一、足球运动概述

足球是一项以脚支配球为主，两支各由 11 名球员组成的球队在长方形场地上进行的体育运动。双方球员通过传球、盘带、射门等一系列技术动作，以攻破对方球门为目标。足球运动以其高强度的对抗性、紧密的团队协作性和多变的战术策略等特征，被誉为“世界第一运动”，在全球范围内赢得了广泛的喜爱。

积极参与足球运动，不仅能够有效提升心肺功能，增强下肢力量与身体协调性，显著改善体质，还能有效降低近视的发生。同时，足球运动也是培养团队意识、规则意识、抗压能力的有效途径。此外，将在足球场上培养出的战术理解与执行能力迁移到学习领域，还有助于提升我们的逻辑思维与解决问题的能力。

拓展阅读

足球的起源与发展

足球起源于中国。据史料记载，早在战国时期，中国民间就流行蹴鞠游戏。从汉代开始，蹴鞠逐渐成为兵家练兵之法，用于提高士兵的身体素质和团队协作能力。唐宋时期，蹴鞠活动的发展达到了高峰，经常出现“球不离足，足不离球，华庭观赏，万人瞻仰”的情景。早期的蹴鞠用皮革包裹毛发或其他填充物制成，后来逐渐发展为充气球。充气球的出现、球门的设立、比赛规则的完善，使得蹴鞠更加接近现代足球。

现代足球起源于19世纪的英国。1863年，英格兰足球协会在伦敦成立，并制定了一套统一的足球比赛规则。随着现代足球的不断发展，足球已经成为全球最受欢迎的体育项目之一。国际足联世界杯、欧洲足球锦标赛、欧洲冠军联赛等大型足球赛事吸引了数以亿计的观众关注。

二、足球运动基本技术

足球运动基本技术分为有球技术和无球技术两种。有球技术包括运球、踢球、停球、抢断球、顶球、假动作、掷界外球、守门员技术等；无球技术包括起动、变向、急停、转身等。本节主要介绍以下几种常用的有球技术。

（一）运球

运球是在跑动中用脚的推拨动作，有目的地使球保持在自己控制范围内而做的连串动作。运球技术在足球运动中处在十分重要的地位，它是个人控球能力和个人进攻能力的集中体现，也是进攻战术配合的基础。

运球技术主要包括脚背正面运球、脚内侧运球和脚背外侧运球等。

1. 脚背正面运球

【动作方法】运球时身体放松并稍前倾，步幅稍小。运球脚提起时，膝关节微屈，脚跟提起，脚尖向下，在触球脚迈步前伸落地前，用脚背正面推拨球的后中部，重心随机跟上，如图5-1-1所示。

【动作要领】重心降低，小步高频，推拨球力度适宜。

图5-1-1　脚背正面运球

2. 脚内侧运球

【动作方法】运球时支撑脚在球的侧后方，膝关节微屈，运球脚屈膝提起，脚尖稍外旋，用脚内侧推拨球的后中部，推拨球后，触球脚落地支撑，如图5-1-2所示。

【动作要领】重心降低，身体侧倾斜，推拨球力度适宜。

图 5-1-2　脚内侧运球

3. 脚背外侧运球

【动作方法】运球时身体放松并稍前倾，步幅稍小。运球脚提起时，膝关节微屈，脚跟提起，脚尖稍内转，在触球脚迈步前伸落地前，用脚背外侧推拨球的后中部，重心随机跟上，如图 5-1-3 所示。

【动作要领】重心降低，脚尖内扣，推拨球力度适宜。

图 5-1-3　脚背外侧运球

学练指导

1. 运球时要有抬头观察的意识，一步一触球，推拨球的力度不宜过大，注重节奏变化。运球变向时注意降低重心，踝关节灵活，控制好节奏、变向和变速。

2. 运球练习初始阶段可从 20 m 直线运球开始，慢速进行，触球频率稍慢，熟练后逐渐加快速度和触球频率。

3. 可在一定的区域内用标志物摆放若干个 1 ~ 2 m 的小球门，进行穿越任意小球门的运球练习。

4. 可设置一些障碍物练习运球，如“Z”字、“8”字障碍物。练习时可先用脚背正面或外侧进行直线运球，变向时运用脚内侧或脚背外侧推拨球。

5. 同伴间可以进行对抗组合练习，如在 10 m × 10 m 的区域内进行 1 对 1 对抗射小球门练习，在对抗中完成运射的衔接组合动作和运动技术动作。

（二）踢球

踢球是指用脚有目的地将球击到预定目标，是足球比赛中应用最多的一项技术。学习传球和射门首先要学会踢球。踢球技术包含 5 个环节：助跑、支撑脚选位、踢球腿的摆动、脚触球的部位，以及踢球后的随前动作。

常用的踢球技术主要有脚内侧踢球、脚背正面踢球、脚背内侧踢球等。

1. 脚内侧踢球

【动作方法】直线助跑，支撑脚踏在球侧后方 10～15 cm 处，膝关节微屈，脚尖对准出球方向，踢球腿以髋关节为轴由后向前摆动，在前摆过程中膝关节外展，脚尖翘起，以大腿带动小腿摆动击球，踝关节绷紧，以脚内侧部位击球的后中部，如图 5-1-4 所示。

【动作要领】支撑脚选位合理，脚击球部位准确，摆腿的速度取决于球的速度。

图 5-1-4 脚内侧踢球

2. 脚背正面踢球

【动作方法】直线助跑，支撑脚踏在球侧后方 10～15 cm 处，脚尖与出球方向一致，膝关节微屈，踢球腿大腿带动小腿由后向前摆动，当膝盖提至接近球的后上方时，小腿加速前摆，击球瞬间，脚背绷直，踝关节紧绷，以脚背的正面击球的后中部，击球后，踢球腿应随球前摆，如图 5-1-5 所示。

【动作要领】支撑脚选位合理且稳定，大腿带动小腿摆动，摆踢动作流畅。

图 5-1-5 脚背正面踢球

3. 脚背内侧踢球

【动作方法】斜线助跑，助跑方向与出球方向约呈 45°。支撑脚踏在球的侧后方

25～30 cm处，膝关节微屈，足尖指向出球方向，身体稍向支撑脚一侧斜。在支撑脚着地的同时，身体顺势向出球方向转动，踢球腿大腿带动小腿呈弧形由后向前摆动，当膝关节摆至接近球的内侧垂直上方的瞬间，小腿加速前摆，脚尖稍外转，脚面绷直，脚趾扣紧，足尖指向斜下方，以脚背内侧部位击球的后中下部，如图5-1-6所示。踢球后，踢球腿随球继续前摆。

【动作要领】支撑脚选位合理，摆踢动作流畅、快速，脚击球部位准确。

图5-1-6　脚背内侧踢球

学练指导

1. 单人踢球练习，可面对墙进行，运用脚内侧、脚背正面、脚背内侧等不同脚法踢球，熟练后可由一踢一停过渡到连续踢球。
2. 两人踢球练习，可相距4～6 m相互传球，逐渐拉开距离，体会发力技巧和摆动腿的速度。
3. 移动中传球时，身体要面向来球，以便处理好支撑脚和球的位置，提高第一次触球的质量。
4. 传球和射门有多种脚法，可以根据练习的情况尝试用脚尖和脚后跟踢球的方式，也可尝试踢出空中球、反弹球等完成传球或射门动作。
5. 传球要有目的性，需考虑是传给队友脚下，还是传空位。注意传球的力度、时机和隐蔽性。

（三）停球

停球是指有目的地用身体的合理部位把运行中的球停下来，控制在所需要的范围内，以便更好地衔接下一个技术动作。停球是为下一个动作服务的，停球质量的好坏直接影响下一个动作的顺利完成。由于来球的方向和高低不同，所运用的停球动作方法也有所不同。除手臂之外，身体的任何部位都可以停球。以下主要介绍几种常用的停球技术。

1．脚内侧停球

（1）脚内侧停地滚球

【动作方法】身体面向来球，支撑脚脚尖与来球方向相同，膝关节微屈，接球腿提膝，大腿外展，脚尖微翘，脚底基本与地面平行，脚内侧正对来球并前迎，在脚内侧与球接触的一瞬间，迅速后撤，以缓冲来球的力量，把球停在便于衔接下一个动作的控制范围内，如图 5-1-7 所示。

【动作要领】准确判断来球，触球瞬间迎撤缓冲。

图 5-1-7　脚内侧停地滚球

（2）脚内侧停空中球

【动作方法】根据来球速度及其运行轨迹，及时移动到位。支撑脚平衡身体，接球腿抬起，使脚内侧对准来球的方向并前迎，脚在接触球的一瞬间后撤，并将球接在所需的位置上，如图 5-1-8 所示。

【动作要领】预判来球落点，接球腿屈膝高抬对准球，迎撤缓冲停好球。

图 5-1-8　脚内侧停空中球

（3）脚内侧停反弹球

【动作方法】准确判断球的落点，脚内侧对着停球后球的运行方向并与地面成一夹角，当球落地反弹刚离开地面时，大腿向接球后球的运行方向摆动，用脚内侧部位轻推球的中上部，将球停在可控范围内，如图 5-1-9 所示。

【动作要领】身体倾斜动作与脚的推压动作要顺势连贯。

图 5-1-9　脚内侧停反弹球

2. 脚背正面停空中球

【动作方法】准确判断球的落点，及时移动到位，支撑脚撑地稳固，脚背正面迎向下落的球，当球与脚面接触的瞬间，接球脚随球下落的速度同步下撤，大腿、膝关节、踝关节、脚趾均保持适度紧张，脚尖微翘，将球接到所需位置，如图 5-1-10 所示。

【动作要领】脚背正面迎触球时注意缓冲，动作柔和。

图 5-1-10　脚背正面停空中球

学练指导

1. 个人练习停球，可面对墙进行踢停练习。例如，先做脚内侧向前停球，之后衔接传球，再过渡到脚内侧向左侧或右侧停球，最后将球踢出。

2. 两人练习停球，可以相距 6 ~ 8 m，每人脚下放置一个标志物，先做传球后向前停练习，再过渡到向标志物两侧停传球练习。

3. 停球前要随时做好准备，不要原地站立不动，要有突然快速启动以摆脱防守人去接球的意识。停球后要便于衔接下一个动作，要将球停在远离防守人的位置，避免使自己陷于被动状态。

4. 3人以上练习停球，可做相距5～8 m的一停一传练习，传完球后跑向对方队尾，进行传跑练习。还可过渡到传完球后做立即压迫，使对方做出向左或右的方向停球的决策练习。

5. 练习停空中球时，可自抛自停，也可与同伴两人一组，一人抛球，一人停球。

（四）抢断球

抢断球是指在规则允许的范围内，使用身体的合理部位将对方的控球权夺过来或破坏掉，是比赛中由守转攻的主要手段，分为抢球和断球两种技术。常用的抢断球技术有正面抢断和侧面抢断。

1. 正面抢断

【动作方法】快速移动靠近持球人，当靠近持球人约两个手臂的距离时，两膝微屈，身体重心下降并置于两脚间，当与持球人缩小至一臂距离时，看准时机，当对方脚离开球的控制范围时，迅速蹬地并跨步向前，以脚内侧去堵截球。若身体离得较远，也要用破坏的方式将球踢出或用脚尖捅出。

【动作要领】快速缩短与持球人的距离，上抢要果断。

2. 侧面抢断

【动作方法】当与持球人并肩追球时，重心稍下降，靠近持球人一侧的手臂紧贴自己的身体，当球离开持球人控制时，用合理的部位（如大臂和肩关节部位）冲撞持球人相应部位，使对手身体失去平衡，乘机将球控制住。

【动作要领】看准时机，合理运用身体，上抢要果断。

学练指导

1. 练习抢断球，可两人一球，球放置在两人之间，同时做上步抢球练习。

2. 两人练习时，还可以相距10 m，当无球人快速靠近持球人2 m左右的距离时，持球人做曲线运球，无球人做防守步移动练习。

3. 3人一组练习抢断球，可一人传直线球，另外两人平行站位，同时启动抢球。

4. 在练习中，正确的判断和选择是动作成功的关键，抢球时须善于利用合理冲撞，动作快速、果断。

三、足球运动战术

足球运动战术是在比赛中，对攻防客观规律的高度概括，是战胜对手的行动准则，包括进攻和防守两大战术体系。攻守平衡是足球比赛的基本原则，只有积极进攻才能进球得分，而稳固的防守是取得比赛胜利的重要条件。

（一）进攻战术

足球进攻战术是球队为突破对方防线、创造得分机会而采取的策略体系，其核心主要包括 3 部分：一是阵型组织（如 4-3-3、4-2-3-1 阵型）与空间利用；二是战术模式（如快速反击、边路传中、中路渗透）；三是技术组合（如短传配合、长传调度、个人突破）。进攻战术强调控球权的争夺、无球跑动的接应以及定位球的设计，需要球员通过默契配合执行战术指令，在动态对抗中撕裂对手的防守结构。

1. 个人进攻战术

个人进攻战术是球员在比赛中为实现整体进攻目的而采取的个人行动，是整个战术体系中最基本的环节。个人进攻战术的质量高低直接影响着局部和整体战术的进攻成效，其方式包括运球突破、传球、射门等。

（1）运球突破。运球突破是撕开对手防线、创造以多打少局面的有效手段，也是创造射门和传球机会的重要途径。其运用场景主要有以下 3 种：一是持球队员没有射门机会或传球可能时；二是在攻守转换时，面对 1 名防守队员且其身后有较大空当时；三是持球人在边路得球时，其对手身后有较大空间。在上述 3 种情景下，球员都可以通过大胆突破对手来创造传球或射门机会。

（2）传球。传球是比赛中运用最多，也是最重要的技术、战术手段。传球技术水平的高低是一名运动员和一支球队整体水平的体现，传球的成功率往往能够决定比赛的结果。传球的方式多种多样，按触球方式可分为直接传球和间接传球；按距离可分为短传、中传和长传球；按高度可分为地滚球和空中球；按方式可分为直传、斜传、横传和回传球。

（3）射门。射门是一切进攻战术配合的最终目的和得分的唯一手段，也是进攻战术中最重要、最困难、最激动人心的时刻。在射门时，球员需根据场上形势灵活选择射门方式，如脚内侧射门适用于近距离精准射门，脚背正面射门力量大、速度快，适合远距离大力抽射，脚背内侧射门可踢出弧线球绕过防守，头部射门在争抢高空球和门前抢点时尤为重要。同时，要把握好射门时机，通过观察守门员位置，利用防守空当或运用假动作迷惑对手，果断行动。此外，球员还需具备强烈的射门欲望、保持冷静的心态和良好的抗压能力，在训练中应注重提高射门的准确性、力量和反应速度，以提升比赛中的射门得分能力。

2. 局部进攻战术

局部进攻战术是指在进攻过程中，两个或几个队友之间协同配合的方法，它是集体配合战术的基础。局部进攻战术有多种，下面主要介绍墙式、直传斜插、斜传直插3 种形式的二过一战术。

（1）墙式二过一。9 号队员持球，当 5 号防守者接近 9 号时，9 号将球传给侧向接应的 10 号队友，然后快速直插到 5 号防守者后方的空位，接队友回传球，如图 5-1-11 所示。

（2）直传斜插二过一。8 号队员持球，当 4 号防守者接近持球人时，将球传给 7 号队友后快速斜插到 4 号防守者的身后空位，接队友的直线传球，如图 5-1-12 所示。

（3）斜传直插二过一。7 号队员持球，当 4 号防守者接近时，7 号队员将球传给 8 号队员后快速插到 4 号防守者身后的空位，接 8 号队友的斜线传球，如图 5-1-13 所示。

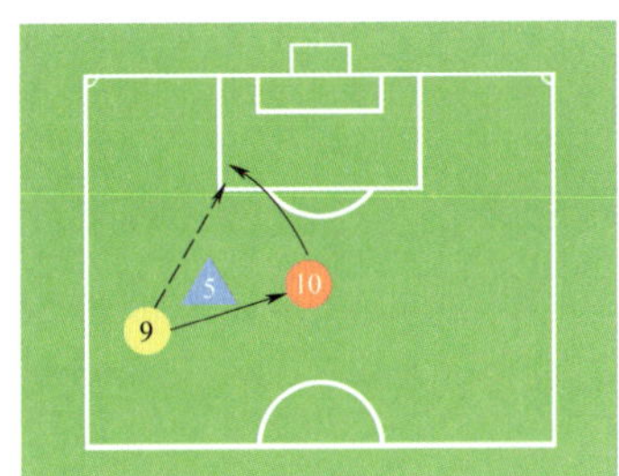

图 5-1-11 墙式二过一

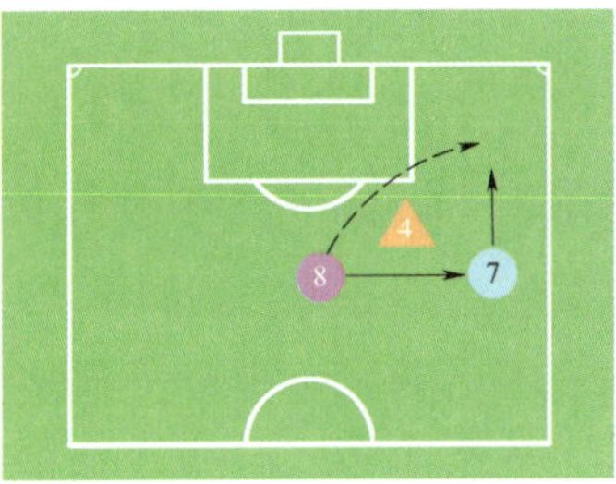

图 5-1-12 直传斜插二过一

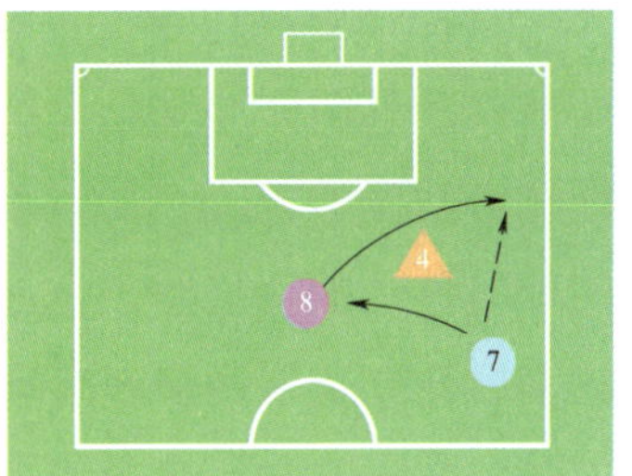

图 5-1-13 斜传直插二过一

3. 整体进攻战术

整体进攻战术强调空间利用与团队协作，通过快速传递、交叉跑位及阵型转换来突破对方防线。常见的整体进攻战术包括中路进攻、边路进攻、快速反击和定位球战术。球员需保持三角站位确保出球点，前锋灵活换位制造空当，中场掌控节奏，边后卫适时插上助攻，形成多点进攻层次，以实现高效得分。

（1）中路进攻。中路进攻是利用球场中间区域组织的进攻方式。这种进攻方式虽然能够直接射门，但实施难度最大，原因是中路防守通常最为严密。因此，参与中路进攻的球员必须是反应极其敏锐、具有强烈进攻意识、技术水平高、敢于冒险、速度快和善于跑位策应的队员。

（2）边路进攻。利用球场两侧区域发起进攻的方法称为边路进攻。边路进攻是全队进攻战术的主要形式之一，其主要特点是有利于发挥进攻速度，通过快速突破打破对方防线，制造出进攻缺口。

（3）快速反击。在比赛过程中，当攻方展开进攻时，后卫线往往会压至中场附近，由于球员插上进攻和助攻，防守人数相对减少。此时，如果能够抓住对方防区空隙较大、回防较慢的机会，在对方失球后迅速发动快速反击，往往能够取得良好的进攻效果。

（4）定位球。定位球战术包含角球、任意球、点球和掷界外球等多种情况，旨在通过精密设计提升破门概率。例如，角球可采用前点虚晃、后点包抄策略；任意球常由高中锋或后卫抢点，配合主罚者踢出精准弧线或低平球传中；战术任意球借助假跑、挡拆制造空当，或突然快发偷袭防线。其核心在于虚实结合、多点包抄，利用身高优势和灵活跑位迷惑对方。

（二）防守战术

防守战术旨在通过合理的战术安排和球员间的协同配合，阻止对方的进攻，保护本方球门不失，并伺机夺回球权，为反击创造机会。

1. 个人防守战术

个人防守战术是指球员为了控制对手所采取的个人行动。这些个人战术行动不仅体现了整体战术的特征，更是整体防守战术的基础。下面主要介绍一对一防守和一对二防守战术。

（1）一对一防守。一对一防守的目标是延缓对手的进攻、逼迫对手出现失误或夺回球权。其防守原则是保持防守的主动性，不被对手轻易突破。在防守时，球员应选择侧身站位的方式，与对手保持 1 ~ 1.5 m（一臂加半步）的距离，并用身体挡住对手向球门移动的直接路径，逼迫其向边路移动。其间，球员需降低重心，膝盖微曲，双脚前后开立，以便快速启动和变向，前脚虚点，进行试探性干扰，同时双臂张开，扩大防守面积，并保持身体平衡。

防守中的关键要点在于观察对手的弱点。球员应盯住对手的腰部或胸部（因为脚部容易被假动作欺骗），判断对手的惯用脚和突破习惯（如是否喜欢变向或加速）。

（2）一对二防守。一对二防守的核心原则是拖延时间，等待队友的支援。当一名球员面对两名对手时，首要目标是延缓对手的进攻。可采用倒退式防守，与对手保持 1.5 ~ 2 m 的距离，侧身移动逼向边路，用身体角度引导对手往边线或角落移动，并选位封堵，站在两名进攻球员连线中间稍靠后的位置，重点封堵直塞球的传球路线。

接下来，球员需要选择盯人策略，主盯持球人，同时用余光扫视无球队员，用身体朝向隔断两人之间的传球角度。最后，通过小碎步的移动调整位置，重心下沉（类似马步），前脚虚晃干扰对方，后脚随时准备启动。当对手趟球过大时，果断出脚；听到队友回防的喊声，立即上抢。

2. 整体防守战术

整体防守战术的核心在于整体协作与空间控制，主要分为区域防守、人盯人防守及混合防守体系。

（1）区域防守。区域防守要求球员各司其职，封锁特定的区域，维持阵型紧凑，减少防守漏洞。但这种防守方式对球员的位置感和补位意识要求极高。

（2）人盯人防守。人盯人防守强调对位盯防，能够有效限制对手的核心球员。然而，这种防守方式体能消耗大，且容易被对手的跑动拉扯出空当。

（3）混合防守体系。现代足球比赛中多采用混合防守体系，如后卫线采用区域防守，结合中场人盯人防守，兼顾防守的稳定性与灵活性。

四、足球比赛

（一）比赛规则

1. 比赛场地和球

足球的比赛场地必须是长方形，长 90 ~ 120 m、宽 45 ~ 90 m，如图 5-1-14 所示。以世界杯比赛场地为例，其长度是 105 m，宽度是 68 m。

比赛所用足球，外壳应用皮革或其他许可的材料制成，不能使用可能伤害运动员的材料，圆周不长于 70 cm、不短于 68 cm。

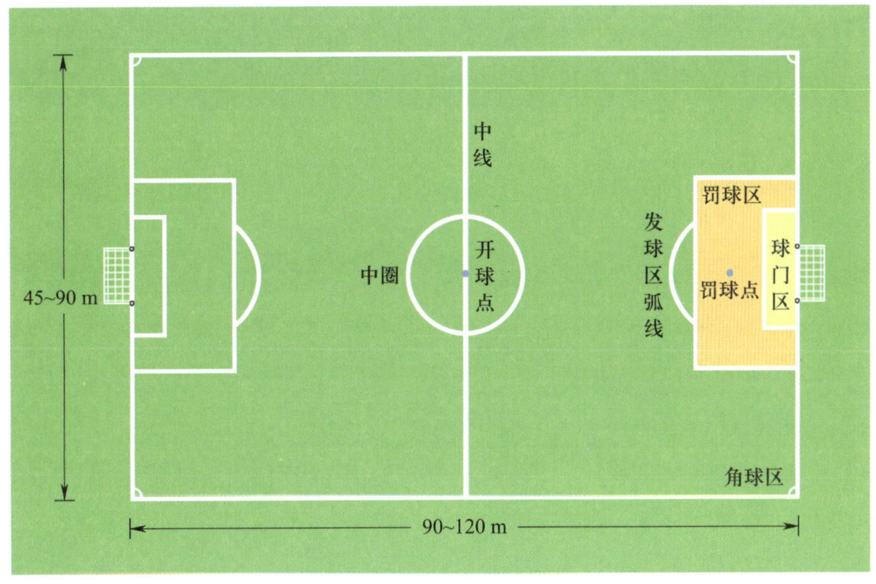

图 5-1-14 足球比赛场地

2. 球员人数

每队场上球员不得多于 11 人，不少于 7 人，包括 1 名守门员。替补球员人数没有限制，但每次只能替换 3 人。球员在比赛中不得用手臂触球（守门员在罚球区内除外）。

3. 比赛时间

比赛开始前，采取抛硬币的方式选择场地或开球权。正式比赛时间为 90 min，分为上下两个半场，每半场 45 min，中场休息不超过 15 min。

4. 进球与得分

当球的整体从球门线内进入球门时，即为进球得分。进球后，由失球方在中圈开球继续比赛。进一球得一分，整场比赛结束后，得分高的一方获胜。

5. 比赛中的停止与恢复

在足球比赛规则中，停止比赛常被称为“死球”，指比赛暂时停止的状态，常见于球整体出界、犯规判罚、进球有效或裁判鸣哨中断时。此时比赛停止，球员需等待裁判指示恢复比赛。恢复比赛的方式取决于导致死球的原因：球出界后，通过掷界外球（球在触地前出界）、球门球（进攻方触球出底线）或角球（防守方触球出底线）重启比赛；犯规后，以任意球（直接或间接）或点球恢复比赛；进球后，则开中圈球。裁判鸣哨后，比赛从停止点按规则重启，在这期间球员违规可能追加判罚（如出示黄牌）。

6. 常见犯规

（1）直接犯规。直接犯规是指球员对对手进行有意的违规行为，这些行为可能会对对手造成伤害或严重影响比赛的公平性。

1）踢或企图踢对方队员，绊摔对方队员，跳向对方队员，猛烈地或带有危险性地冲撞对方队员。

2）打或企图打对方队员，拉扯对方队员，推对方队员。

3）球员在比赛过程中（不包括守门员在本方罚球区内）故意使用手臂或手部触球（故意手球）。

直接犯规的判罚通常是给予犯规球员红牌并罚以停赛，同时对方球队可以获得任意球或点球机会。

（2）间接犯规。间接犯规是指球员对对手进行一些相对较轻的违规行为，这些行为虽然不一定会对对手造成伤害，但仍然会影响比赛的正常进行。间接犯规包括但不限于以下行为。

1）危险动作。如高举脚部、抬脚过高踢球等，或在没有控球权的情况下，故意用身体阻挡对方球员的移动或进攻路线。

2）越位。进攻方球员在传球瞬间，比最后一名防守方球员更接近球门且比球更靠近球门线，则视为越位。

间接犯规的判罚通常是给予犯规球员黄牌并罚以警告，同时对方球队可以获得间接任意球机会。

（二）观赛要点

1. 聚焦阵型变化

足球比赛中的阵型变化是球队战术执行的基础。观察球队如何根据比赛进程和对手特点调整阵型，例如，从 4-4-2 转变为 4-3-3 以加强进攻，或从 4-2-3-1 调整为 5-4-1 以加强防守。同时，注意攻防转换时的阵型调整，防守时球队可能会收缩阵型，进攻时则拉开宽度。此外，留意球员在阵型变化中的位置移动，如边后卫插上助攻，或中场球员回撤防守。阵型的变化不仅影响比赛节奏，还能体现球队的战术意图。

2. 洞察战术意图

足球比赛的战术意图往往通过球队的整体表现和球员的跑位体现出来。可以通过观察球队的传球路线、跑位选择和防守策略来解读其战术意图。例如，球队是通过边路传中、中路渗透还是长传冲吊来创造进攻机会？防守时是采用区域防守、人盯人防守，还是混合防守？同时，教练的临场调整也是洞察战术意图的关键，如换人、战术指令的变化，这些调整往往能直接影响比赛局势。

3. 解码技术细节

足球比赛中的技术细节是决定球员表现的关键。可以重点关注球员的传球、控球、盘带、射门等技术动作，以及这些动作在比赛中的实际效果。观察球员的传球精准度，尤其是长传、直塞球和传中球的质量；评估球员在高压逼抢下的控球能力，看其是否能保持冷静并完成摆脱；注意球员的射门选择和技术，如弧线球、凌空抽射或点球的处理方式。此外，防守技术如抢断时机、拦截路线和头球争顶的成功率也是解码技术细节的重要部分。

4. 发现“隐形英雄”

足球比赛中，除了进球和助攻的球员外，还有许多“隐形英雄”对比赛结果起到关键作用。可以关注中场球员的组织能力，他们通过传球串联球队、控制比赛节奏；观察防守球员的拦截和抢断，以及中后卫的关键解围或边后卫的及时回防；注意门将的表现，包括扑救、出击和指挥防线的能力。此外，那些在无球状态下通过跑动、拉扯空间为队友创造机会的球员，也是比赛中的“隐形英雄”。

第二节 篮 球

学习目标

1. 了解篮球运动的特点、锻炼价值和比赛规则等基本知识，会观赏篮球比赛。

2. 掌握篮球运动中进攻、防守、抢球等基本技术，并能够在对抗性练习和比赛中灵活运用这些技术，提升动作的准确性和实战应用能力。

3. 积极参与篮球运动，能够应用基础的进攻、防守战术，形成团队协作的战术思维，能够正确面对胜负，培养勇于挑战、顽强拼搏的品格。

一、篮球运动概述

篮球运动是以投篮为得分手段，以得分多少决定胜负而进行的集体对抗性球类运动，具有高强度对抗性、快速攻守转换和战术多变等特点。场上5名球员需分工协作，通过运球、传球、投篮等基本技术，结合进攻、防守等战术，实现攻防目标。篮球比赛节奏快、球员身体接触频繁，考验个人技术与临场决策能力的同时，更依赖团队的配合。

经常参与篮球运动，有助于内脏器官、感觉器官和中枢神经系统功能的发展。同时，还有助于培养参与者的团队协作意识、竞争意识和社会责任感，促使个体融入团队，并在其中充分发挥自身作用。

二、篮球运动基本技术

篮球运动基本技术可分为进攻技术、防守技术和抢球技术。

（一）进攻技术

进攻技术是运动员在控制球权期间，为了投篮得分或创造更好的进攻机会，所采用的一系列动作方法，主要包括运球、传球、投篮、持球突破，以及这些基础动作的组合技术。

1. 运球

（1）体前变向换手运球

【动作方法】以右手变向至左手为例。运球前进中，右手按拍球的右后上方，使球从自己的体前右侧反弹至左侧前方，同时右脚蹬地向前跨出，上体左转，用肩保护好球，换左手运球，向前推进，如图5-2-1所示。

【动作要领】变向运球时速度要快，同时伴随转体压肩保护球，换手蹬地加速突破。

图5-2-1　体前变向换手运球

（2）运球急停急起

【动作方法】以右手运球为例。右手运球前进急停时，降低重心，降低速度，同时手按拍球的前上方，做跨步或跳步急停，变为暂时的原地运球，用手臂、身体、腿保护球；运球急起时，身体重心前移，用身体和手臂保护球，蹬地跨步，手按拍球的后上方，向前推放球，加速超越对手，如图 5-2-2 所示。

【动作要领】降低重心，停得稳、起得快，人球结合，动作连贯。

图 5-2-2　运球急停急起

（3）运球后转身

【动作方法】以左脚为中枢脚，右手提拉球的前上方，右脚用力蹬地向左后方转身，随着后转身换左手运球，加速突破防守，如图 5-2-3 所示。

【动作要领】拉球、转身、插步协调连贯，换手护球，蹬地加速。

图 5-2-3　运球后转身

学练指导

1. 练习运球时，要注意低重心状态下的手脚配合和人球结合。原地运球进阶行进间运球是为比赛实战做准备，要根据防守人重心的变化瞬间决策，合理应用所学技能运球加速过人。

2. 可先进行原地的高、低运球再过渡到体前变向运球，运球时重心要低，观察场上情况，争取做到人球合一。

3. 行进间运球可先从左右手运球启动加速和急停做起，再过渡到行进间变相，利用标志物在相应的点位上做速度和方向上的变化，注意观察场上情况，体会多种变向运球的动作要领。

4. 可摆设多个标志物进行多种行进间运球组合的练习，如先做急停急起，在下一个标志物做体前变向，再做后转身运球等，以巩固提升动作的连贯性与熟练性。

2. 传球

（1）双手胸前传接球

1）传球

【动作方法】双手持球于胸腹之间，两肘自然弯曲于体侧，身体成基本站立姿势，双眼平视传球目标。传球时，后脚蹬地发力，身体重心前移，两臂前伸，两手腕随之内旋，拇指用力下压，食指、中指用力拨球将球传出。球出手后，两手略向外翻，如图 5-2-4 所示。

【动作要领】掌心空出，持球于胸腹前，蹬地伸臂同时移重心，翻抖手腕，发力集中于食指、中指。

图 5-2-4　传球

2）接球

【动作方法】双眼注视来球，两臂伸出迎接球，两手手指自然张开，拇指相对成“八”字形，其余手指朝前上方，两手成一个半球形，手指接触球，同时两臂随球后引，缓冲来球力量，双手持球于胸腹之间，成基本持球姿势，为传球、投篮、突破做好准备，如图 5-2-5 所示。

【动作要领】双手立腕主动迎接球，手指触球时手臂协同后引，持球于胸腹前。

图 5-2-5　接球

（2）单手肩上传球

【动作方法】以右手传球为例。右脚为中枢脚，左脚向传球方向迈出半步，右手持球，同时将球引到右肩上方，肘部外展，上臂与地面近似平行，手腕后仰，左肩对着传球方向，重心落在右脚上，右脚蹬地，重心前移至左脚并转体，右前臂迅速向前挥摆，手腕前屈，通过食指、中指拨球将球传出，如图 5-2-6 所示。

【动作要领】自下而上发力，蹬地、扭转肩、挥臂和扣腕动作连贯。

图 5-2-6 单手肩上传球

（3）体侧传球

【动作方法】以右手传球为例。左脚为中枢脚，双手持球，右脚向侧蹬地跨步同时转髋，左手将球推至右手，上臂带动前臂将球引至体侧，右手掌心向前，当球充分摆至体侧的一瞬间屈腕、拨指将球向前传出，如图 5-2-7 所示。

【动作要领】蹬转跨步协调发力，手臂充分挥摆，远端手腕、手指鞭打发力，动作连贯。

图 5-2-7 体侧传球

（4）双手头上传球

【动作方法】双手举球于头上，两肘向前。近距离传球时，前臂前摆，手腕前扣并外翻，同时拇指、食指、中指用力向前拨球；传球距离较远时，要用蹬地和腰腹力量带动上臂发力，前臂前甩，手腕、手指用力前扣，将球传出，如图 5-2-8 所示。

【动作要领】前臂前摆和手腕前扣要快速有力，带动手指用力拨球。

图 5-2-8　双手头上传球

学练指导

1. 练习传接球时，注意身体协调、远端发力，根据防守位置和比赛情况，合理运用传球技术将球传给同伴。在练习多种传球方法的同时，还应注意接球基本姿势，如接球后的持球“三威胁”（指持球后可投篮、传球或突破的持球准备姿势）。

2. 两人练习时，可间距 4～6 m，交替进行双手胸前、单手肩上等基础传接球技术练习，重点体会手指拨球与手腕下压发力，强化手感。接球时保持“三威胁”姿势，确保落点精准。

3. 两人全场跑动练习传接球，可交替运用多种传接球技术，强化移动时传球力度与落点控制，注意接球后明确中枢脚，避免走步。熟练后可衔接接球急停再传球推进。

4. 进行 5 人一组三传两防对抗练习时，其中 3 人三角站位进行传接球，两名防守者干扰抢断。要求传球者灵活运用传球线路、假动作及提前量，躲避防守并精准控制落点，培养实战中的快速决策能力。

3. 投篮

（1）行进间单手低手投篮

【动作方法】以右手投篮为例。在运球或无球状态下，行进间右脚跨出一大步的同时双手合球或接球，并用身体保护球，接着左脚迈出一小步，同时右腿上摆，左腿蹬地起跳，随之充分伸展身体，右臂外旋伸直向篮圈方向举球（掌心向上），当举球手接近篮圈时，做以中间三指为主的向上拨球动作，使球通过指端投出，如图 5-2-9 所示。

【动作要领】跨步接球连贯，充分向前上方起跳，单手托球稳定，屈腕拨球柔和，球前旋投出。

图 5-2-9　行进间单手低手投篮

（2）跳起单手肩上投篮 

【动作方法】以右手投篮为例。两手持球于胸前，两脚左右或前后开立，两膝微屈，重心落在两脚之间。起跳时，脚掌用力蹬地，伸膝、伸髋向上起跳，同时双手举球至右肩上方，右手持球，左手扶球的左侧方，当身体接近最高点时，左手离球，右臂向前上方伸展，手腕前屈，食指、中指拨球，通过指端将球投出，落地时屈膝缓冲，如图 5-2-10 所示。

【动作要领】跳投的关键是向上举球和起跳动作协调一致，利用身体在空中最高点刹那间的稳定迅速出手。

图 5-2-10　跳起单手肩上投篮

学练指导

1. 练习投篮时，要注意全身协调、动作流畅，以及手指拨球的指向性。接球或合球准备投篮时的准备动作是稳定出手的基础。

2. 进行距离递增或递减投篮练习，可以提高在不同距离下投篮的稳定性。练习时从近距离开始到远距离，完成相应的投篮个数后再投到近距离。

3. 为适应比赛中可能出现的各种投篮角度，可以练习不同角度的投篮或上篮，如弧顶、底角、45°角等。

4. 通过进行移动中接队友传球后的急停投篮或上篮练习，模拟比赛中的实战场景，可以提高反应速度和投篮连贯性。

4. 持球突破

（1）交叉步持球突破

【动作方法】以右脚为中枢脚，从防守队员左侧突破为例。突破时，左脚向左前方迈出一小步，把防守队员引向自己左侧的同时，用左脚前掌内侧迅速蹬地，向右前方跨一大步，上体稍右转，左肩向前下压，重心向右前方移动，将球推引至右侧，用右手推放球于左脚右前方，接着右脚蹬地，加速超越对手。

【动作要领】蹬转有力，起动突然，转体、探肩、跨步连贯。推放球离手必须在中枢脚离地之前。跨步时脚尖指向突破方向，整个动作协调连贯。

（2）同侧步持球突破

【动作方法】以左脚为中枢脚，从防守队员左侧突破为例。突破时，上体积极前倾，右脚迅速向右前方跨一大步，同时上体右转，左肩下压，左脚内侧用力蹬地，在左脚离地前，用右手推放球于右脚外侧前方，然后左脚迅速蹬跨抢位，加速运球超越对手。

【动作要领】起动要突然，跨步、运球要快速连贯，中枢脚离地前球要离手。

学练指导

1. 练习持球突破时，要在持球“三威胁”基本姿势下进行，树立中枢脚概念，避免出现走步违例。突破的时机及方法要根据防守人位置，合理运用同侧步或交叉步。

2. 进行行进间自己抛接球呈持球“三威胁”姿势的持球突破练习时，要注意接球时中枢脚的确立，体会持球突破的技术动作要领。

3. 利用标志物作为障碍进行持球突破练习时，要重点强化突破第一步时的身体协调发力和人球结合能力。

4. 进行持球突破衔接投篮或传球练习时，可自抛自接，也可两人协作，接同伴回传球进行持球突破，重点体会突破后的进攻选择。

5. 进攻组合

（1）行进间传接球与突破技术

【动作方法】在快速移动中，当看到同伴传来的球时，应迅速向来球方向伸臂迎球，同时用一脚（侧向移动时用异侧脚）蹬地，两脚稍离地腾起，向侧方或前方跃出接球，制造与防守队员的位置差。接球的同时，两脚先后或同时落地后，屈膝降重心，保持身体平衡，并注意保护好球。根据防守队员的位置情况，迅速选择交叉步或同侧步突破。

【动作要领】移动迅速，伸臂迎球和跨步的衔接要协调连贯，接球急停要停得稳，突破起动要快速、突然。

（2）行进间传接球与投篮技术

【动作方法】在摆脱防守的过程中，当同伴传出球的一瞬间，主动伸臂迎接球，同时跨步或跳步急停。持球后快速屈膝降重心，根据情况做跳起肩上投篮、行进间投篮或运球衔接投篮。

【动作要领】摆脱要迅速，接球急停时控制好重心，并结合防守人位置做出合理的进攻选择。

学练指导

1. 练习进攻组合技术时，应注意多个进攻动作的有效衔接，这些动作多出现在行进间移动中。要注意强化身体的控制能力，如核心及下肢的稳定能力和启动时的爆发力。

2. 进行自己抛接球面对障碍物的持球突破练习时，要注意强化移动中接球急停后呈现“三威胁”姿势的能力，以及快速衔接进攻组合技术的能力。

3. 进行两人行进间传接球衔接持球突破或行进间投篮的练习时，要注意强化移动中接球衔接进攻组合技术的熟练运用。

4. 进行无球跑动接传球面对防守人的练习时，要注意强化实战中的瞬间决策能力和灵活运用所学技能并组合应变的能力。

（二）防守技术

防守技术是在篮球比赛中，为了阻挠或破坏对手的进攻，达到限制对手得分或夺球反攻的目的，所采用的各种专项移动方法，主要包括滑步、后撤步、交叉步等。

1. 滑步

（1）侧滑步

【动作方法】两脚平行站立姿势开始，向左侧滑步时，左脚向左（移动方向）滑出，同时右脚蹬地滑动，跟随左脚移动，并保持屈膝降低重心的姿势，上体微向前倾，两臂（根据进攻者的情况）张开，抬头注视对手，如图 5-2-11 所示。

【动作要领】蹬跨协调，重心平稳，移动迅速，两臂伸展干扰对手。

图 5-2-11 侧滑步

（2）前滑步

【动作方法】由前后站立姿势开始，向前滑步时，后脚前脚掌内侧蹬地，前脚向前跨步，着地后，后脚紧随着向前滑动，保持前后开立姿势。前侧手臂上举（根据进攻者的情况）封堵投篮，后侧手臂平举封堵传球，如图 5-2-12 所示。

【动作要领】蹬跨协调，重心平稳，手臂伸展干扰对手。

图 5-2-12 前滑步

2. 后撤步

【动作方法】当进攻队员从一侧切入时，前脚掌内侧蹬地，同时转髋撤步，将前脚快速撤向侧后方，接着向后做滑步或交叉步，以阻截进攻队员的切入路线，如图 5-2-13 所示。

【动作要领】蹬转迅速，重心平稳，两脚协调发力，抢占合法防守位置。

图 5-2-13 后撤步

3. 交叉步

【动作方法】以向右移动为例。重心移到右脚，左脚在体前向右做交叉。左脚落地时，右脚随即向移动方向撤步，如图 5-2-14 所示。如向左交叉，动作相同，只是方向相反。

【动作要领】交叉步频要快，迅速调整重心，衔接合理防守步法。

图 5-2-14　交叉步

学练指导

1. 练习防守时，应注意重心平稳状态下的前后左右移动，在进攻队员与球篮之间确立合法的防守位置，以阻拦进攻队员。

2. 进行基本防守姿势下的快速反应练习时，要重点体会移动的速度和动作方法。

3. 可利用固定点位标志物进行侧、前、后滑步及交叉步的组合练习，注意多种防守脚步的动作衔接和重心的控制能力。

4. 进行两人无球防守摆脱练习时，要注意强化面对进攻者时身体重心的控制能力和防守脚步的灵活应用能力。

（三）抢球技术

抢球技术是从进攻队员手中夺取球或抢获失控球的方法，是争夺球权、获得进攻机会的一项重要技术，主要分为抢断球和抢篮板球，其中抢断球又可分为抢断控球和抢断传接球。

1. 抢断球

（1）抢断控球

【动作方法】防守队员控制好重心，贴近对手时，观察对手控球位置，随时调整防守脚下位置。当对手控球过于暴露时，抓住对手触球下落的一瞬间，启动加速，用手将球破坏掉或直接抢断掉。

【动作要领】控制防守重心，观察判断进攻队员控球时暴露球的瞬间，快速决策，启动加速抢球或断球。

（2）抢断传接球

【动作方法】防守队员判断传接球路线，选择合理的防守位置。当对手暴露传球意图时，防守有球队员积极干扰或抢断球，防守接球队员判断传球线路，快速启动，用手抢断球或破坏球的运行轨迹，并争取控制球。

【动作要领】为提升抢断成功率，防守方要判断球的运行轨迹及线路，与进攻队员保持适当的距离，出其不意地行动，避免犯规或失位。

2. 抢篮板球

【动作方法】抢篮板球的动作方法包括抢占位置、起跳动作和抢球动作。

抢占位置：要设法抢占对手与球篮之间的有利位置。抢进攻篮板球时，要判断球的落点，利用各种假动作冲抢；抢防守篮板球时，要注意用转身挡人的动作先挡人后抢篮板球。

起跳动作：起跳前两腿微屈，重心降低，上体稍前倾，两臂屈肘举于体侧，重心置于两脚之间，注意观察判断球的反弹方向，及时起跳。起跳时两脚用力蹬地，同时两臂上摆，手臂上伸，腰腹协调用力，充分伸展身体，并控制身体平衡。

抢球动作：分双手、单手和点拨球。双手抢篮板球时，指端触球瞬间，双手用力握球，腰腹用力，迅速将球拉入胸腹部位，同时两肘外展，以保护球。单手抢篮板球时，跳起达到最高点时，指端触球后，迅速屈指、屈腕、屈肘收臂，将球下拉，另一只手扶球，护球于胸腹部位。点拨球是在跳起到最高点时，用指端点拨球的侧方、侧下方或下方到自己想要移动的位置或同伴的位置。

【动作要领】根据投篮落点，设法抢占对手与球篮之间的位置，及时起跳，合理运用单、双手或点拨球使本方抢先控制球。进攻篮板球要“冲抢”，防守篮板球要“即挡即抢”。

1. 练习抢球技术时，首先应确立一个较好的准备姿势，其次是培养观察判断与瞬间决策的能力，再根据不同情境运用相应的抢球技术。

2. 进行一人自抛自抢练习时，主要强化球落地弹起瞬间的抢断球技术，需要手眼协调，启动迅速。

3. 进行三传两防练习时，主要强化防控球和防接球技术，注意控制重心，观察球的动态，随时准备启动抢断球。

4. 进行无球一攻一防抢篮板球练习时，要注意强化位置概念，即挡即抢。通过反复练习，体会抢位、起跳、抢球等动作的连贯性与熟练性。

三、篮球运动战术

篮球运动战术是指在篮球比赛中所确定的攻守集体配合及全队统一行动的特定组织形式和方法，旨在通过有序配合实现攻防目标，主要包括进攻战术和防守战术。

（一）进攻战术

进攻战术是篮球比赛中通过团队协作和战术配合，突破对方防守并创造得分机会的重要手段。常见的进攻战术包括传切配合、掩护配合和快攻等。

1．传切配合

传切配合是篮球战术中的基础进攻配合，由传球和切入两个基本技术组合而成。传切配合主要包括一传一切配合和空切配合两种形式。在一传一切配合中，持球队员传球后，利用起动速度或假动作摆脱防守，迅速向篮下切入接回传球进行投篮。空切配合则是指无球队员把握合适时机，巧妙摆脱对手，切向防守的空隙区域接球投篮或进行其他进攻配合。在进行传切配合时，切入者应迅速摆脱，侧身看球切入，传球者则应结合投篮、突破等假动作，及时、准确地将球传给同伴。

2．掩护配合

掩护配合是队员利用身体合理挡住队友对手的移动路线，或主动利用队友挡住自己对手的移动路线，以摆脱防守获得进攻机会的一种战术方法，分为有球掩护和无球掩护。有球掩护时，持球队员与无球队员呼应，无球队员快速跑动到掩护地点占据合法位置，挡住防守者路线，持球队员则借助掩护，摆脱防守形成进攻机会，双方抓住防守错位时机进行突破、投篮、传球或空切。无球掩护时，无球队员间及无球队员与有球队员间需呼应，主要接球队员利用掩护队员位置摆脱防守，通过跑动或空切创造接球空间并进攻，掩护队员则观察球态，进行补位或接应。

3．快攻

快攻是篮球比赛中应用率较高的进攻得分手段，一般有长传快攻、传球与运球结合的快攻和个人运球突破快攻几种方式。长传快攻是队员在后场获球后，通过一次或两次传球给快下的同伴进行攻击的一种方法，这种快攻只有发动和结束两个阶段，特点是时间短、速度快、战术组织简单，但要求快下队员意识强、速度快，并与发动队员形成默契配合，要求传球队员视野开阔，传球及时、准确。传球与运球结合的快攻由发动接应、推进和结束 3 个阶段组成，具体过程是防守方获得球权后第一时间发动进攻，接应队员利用运球或传球带动全队整体推进到前场，并抓住对方防守漏洞或错位机会果断选择进攻。个人运球突破快攻是个人在抢断球或抢获篮板球后，抓准时机、快速运球、超越对手、直攻篮下得分的快攻方式。

（二）防守战术

防守战术是篮球比赛中通过团队协作和战术配合，限制对方进攻并降低其得分效率的关键手段。常见的防守战术包括半场人盯人防守、穿过配合、关门配合和防守快攻等。

1. 半场人盯人防守

根据防守策略和防守范围，半场人盯人防守战术可分为半场缩小人盯人防守（距离球篮 6 ~ 7 m）和半场扩大人盯人防守（距离球篮 8 ~ 10 m）两种。这种战术以个人防守为基础、以团队防守为协作，合理利用防守空间对进攻方施压。

个人防守主要分为有球防守和无球防守。防守有球队员时，要逼近对手，主动攻击球，积极封盖投篮，干扰传球，堵截运球，并伺机抢球，迫使对手处于被动局面。无球防守又分为强侧（近球侧）与弱侧（远球侧）防守，防守方应根据对手、球和球篮的距离选择“人球兼顾”的位置，力争做到强侧防接球与防反跑，弱侧收缩协防并及时回位。

半场缩小人盯人防守侧重于三分线以内的防守，适合于针对限制区进攻较多、外围投射能力一般的球队。要求强侧防守大胆施压，弱侧防守积极收缩协防补防，减少其限制区持球攻击的机会。半场扩大人盯人防守则主要针对中远投较准、突破和控制球能力较差的球队。防守的重点任务是阻挠和破坏对方外围的传球和运球配合。

2. 穿过配合

穿过配合是指当进攻方掩护时，防守掩护者的队员及时提醒同伴，并主动后撤一步，以便同伴能够及时从自己和掩护者之间穿过去，随后立即调整防守位置，继续防守原防守对象的战术方法。

3. 关门配合

关门配合是指近球侧邻近的两名防守队员协同堵截进攻方运球突破的一种防守配合方法。有球防守时要积极追防，邻近防守者看准时机，积极移动，堵截在进攻方的前进线路上，迫使进攻方停球或降速。注意在“关门”时不留空隙，当进攻队员传球时，协防队员快速回位或换位。

4. 防守快攻

防守快攻从全力拼抢篮板球开始，是合理地运用封、夹、断等手段破坏对方的第一传和快攻接应，并伺机夹击控球队员，破坏其快攻的发动或推进的防守方法。退守时要前后呼应，强侧对球施压，弱侧边退边守及时选位防接球，降低对方快攻的成功率，并迅速落位组织阵地防守。

四、篮球比赛

（一）比赛规则

1. 比赛场地和球

篮球比赛的标准场地为长方形，长 28 m、宽 15 m，如图 5-2-15 所示。篮筐固定在场地两端，距离地面 3.05 m。

比赛所用的球主要分为 5、6、7 号球，5 号球为 5 ~ 12 岁青少年用球，6 号球为标准女子比赛用球，7 号球为最大尺寸，是标准男子比赛及职业比赛用球。

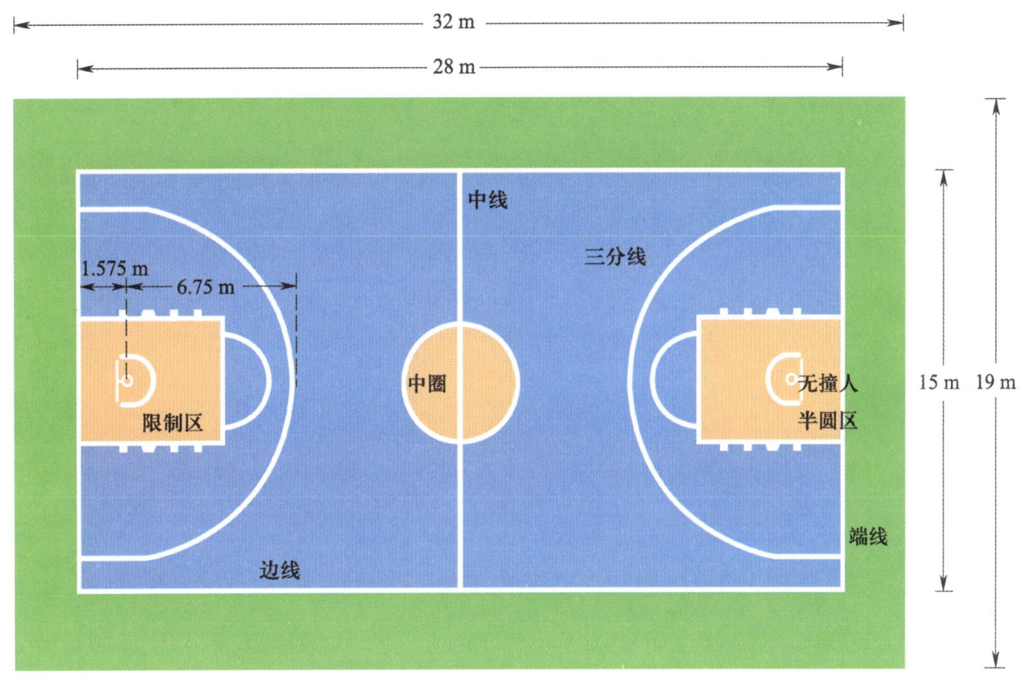

图 5-2-15 篮球比赛场地

2. 球员人数

每队场上球员不得多于 5 人。替补球员人数通常根据具体比赛规定受到限制，国际篮球联合会要求赛前需确认 12 人比赛名单。

3. 比赛时间

比赛开始通过跳球决定球权，正式比赛分为 4 节，每节 10 min（中国职业篮球联赛等职业联赛有所不同，一般为 12 min）。节间休息时间为 2 min，中场休息时间为 10 min 或 15 min。

4. 进球与得分

当球从篮筐上方投入且穿过篮网时，即为进球得分。根据投篮时球员所在的位置，进球得分分为 2 分（三分线内投篮）、3 分（三分线外投篮）或 1 分（罚球）。进球后，由对方球队在端线外发球继续比赛，整场比赛结束时得分高的一方获胜。

5. 比赛中的停止与恢复

在篮球比赛规则中，比赛停止也称为“死球”，常见于球出界、犯规、违例、投篮命中或裁判鸣哨中断时。此时比赛停止，球员需等待裁判指示恢复比赛。恢复比赛的方式取决于“死球”的原因：球出界后通过掷界外球重启，犯规或违例后以罚球或在裁判员指定地点发球重启，投篮命中后则由对方球队在端线外发球。

6. 常见犯规与违例

（1）犯规。常见犯规情形主要包括与对方球员的非法身体接触或违反体育道德的行为，判罚方式有罚球、累计犯规次数等，严重者可能被驱逐。

1）个人犯规。防守犯规包括打手（击打对方持球手）、阻挡（未占据合法位置阻碍进攻球员）、推人（用手或身体推开对方）等。进攻犯规包括带球撞人（持球者撞击已站定的防守球员）、非法掩护（移动中或过度伸展肢体掩护）等。

2）技术犯规。技术犯规主要针对非接触性违规，如辱骂裁判、拖延比赛、挑衅对手等。

3）违反体育道德犯规。违反体育道德犯规的情形主要包括非篮球动作的过度接触或故意伤害等。

（2）违例。违例是违反比赛规则的行为，通常不涉及与对方球员的身体接触，判罚方式为球权转换（对方发界外球）。

1）走步。持球移动时非法改变中枢脚。

2）两次运球。运球结束后再次运球。

3）翻腕。运球时手腕翻转向上使球停留时间过长。

4）脚踢球。故意用脚或腿触球（膝盖以下）。

5）时间违例。包括 3 s 违例（进攻球员在对方禁区内停留超过 3 s）、5 s 违例（发球或持球后 5 s 内未传球、投篮或运球）、8 s 违例（进攻方未在 8 s 内将球推进至前场）和 24 s 违例（进攻方未在 24 s 内完成投篮）。

（二）观赛要点

1. 球员技术细节

篮球比赛中，球员的技术细节是观赛的重点。进攻时，关注持球者的突破得分、投篮动作的稳定性，以及低位背身单打的脚步技巧；防守中，则要注意球员的滑步封堵路线、协防时机的判断，以及对封盖的预判能力。同时，观察核心后卫对比赛节奏的把控，以及内线球员在卡位抢篮板时的身体对抗技巧。

2. 战术执行效率

篮球战术主要围绕空间创造与团队协作展开。进攻时，重点关注挡拆的质量，包括掩护的时机与拆开后切入或外弹的选择，以及无球跑动的路线，寻找传切配合的空位机会。阵地战中，观察内外线的联动效率。防守中，则要注意防守轮转补位的速度，以及人盯人防守时的贴身紧逼强度。

3. 攻防转换节奏

快攻是篮球比赛的高潮之一。应注意观察抢断或篮板后的一传速度，跑位队员的冲刺路线，以及终结进攻的效率。阵地战时，则聚焦战术启动时球员的落位精准度与传球的穿透性，以及防守方的快速回防，是否形成有效的防守体系。

4. 关键回合决策

决胜时刻，球员的单打能力与团队战术的协作都至关重要。对于防守方，可重点观察整体防守协作、犯规的控制，以及对关键队员的防守策略，如合理利用穿过、关门、夹击等团队防守策略来限制对手的进攻。

5. 团队协同意识

优秀的球队需要实现 5 人的整体联动。进攻时，观察强弱侧的转移是否流畅，无球掩护的质量如何。防守中，注意球员之间的沟通呼应和篮板卡位的集体性。此外，还可以观察替补阵容是否能执行整体战术，这体现了球队的整体实力与团队协同意识。

第三节 排 球

学习目标

1. 了解排球运动的特点、锻炼价值和比赛规则等基本知识，会观赏排球比赛。

2. 掌握排球运动中垫球、传球、发球、扣球、拦网等基本技术，通过练习提升排球运动的技能水平，初步具有参赛能力。

3. 提升速度、力量、耐力、灵敏等身体素质，增强身体协调能力。

4. 培养对排球运动的兴趣，在运动中增强团队协作意识，学会与队友相互支持、共同进步，尊重对手，正确对待胜负，形成积极向上、勇于拼搏的精神风貌。

一、排球运动概述

排球是隔网对抗的集体球类运动。比赛双方各派 6 名队员上场，通过垫球、传球、发球、扣球、拦网等技术动作，将球击过球网，努力使球落在对方场区内或造成对方失误以赢得分数。排球运动具有高度的竞技性，同时融合了趣味性和观赏性，吸引了众多爱好者参与。

经常参与排球运动，能够有效锻炼身体，提高速度、力量、耐力、灵敏等身体素质，增强身体的协调性和反应能力。排球运动强调队员的团队协作和默契配合，要求队员们在比赛中相互支持、共同进步，有利于培养顽强拼搏、勇于挑战的精神品质。此外，排球运动规则相对简单，对场地和器材的要求也相对较低，使得这项运动更加普及，成为广受人们喜爱的一项体育运动。

拓展阅读

女排精神——永不言弃的拼搏力量

20 世纪 80 年代，我国女排创造了“五连冠”的辉煌战绩，成为国人心中的骄傲。她们顽强拼搏、团结协作的精神，激励了一代又一代人。40 多年来，中国女排在世界杯、世锦赛、奥运会三大赛事中屡创佳绩，不断书写着属于女排的荣耀篇章。2019 年 9 月 30 日，习近平总书记在会见中国女排代表时，高度赞扬女排“在赛场上展现了祖国至上、团结协作、顽强拼搏、永不言败的精神面貌”。

祖国至上，是女排人爱国主义情怀的鲜明体现。在每一次国际赛场上，中国女排都将国家利益放在首位，将为国争光视为神圣使命，用实际行动诠释了真正的爱国情怀。

团结协作，是女排人集体主义精神的集中表现。排球是一项集体运动，要求队员之间默契配合、无私奉献。中国女排的队员们始终保持着高度的团结和协作精神，在比赛中相互支持、相互鼓励，共同应对困难和挑战。

顽强拼搏，是女排人自强不息的奋斗精神的真实反映。在比赛中，女排队员们总是能展现出顽强的斗志和坚韧不拔的毅力。无论对手多么强大，她们都不轻言放弃，总是坚持到底、竭尽全力。

永不言败，是女排人拼搏精神的深刻内涵。中国女排经历过无数次挫折和失败，但她们从未被困难击垮。相反，她们总是能从失败中吸取教训、总结经验，以更加坚定的信念和更加顽强的毅力去迎接新的挑战。

女排精神是中华民族精神的宝贵财富，激励着一代又一代中国人奋发图强、勇攀高峰。在新时代的征程上，我们应该继承和发扬女排精神，以更加饱满的热情和更加坚定的信念去迎接未来的挑战。

二、排球运动基本技术

排球运动基本技术可分为无球技术和有球技术两类。

（一）无球技术

无球技术是指运动员在不接触球时所运用的各种技术动作，这些动作或是为有球技术动作做好准备，或是为了调整身体姿态。无球技术主要包括准备姿势和移动步法。

1. 准备姿势

【动作方法】准备姿势包括稍蹲、半蹲、低蹲 3 种姿态。两脚左右开立，略宽于肩，前后稍错开，脚跟稍提起，两脚保持微动。膝关节微屈，上体前倾，肩的垂直线应在膝关节前面，重心靠前，含胸收腹，双眼注视来球，两臂自然放松，屈肘，两手置于腹前。调整重心位置、膝关节弯曲程度和两脚距离，分别呈现稍蹲、半蹲、低蹲 3 种姿态，如图 5-3-1 所示。

【动作要领】收腹重心前移，身体放松微动，根据 3 种不同姿态调整重心高低。

图 5-3-1 准备姿势

a）稍蹲 b）半蹲 c）低蹲

2. 移动步法

（1）并步与滑步

【动作方法】以向右并步为例。右脚先向右跨出一步，左脚迅速、有力地蹬地跟上，落在右脚的左侧，成准备姿势。使用连续并步即为滑步。

【动作要领】身体重心水平移动，滑步时动作连贯。

（2）跨步与跨跳步

【动作方法】利用后脚蹬地力量，向来球方向跨出一大步，膝关节弯曲，上体前倾，身体重心移至前腿，后腿留在原处。跨跳步是在跨步的基础上，后脚向来球方向蹬离地面腾空，前脚落地后迅速屈膝，后脚及时跟上，同时降低重心，上体前倾，准备击球。

【动作要领】后腿蹬地，前腿跨出，屈膝缓冲，稳定重心。

（3）交叉步

【动作方法】以左侧来球为例。上体稍向左转，右脚从左脚前面向左交叉迈出一步，左脚再迅速向左跨步，落于右脚左侧，同时身体转向左侧，成准备姿势。

【动作要领】转体跨步连贯，重心保持平稳。

（4）跑步

【动作方法】当来球在侧方或后方时，可侧身跑动或边后转身边跑动；当来球是身后的高球时，可后退跑。跑动到位后，再做击球动作。

【动作要领】重心平稳，两臂配合摆动，控制身体平衡。

1. 练习时，可以两人面对面做准备姿势，相互观察、学习并纠正错误动作。

2. 两人一组练习时，一人站在端线，先用准备姿势做小碎步，然后根据另一人手势做相应动作。例如，左手 1 手指，表示向左做交叉步移动；左手 2 手指，表示向左做滑步移动；右手 1 手指，表示向右做交叉步移动；右手 2 手指，表示向右做滑步移动。

3. 移动步法练习还可以采用一人任意抛球、另一人移动接球的方式进行。接球人移动要快，两人连续交替进行抛接球。

（二）有球技术

有球技术是指在排球比赛中，运动员在接触球时所运用的各种技术动作，这些动作是为了有效地控制球、传递球或进攻得分，主要包括垫球、传球、发球、扣球、拦网等。

1. 垫球

（1）正面双手垫球

【动作方法】半蹲准备姿势，两手掌根靠拢，手指重叠后合掌互握，两拇指平行，手腕稍下压，两前臂外翻形成一个平面。采用滑步、跨步、跑步等移动步法，在球距离腹前一臂远距离时，对准来球，用前臂内侧击球，如图 5-3-2 所示。

【动作要领】移动到位，主动迎球，插到球下。两臂前伸，手腕稍下压。含胸收腹，双脚蹬地，重心跟随，用全身的协调动作迎击来球。击球点距手臂腕关节以上 10 cm 左右。

图 5-3-2　正面双手垫球

（2）侧面双手垫球

【动作方法】来不及移动至正面垫球时，可采用侧面双手垫球。准备姿势、手臂姿势、击球部位与正面垫球一致，采用侧跨步、滑步、交叉步等移动步法。重心落在垫球侧腿上，双手向垫球侧伸出，垫球同侧肩稍高于另侧肩，利用转腰收腹动作，带动两前臂截击来球，向前垫出，如图 5-3-3 所示。

【动作要领】准确判断来球落点，插臂及时，夹臂自然，全身协调用力。

图 5-3-3　侧面双手垫球

学练指导

1. 练习时，可先进行徒手模仿练习，即在移动后做徒手垫球动作。

2. 可两人一组进行垫固定球练习。一人双手持球于腹前，另一人上步后做垫球动作击球，找准手臂触球部位和手臂角度。

3. 垫球练习还可以两人一组，一人抛球，另一人垫球。先距离 3 m 左右练习，体会迎球，找准手臂触球部位和击球点，然后加大距离至 5 m 左右，体会全身协调发力。

2. 传球

（1）正面双手传球

【动作方法】采用稍蹲准备姿势，主要用跑步移动。来球时，两肘自然分开，两手自然张开呈半球型，手腕稍后仰，两拇指相对呈“一”字形，食指呈“八”字形，拇指指向自己额头。球接近额前上方约一球远时，通过蹬地、伸膝、伸臂的连贯动作，手腕、手指协调用力，将球传出，如图 5-3-4 所示。

【动作要领】触球时用拇指内侧、食指全部、中指的第一二指节、无名指和小指的第一指节接触球的后中下部。主动迎球，指腕弹球，指腕关节缓冲并控制方向。

图 5-3-4　正面双手传球

（2）背面双手传球

【动作方法】背面双手传球的准备姿势比正面传球时稍直立，身体重心在两脚之间，不要前倾，双手自然抬起，放松置于面前。判断来球后，迅速移动至球下，双手抬起，手触球时，手腕适当后仰，掌心向上，在额上方击球的下部。传球时，借助蹬地、展腹、抬臂、向后翻腕及手指的弹力，把球向后上方传出，如图 5-3-5 所示。

【动作要领】上体稍直，手臂上抬，掌心向上，手腕后仰，背部正对传球方向。

图 5-3-5　背面双手传球

1. 练习传球，可以先做徒手模仿传球练习。做好准备姿势，摆好传球手型，蹬地、伸臂，模仿完整的传球动作，领悟动作过程。

2. 可两人一组进行传固定球练习。一人用单手压住球，另一人用传球动作向上传送球，体会十指的触球部位和全身协调用力。

3. 进行传抛球练习时，先原地将球抛起，再做传球动作。

4. 进行移动后传抛球练习时，先向自己前、后、左、右 1 m 左右的地方抛球，再移动后传球。先练习前后移动，再练习左右移动。

3. 发球

（1）正面下手发球

【动作方法】面对球网，两膝微屈，弯腰收腹，上体稍前倾，左手持球于腹前，之后将球平稳抛起。右手垂直地面向后引，同时重心移至后侧腿，在左手抛球时，后侧腿蹬地，同时右臂向前摆动，在腹前击球的后中下部，如图 5-3-6 所示。

【动作要领】两脚前后开立，身体重心置于前脚，击球时以肩为轴向前挥臂。

图 5-3-6　正面下手发球

（2）正面上手发球

【动作方法】面对球网，两脚前后开立，左脚在前，左手将球平稳地垂直抛于右肩的前上方，右臂抬起，屈肘后引，肘与肩平行，手掌自然张开，上体稍向右侧转动，抬头、挺胸、展腹，身体重心移至右脚。击球时，利用蹬地力量使上体向左转动，迅速收腹带动手臂向前上方挥动，直至伸直手臂在右肩前上方的最高点，将力量作用在球上，如图 5-3-7 所示。击球后，随重心前移，迅速进场。

【动作要领】击球时，手指自然张开与球吻合，用全手掌击球的中下部，手腕迅速、主动做推压动作，使击出的球呈现上旋飞行。

图 5-3-7　正面上手发球

学练指导

1. 练习时可先按照动作方法、要领进行徒手挥臂模仿练习。

2. 练习完整发球动作前可先进行抛球练习。抛球手持球，向上垂直抛起，球落回到抛球手上，如此反复进行练习。

3. 可以两人一组进行击打固定球练习，一人双手持球置于击球高度，另一人练习挥臂击球。体会并掌握“引臂—挥臂—击球”的完整动作以及手部的触球部位。

4. 熟练后可进行隔网发球练习，先在中场发球，然后距网 7 m 左右发球，再增加距离至端线发球。

4. 扣球

（1）正面扣球

【动作方法】采用稍蹲准备姿势。左脚自然地向前迈出第一步，右脚跨出一大步，脚跟先落地，两臂后摆，接着左脚踏在右脚的前方，脚尖稍向内扣，身体重心下降，两膝弯曲，上体前倾。蹬地跳起时，双臂向上摆动。跳起后，挺胸展腹，右臂向后上方屈臂抬起，身体稍右转并成反弓形。挥臂时，迅速转体，收腹发力，依次带动肩、肘、腕各关节成鞭打动作向前上方弧形挥动，在右肩前上方最高点击球。击球时，五指自然张开呈勺形，并保持适度紧张，以全手掌包满球，击球的后中下部，同时主动用力屈腕向前推压，使扣出的球呈上旋飞行（同上手发球的旋转）。击球后，以前脚掌先着地，同时屈膝缓冲并收腹，保持身体平衡，并准备下一动作。动作过程如图 5-3-8 所示。

【动作要领】助跑节奏从慢到快，第一步确定方向，第二步跨出并发力蹬地，两臂配合向上摆动，腰腹发力，协调挥臂做鞭打动作，在最高点击球，全掌包球使球上旋。

图 5-3-8　正面扣球

（2）单脚起跳扣球

【动作方法】右脚跨出一步，左脚紧跟着跨出一大步，同时双臂后摆。踏跳时，左腿蹬伸，双臂向前上方摆动，右腿随之屈膝上摆。击球动作与正面扣球动作基本相同。

【动作要领】单脚起跳扣球时，要注意起跳时机和起跳点的选择，确保能够充分利用助跑速度并避免触网。

学练指导

1. 面对球网，先进行原地和一步助跑起跳练习，熟练后再进行多步助跑起跳练习。

2. 练习时，先进行原地徒手挥臂练习，接着进行原地击固定球练习，最后进行原地轻扣同伴抛球的练习，还可以进行原地自抛自扣或对墙连续扣反弹球练习。

3. 面对球网，先进行原地或一步助跑起跳扣网上方的由同伴所持的固定球的练习，熟练后再进行上网扣同伴抛球的练习。

4. 两人一组，分别在 4 号位、3 号位、2 号位网前位置，一人传球，另一人做完整的两步或三步助跑起跳扣球练习。

5. 拦网

【动作方法】采用稍蹲准备姿势。离网距离大约为自己小臂和手的长度。快速接近移动至起跳位置后，两膝弯曲，重心下降，两脚用力蹬地，两臂在体侧划小弧，用力向体前上方摆动，带动身体垂直向上起跳。起跳后，含胸收腹，两手贴近球网向网上沿伸出，两肩上提，两臂伸直并过网接近球，两手张开。拦网手触球瞬间突然抖腕，将球捂下。拦网后自然落下，双脚落地，屈膝缓冲，并迅速准备下一个动作。动作过程如图 5-3-9 所示。

【动作要领】准确判断拦网位置，及时起跳，两臂伸直，两手张开，手腕用力下压。

图 5-3-9 拦网

学练指导

1. 练习拦网技术可先进行徒手练习，固定拦网手型，两手间距要小于排球直径。

2. 可以两人一组进行原地起跳拦网练习，一人隔网抛球，另一人起跳拦网。还可以进行在移动中起跳拦网的练习，向侧方移动一步起跳拦网，提升在移动状态下完成拦网动作的能力。

三、排球运动战术

排球运动战术是指运动员在比赛中，合理运用基本技术进行集体配合所采取的有意识、有组织的行动，可以分为进攻战术和防守战术。此外，阵容配备也是排球运动战术中的重要组成部分。

（一）阵容配备

阵容配备是指比赛队伍根据比赛情况，有针对性地、合理地将全队力量有效组织起来，确定出场队员、场上位置和基本分工，以最大限度发挥每个队员的作用和特长。按照二传与攻手的数量分配，主要有“五一”阵容配备与“四二”阵容配备两种。

1.“五一”阵容配备

“五一”阵容配备是指上场比赛的阵容由5名攻手和1名二传队员组成，如图5-3-10所示。这种阵容配备加强了进攻和拦网的力量，进攻点多、战术变化丰富，但要求二传队员具备更高的活动能力，包括活动范围较大、能进行二次进攻和组织后排进攻等。此配备在高水平球队中普遍采用。

2. “四二”阵容配备

“四二”阵容配备是指场上由 4 名攻手（两名主攻和两名副攻）和 2 名二传队员组成，如图 5-3-11 所示。该阵容确保每个轮次前排均有 1 名二传队员和 2 名进攻队员，二传队员跑动范围较小，便于组织进攻。但前排进攻点较少，战术变化受限，不利于发挥整体进攻能力。此配备在水平一般的球队中采用较多。

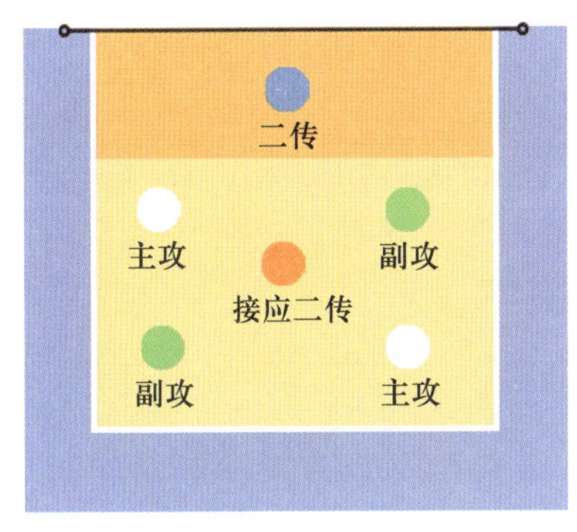

图 5-3-10 “五一”阵容配备

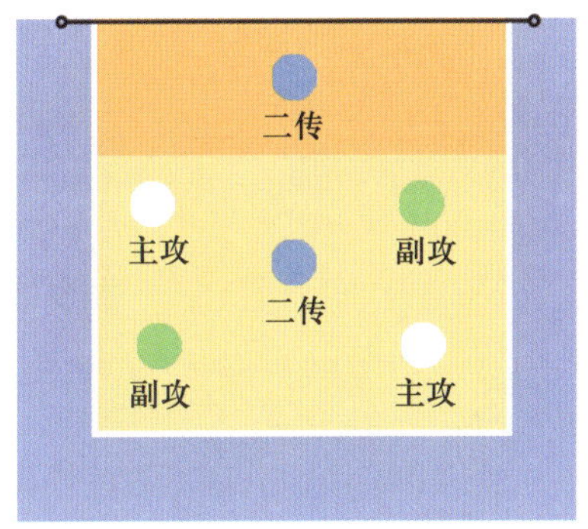

图 5-3-11 “四二”阵容配备

（二）进攻战术

排球进攻战术是指在接起对方发球、扣球、拦网或推吊球后，场上队员采取的有目的、有意识、有组织的进攻行动，包括传球、扣球及非扣球人的保护 3 个环节。按参与人数可分为单人进攻战术和多人进攻战术两类。以下主要介绍单人进攻战术中的快攻和平拉开战术。

1. 快攻

快攻是单人进攻战术中最为丰富的形式，常见于副攻与二传的配合，其主要特点是传与扣之间时间短。根据进攻队员与二传的位置关系，快攻可分为前快、短平快和背快 3 种。

（1）前快。前快也称“近体快”，指进攻区靠近球网且在二传身前的快速进攻。副攻需提前起跳在空中等球，球刚离开二传指尖即刻甩臂击球，如图 5-3-12a 所示。

（2）短平快。短平快是指攻击区在二传前方 2～3 m（4 号位和 3 号位之间）的快速进攻。副攻需判断起球方位、球速及高度后迅速起跳，选择最佳攻击点和线路快速下球，如图 5-3-12b 所示。

（3）背快。背快是指攻击区靠近二传背后的快攻战术。接发球后，副攻以 45° 方向直接切入二传身后起跳扣球，如图 5-3-12c 所示。

2. 平拉开

平拉开是一种针对主攻的快速进攻战术，主要包括 4 号位平拉开（简称平四）、2 号位平拉开（简称平二）两种。

（1）4 号位平拉开。4 号位平拉开战术是针对主攻的一种快速进攻战术。在这

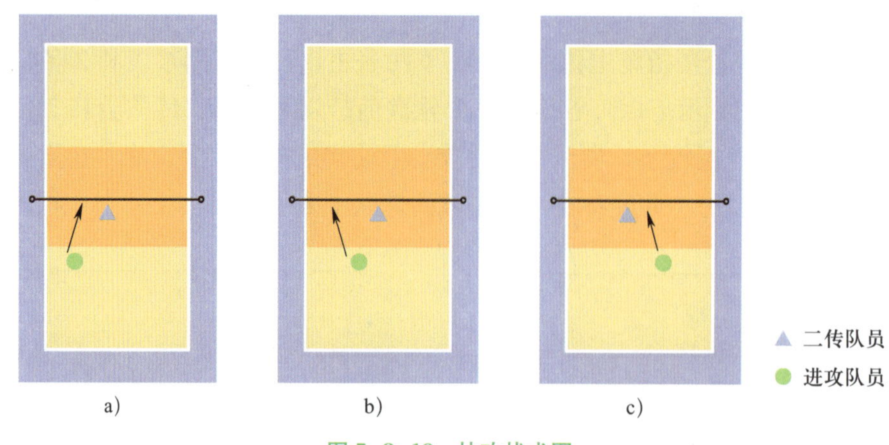

图 5-3-12　快攻战术图

a）前快　b）短平快　c）背快

种战术中，二传将到位的球以平且快的方式传到 4 号位，主攻迅速助跑起跳，在标志杆附近迎击来球，进行扣球。

（2）2 号位平拉开。2 号位平拉开战术与 4 号位平拉开战术类似，但它是针对接应二传或副攻在 2 号位执行的快速进攻战术。在这种战术中，二传将球以平且快的方式传到 2 号位，接应二传或副攻迅速助跑起跳，进行扣球。

（三）防守战术

排球防守战术是指在排球比赛中，为了突破对方进攻或抑制对方得分，本队队员根据对方的进攻特点和本队的防守能力，灵活地运用合理的防守技术，按照一定的形式和阵型所采取的有组织、有目的、有针对性的集体防守行动。以下主要介绍常见的接发球防守和接扣球防守战术。

1. 接发球防守

接发球防守常采用 5 人接发球阵型，如图 5-3-13 所示。该阵型是最基本的接发球防守形式，除网前二传队员或从后排插上的二传队员不接发球外，其余 5 名队员均承担接发球任务。其优点是队员均衡分布，中场 3 人、后场 2 人呈“W”形站位，每名队员均可清晰观察对方发球，个人接发球范围相对减小；接发球时已站成基本进攻阵型，组织进攻较为方便，适合接发球水平不太高的球队。

2. 接扣球防守

接扣球防守是指对方扣球进攻时，己方通过拦网和后排防守将球接起并组织反击的战术。接扣球防守是比赛中的关键环节，直接影响防守反击的成功率。接扣球防守常采用单人拦网、双人拦网、三人拦网等阵型。以下主要介绍双人拦网防守。

双人拦网防守是对方在左（右）边网区进攻时，左（右）边拦网队员和中间拦网队员运用交叉步移动拦网技术进行拦网。左（右）边拦网队员为主要拦网人，中间拦网队员为协助拦网人，如图 5-3-14 所示。对手在中间网区进攻时，中间拦网队员以并步拦网为主，两边拦网队员可用并步拦网技术协助拦网。中间偏左时左边拦网队员并步协助拦网，中间偏右时右边拦网队员并步协助拦网。

图 5-3-13　五人接发球防守阵型

图 5-3-14　双人拦网防守阵型

四、排球比赛

（一）比赛规则

1. 比赛场地和球

排球比赛场地为长方形，长 18 m、宽 9 m，由中线分为两个相等的半场。场地周围设有至少 3 m 宽的无障碍区，如图 5-3-15 所示。比赛用球为圆形，周长 65～67 cm，质量 260～280 g，材质为皮革或合成材料，需符合国际排球联合会规定的弹性标准。

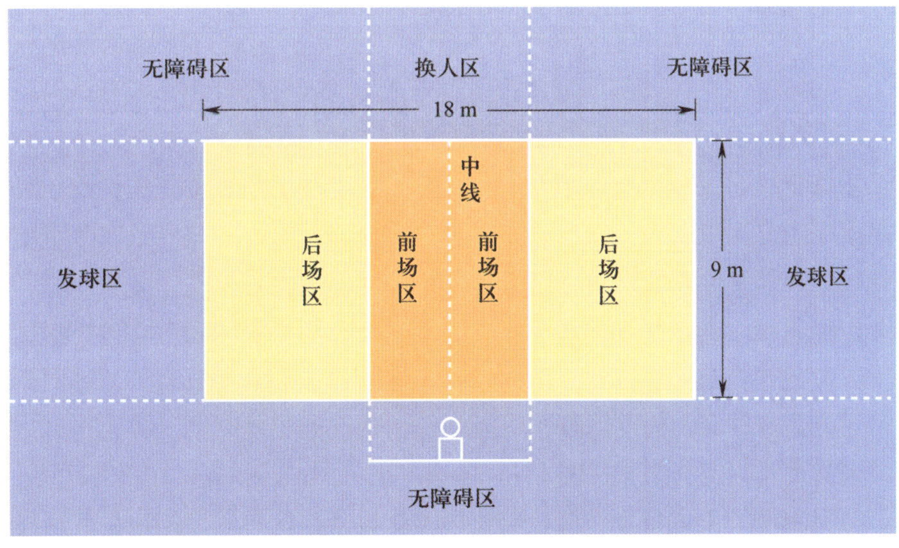

图 5-3-15　排球比赛场地

2. 队员人数

每队场上队员为6人，包括主攻、副攻、二传、接应二传、自由人（可选）等位置。比赛开始时，双方队员（发球队员除外）分前后排站位，前排为2、3、4号位，后排为1、6、5号位，如图5-3-16所示。

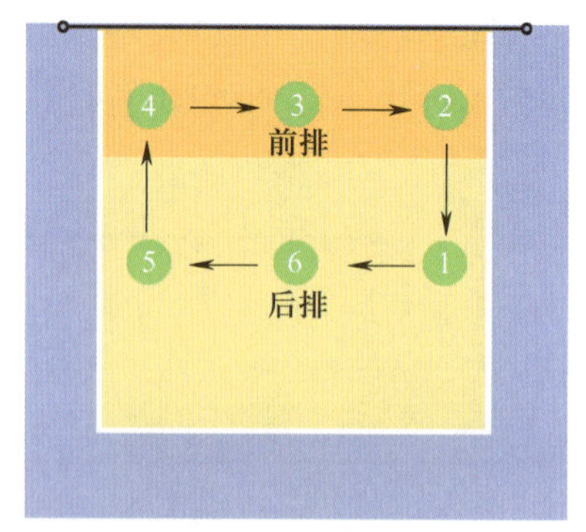

图5-3-16 排球比赛队员站位

发球后，双方队员可在本场自由换位。重新取得发球权的一方，每个位置队员需按顺时针方向依次轮换一个位置，由轮换到1号位的队员发球。比赛期间，双方队员需通过身体合理部位（如手臂、手掌）触球，不得持球或连击（同一人连续触球两次）。

3. 比赛时间

比赛采用五局三胜制或三局两胜制，每局25分（决胜局15分），先得规定分数且领先对手2分者胜。局间休息不超过3 min，决胜局与前一局间隔不超过5 min。比赛无时间限制，以得分决胜负。

4. 得分与胜负

得分方式包括发球得分、扣球得分、对方失误等。每局获胜方得1分，累计胜局多者赢得比赛。若比分相同，需通过决胜局决出胜负。

5. 比赛中的停止与恢复

比赛中，暂停分为技术暂停（每局8分和16分时自动暂停60 s）及球队请求暂停（每局可申请2次，每次30 s）。其他导致比赛停止的情况包括球出界、犯规判罚、队员受伤等。恢复比赛时，裁判需根据停止原因判定方式：若球出界，由对方发球或继续进攻；若犯规，则对方获得发球权或相应判罚机会；若队员受伤，处理完毕后由裁判指定方发球。裁判鸣哨后，比赛需在10 s内恢复，超时可能因延误比赛被追加判罚。

6. 常见犯规

（1）发球犯规。发球犯规包括发球时踩线或未在规定区域内完成动作、发球未过网或直接落入对方无障碍区、发球次序错误等情况。此类犯规将导致对方直接得分并获得发球权，裁判需根据规则明确判罚，确保比赛公平性。

（2）击球犯规。击球犯规包括4次击球（同一方连续触球超过3次，拦网触球除外）、持球或连击（队员未将球清晰击出，导致球停留或连续触球）、过网击球（球未过网时对方队员触球，拦网除外）等行为。出现此类犯规时，对方将得分并获得发球权，裁判需及时判定并恢复比赛。

（3）位置犯规。位置犯规包括轮转错误（队员未按轮转顺序站位）和后排进攻违例（后排队员在前场区完成进攻性击球且起跳时脚越过进攻线）。此类犯规将导致对方得分并获得发球权，若重复发生可能追加判罚。

（4）拦网犯规。拦网犯规包括触网（拦网时身体任何部位触及球网）和过网拦网（拦网后手臂或身体进入对方场区干扰比赛）。此类行为将直接判对方得分并获得发球权。

（5）其他犯规。其他犯规包括延误比赛（故意拖延发球或换人时间）和不良行为（辱骂裁判、对手或观众）。根据情节轻重，裁判可给予警告、黄牌、红牌或取消比赛资格的处罚。

（二）观赛要点

1. 场地布局与战术布置

排球比赛场地分为进攻区、防守区和自由人活动区，场地中央设有球网，高度根据比赛级别调整。比赛中，球队的战术布置直接影响比赛走向，可关注球队如何根据对手特点调整战术，以及二传的组织能力和主攻、副攻的跑位配合，感受排球运动的策略性与团队协作的重要性。

2. 技术动作与击球技巧

每项排球技术均需要运动员具备精准的控制能力。发球时，选手需把握旋转、速度与落点的平衡；垫球要求快速移动、稳定接球；传球需准确判断、合理分配；扣球强调起跳高度、击球力量和角度；拦网则考验反应速度与手型控制。观察选手的发球策略、扣球线路和拦网时机，可领略排球运动的技巧性与观赏性。

3. 速度与节奏掌控

排球比赛中，攻防转换速度极快，选手需在短时间内完成接球、传球、扣球等动作。观众可关注球队的一传到位率、二传分配球的速度，以及攻手的进攻节奏。同时，比赛中的各种快攻战术以及防守反击的过程，展现了排球运动的速度与节奏之美。

4. 团队协作与位置感

排球是一项集体项目，团队协作至关重要，队员需各司其职、密切配合。可观察主攻手的强攻能力、副攻手的快攻牵制、接应二传的调整攻，以及自由人的一传和防守表现。此外，选手的位置感（如拦网时的手型与站位、防守时的卡位意识）和补位意识（如后排队员的及时补防）也是评判团队协作的重要标准。

5. 关键分争夺与比赛高潮

排球比赛中的关键分（如局点、赛点）争夺往往决定了比赛的胜负。可关注球队在关键分争夺时的战术选择（如保守进攻或冒险一搏）、选手的心理素质（如发球失误后的调整能力），以及教练的临场指挥。比赛中的精彩拦网、绝地反击或超长回合（如多回合攻防转换）更是将现场气氛推向高潮，可以深切体会到排球运动的激情与魅力。

第四节 羽 毛 球

学习目标

1. 了解羽毛球运动的特点、锻炼价值和比赛规则等基本知识，会观赏羽毛球比赛。

2. 掌握羽毛球运动中发球、击球、步法等基本技术，能够灵活运用这些基本技术进行战术配合。

3. 积极开展羽毛球运动，提升力量、灵敏、柔韧等身体素质，增强体质，促进身心健康。

4. 培养良好的礼仪修养和体育道德，形成自尊自信、积极向上、意志坚强的人生态度。

一、羽毛球运动概述

羽毛球是隔着球网，使用长柄网状球拍击打由羽毛和软木制成的小型球类的运动项目。在长方形的场地上，双方球员运用发球、击球和灵活的移动等多种技术、战术，将球在网上进行往返对击，以不使球落在本方有效区域内或迫使对方击球失误为目标。

羽毛球运动要求参与者脑、眼、手、脚密切协作，全身心投入。长期参与羽毛球运动，不仅能够全面锻炼身体，显著提高力量、灵敏、柔韧等身体素质，还能有效增强免疫力，改善心肺功能。此外，羽毛球运动在预防近视、缓解疲劳、改善颈椎（肩周）疾病等方面也具有积极作用。同时，还能够培养参与者的自信心，锤炼不怕困难的勇气和顽强拼搏的精神，为生活增添乐趣，陶冶情操。

二、羽毛球运动基本技术

羽毛球运动基本技术主要包括握拍、发球、击球，以及步法等技术项目。

（一）握拍

握拍方式是影响羽毛球技术的重要因素之一。根据个人的习惯和需求，可以选择正手握拍或反手握拍。

1. 正手握拍

【动作方法】左手拿住拍杆，使拍面与地面成垂直状，然后张开右手，以握手状握住拍柄，使手掌小鱼际部分靠在球拍握柄底把上，虎口对着拍柄窄面内侧的棱边，拇指与食指自然地贴在拍柄两面的宽面上，如图 5-4-1a 所示。

【动作要领】食指与中指稍微分开，中指、无名指和小指自然并拢，避免掌心紧贴拍柄。

2. 反手握拍

【动作方法】在正手握拍的基础上，把球拍稍微外旋，拇指上提，食指收拢，拇指压住拍柄的宽面，如图 5-4-1b 所示。

【动作要领】食指、中指、无名指和小指并拢，掌心空出。

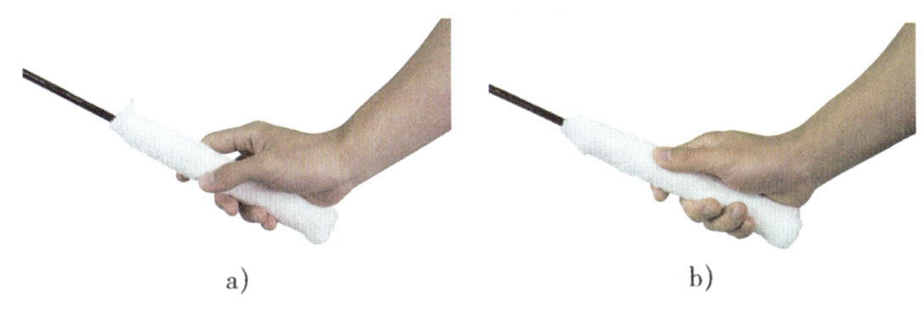

图 5-4-1　握拍

a）正手握拍　b）反手握拍

学练指导

1. 初学者应先从基础握拍开始练习，反复调整手指的位置和力度，直至找到最适合自己的握拍方式。可以站在镜子前练习，观察自己的握拍姿势是否正确。

2. 掌握基本的握拍方法后，可以进行多样化击球练习。通过击打高远球、平抽球、吊球等不同球路的球，熟悉并掌握不同击球方式下的握拍变化。

3. 可以与同学进行对打练习，模拟实战场景，在实战中不断调整自己的握拍方式和力度，以适应不同的球路。

4. 握拍的力量和稳定性对于击球效果至关重要，可以进行一些专项力量练习，如手指抓握力练习、手腕力量练习等，以增强握拍的稳定性和力量。

5. 随着技术的提高和比赛经验的积累，握拍方式可能需要进行微调。建议定期检查自己的握拍方式，在必要时进行调整。

知识拓展

如何选择羽毛球拍？首先，应挑选质量合适的拍子。拍子的质量梯度单位用“U”来表示，数字越大，拍子越轻。一般而言，可选用 4U 的拍子。女生或者力量较小且偏好速度打法的选手，可选用 5U 的拍子。3U 的拍子相对较重，适合力量大、杀球重的选手使用。此外，还有 6U 的超轻拍，不过使用者相对较少。

其次，检查拍子的整体结构。拿到拍子后，可以挥动一下，感受是否震手。震手的拍子一般拍杆太硬，不震手则说明拍杆较有弹性。也可一只手握住拍柄，另一只手扶住拍头顶端掰一掰，若拍子有轻微弯曲，证明拍杆部位较有弹性。

再次，根据每个人手形的大小挑选拍柄，以握住拍柄感觉舒适为宜。手大的人，握较细的拍柄会有不适感；手小的人，握粗大的拍柄也同样会感到不适。

最后，检查拍线装得是否匀称。交叉线组成的每个方块大小应一致，每条弦的松紧度也要相同。比较优质的羽毛球拍，一般都不预先上拍线，而是让使用者根据自己的情况来配制适宜的线，并控制上线的松紧度。

（二）发球

发球是羽毛球运动中一项重要的基本技术。高质量的发球会给接发球造成困难，迫使对方只能做防守性回击，甚至造成接发球失误。

发球时根据握拍方式的不同可分为正手发球和反手发球，其持球方法也有所不同，如图 5-4-2 所示。

球飞出后根据其飞行路线不同，可分为高远球、平高球、平快球和网前球，如图 5-4-3 所示。

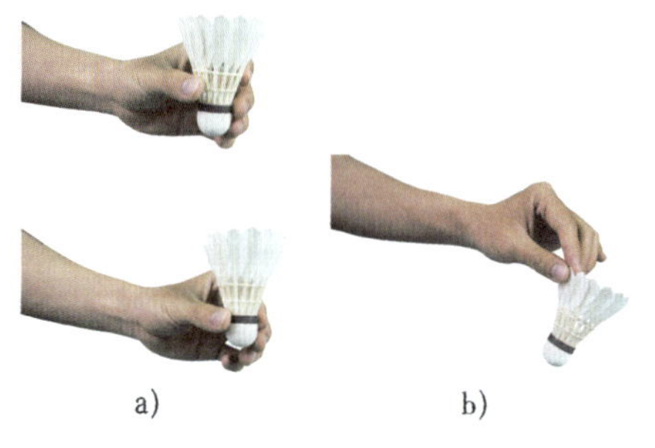

a)　　b)

图 5-4-2　发球持球方法

a）正手发球持球方法　b）反手发球持球方法

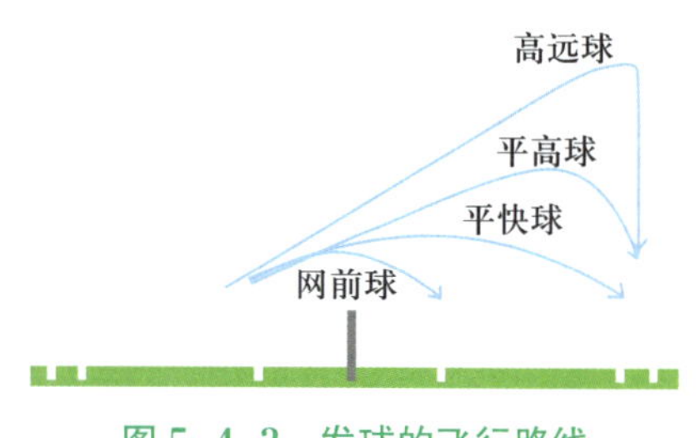

图 5-4-3　发球的飞行路线

以下主要介绍正手发高远球、正手发平高球、反手发网前球 3 种发球技术。

1. 正手发高远球

【动作方法】站在发球区靠中线位置，两脚前后自然分开，左手持球。右手正手握拍，手臂自然弯曲，将球拍引至身体右侧后方。以右脚为轴，身体向左转，同时右臂向前上方挥动。当球拍挥至最高点时，手腕向前下方发力，用球拍的正面击球托（羽毛球底部半球形部分）的后部。动作过程如图 5-4-4 所示。

【动作要领】发球时，要控制好力量和角度。击球瞬间，手臂要伸直，手腕要有爆发力。击球后，手臂继续向前下方挥动，将球拍带到身体左侧上方，身体重心随着手臂的挥动逐渐从右脚转移至左脚。

图 5-4-4 正手发高远球

2. 正手发平高球

【动作方法】站在发球区靠中线的位置，两脚前后自然分开，用左手拇指、食指和中指夹住羽毛球中部。右手正手握拍，手臂自然弯曲，将球拍引至身体右侧后方。以右脚为轴，身体向左转体，同时右臂向前上方挥动。在击球的一瞬间，小臂加速带动手腕向前上方挥动，拍面向前上方倾斜，以向前用力为主。动作过程如图 5-4-5 所示。

【动作要领】站位与正手发高远球相似，击球时，通过收缩腹部并向前拉动上身，同时伸展手肘，内旋小臂，挥动拍子，闪动击球。击球的一瞬间，前臂加速带动手腕向前上方挥动，使球的飞行弧线较低。

图 5-4-5 正手发平高球

3. 反手发网前球

【动作方法】站位接近前发球线，右脚在前，重心在右脚，左脚跟提起。持拍手反手握拍，持拍于腹前，屈肘关节，手腕前屈，左手拇指与食指、中指捏住球的羽毛，斜放在球拍前面。将球拍稍向后（向自己腹部）摆动至一定距离，前臂向前上方推送，同时带动手腕由屈到微伸而向前摆动，利用拇指力量向前推顶球拍，使球贴网而过，正好落在对方前发球线附近的发球区内。动作过程如图 5-4-6 所示。

【动作要领】击球时，小臂带动手腕朝前横切推送。发网前球时，用力要轻，主要靠切送；发平快球时，发力要突然，击球时拍面要有反压动作。

图 5-4-6　反手发网前球

学练指导

1. 练习发球时，应先练习正手发后场高远球。依照先分解后连贯、从简单到复杂的顺序，按照动作方法、要领做挥拍练习，直至熟练。

2. 可以用绳拴住球，选择适当的高度将球固定吊好，反复做发球动作练习，体会球与拍之间的距离感及前臂内旋带动手腕由伸腕到展腕的发力过程。

3. 持拍面对墙壁做发球练习时，既要关注击球的准确性，还要保证击球动作的正确性。

4. 在场地上练习发球时，要重点注意发球的落点。

（三）击球

击球有很多技术动作，根据这些技术动作的特点，大致可分为上手击球、下手击球和网前击球三大类。以下主要介绍上手击球中的击高远球、杀球、吊球，下手击球中的正手挑球、下手勾对角球，网前击球中的放网前球、正手搓球等基本技术。

1. 上手击球

以下主要讲解上手击球中的击高远球、杀球和吊球的基本技术。3 种球的飞行路线如图 5-4-7 所示。

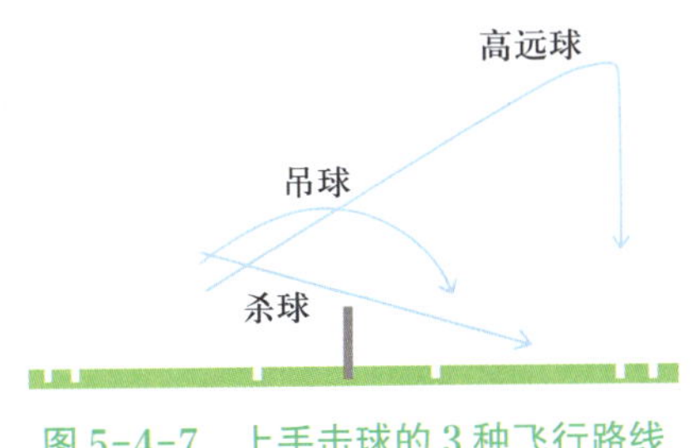

图 5-4-7 上手击球的 3 种飞行路线

（1）击高远球

【动作方法】两脚前后自然开立，与肩同宽，右手握拍，左手上举，眼睛向上注视来球。准确判断来球方向和落点，迅速将身体侧对球网，右脚后蹬，转体，收腹，肘部向前摆动，前臂内旋加速挥动。前臂、手腕、中指协调用力，手腕内收，运用拇指和食指的顶压动作产生爆发力，用正拍面击球托底部。动作过程如图 5-4-8 所示。

【动作要领】击球点在右肩上方，发力时以大臂带动小臂、手腕同时发力。击球动作流畅，挥拍力量均匀，眼随球走。发力击球时，身体应略微向前倾斜，手腕保持放松。

图 5-4-8 击高远球

（2）杀球

【动作方法】侧身对网，两脚分开，膝盖微屈，右腿屈膝蓄力，降低重心。杀球时，往右上方提肩带动上臂、前臂和球拍上举，以便向上伸展身体，身体后仰挺胸成反弓形，右上臂往右后上摆起，前臂自然后摆，手腕后伸，前臂带动球拍由上往后下挥动。动作过程如图 5-4-9 所示。

【动作要领】击球时，前臂内旋，腕前屈微收，闪腕发力杀球，手指抓紧拍柄，集中手腕的爆发力于击球点上。左手下压引拍，右手用力鞭打，瞬间发力，击球点在拍头，顺势挥拍，交换左右脚。

图 5-4-9　杀球

（3）吊球

【动作方法】击球前，身体半侧对球网，右脚在后，左脚在前，两脚尖踮起，重心自然落在右脚掌上。右手正手握拍，自然将球拍举到右肩侧上方。击球时，首先转体，以隐藏动作意图并更好地发力。击球瞬间，整只手臂放松，腕关节向前推进一点，以手腕为主对准球头进行滑切。动作过程如图 5-4-10 所示。

【动作要领】击球点比高远球要向前一点，动作和击高远球基本一致，使球尽可能贴网，小臂迅速后倒，肘部上抬前送，快速发力击球。

图 5-4-10　吊球

2. 下手击球

以下主要讲解下手击球中正手挑球和正手下手勾对角球的基本技术。两种球的飞行路线如图 5-4-11 所示。

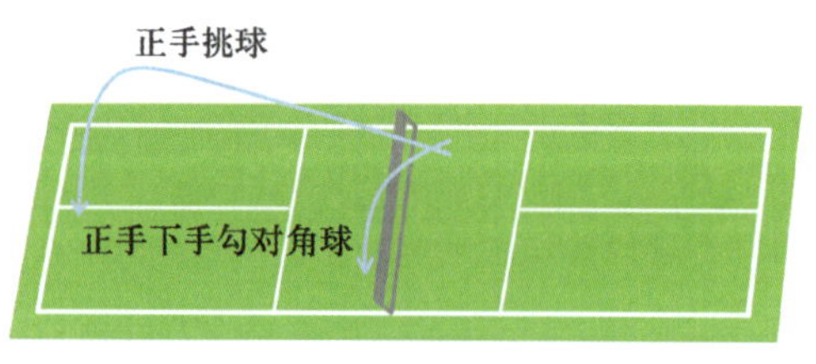

图 5-4-11　下手击球的两种飞行路线

（1）正手挑球

【动作方法】正手握拍举在胸前，右脚向前跨出一大步，左脚在后，侧身向网，重心在右脚上，同时右臂向后摆，自然伸腕，使球拍后引，击球时以肘关节为轴，屈臂内旋，并握紧球拍，用食指和手腕的力量将球向前上方击出，持拍臂随惯性向左前上方挥拍减速，然后收拍并回动复位。动作过程如图 5-4-12 所示。

【动作要领】击球时手腕要充分伸腕，依靠手腕内旋发力，手指收紧球拍将球击出。正手挑直线球时，用正拍面向正前上方挥动；挑对角球时，用正拍面向斜前上方挥动。

图 5-4-12　正手挑球

（2）正手下手勾对角球

【动作方法】正手握拍，面对球网，膝盖微屈，身体前倾，拍面朝向网的方向，当来球飞至网前下手位时，以肩肘为轴，在击球瞬间，前臂内旋，带动肘部稍有回拉，手腕展腕，食指拨转拍柄发力，切击球托的右后侧部位，如图 5-4-13 所示。

【动作要领】击球前前臂略外旋，带动手腕伸展，控制拍面角度和力度，使球沿着对角线方向飞行，做适量的小弧线回环引拍动作。

图 5-4-13　正手下手勾对角球

3. 网前击球

以下主要讲解网前击球中的放网前球和正手搓球的基本技术。这两种球的飞行路线基本一致，如图 5-4-14 所示。

图 5-4-14　网前击球两种球的飞行路线

（1）放网前球

【动作方法】右手握拍置于体前，上身稍前倾，右脚向来球方向跨大弓箭步，身体重心适当提高，前臂伸向来球，稍上仰，斜对球网。击球时，手指放松，用球拍轻轻切、托球托斜侧，将球向上弹起，过网就朝下坠落。动作过程如图 5-4-15 所示。

【动作要领】要抢高点，在对方击球后立即进行放网。根据来球速度和距离调整放球力量。来球速度快且离网近时，击球力量要大些；反之，力量要小些。

图 5-4-15　放网前球

（2）正手搓球

【动作方法】侧对球网，正手握拍，右腿跨成弓箭步，重心放在右脚。击球前，前臂稍外旋，手腕由后伸至稍内收闪动，在正手放网前球动作的基础上，加快挥拍速度，搓切来球的右下底部，使球旋转翻滚过网，如图 5-4-16 所示。

【动作要领】击球点离网较远时，后仰的角度应小一些，切击球托时，要有足够的向前的力，否则容易造成球不过网；击球点离网较近时，后仰的角度应该大一些，切击球托时，以切削为主，力量应较小。

图 5-4-16　正手搓球

1. 练习各种击球动作时，可先进行徒手挥拍击球练习。

2. 练习杀球时，可发半场高球进行扣杀练习；练习击打高远球时，可进行一对一直线定点往返击高远球练习。

3. 两人配合练习时，可一人击高远球，另一人进行杀球或吊球，进行往返练习；也可进行一攻一防或一吊一防练习，回击不同落点的球。

4. 练习网前击球动作时，可进行原地或跨一步徒手练习各种网前击球动作，也可进行多球练习（由一人在对面抛球）。

（四）步法

在羽毛球运动中，制胜的关键并非单纯的手法技术，而是脚下的步法技术。步法技术主要包括蹬跨步上网步法、后退步法、左右移动步法等。

1. 蹬跨步上网步法

【动作方法】左脚后蹬，侧身，右脚向球所在方向跨出一大步。击球后，立即右脚回蹬。分为正手蹬跨步上网和反手蹬跨步上网，如图 5-4-17 所示。

【动作要领】右脚以脚跟外侧沿先着地，然后过渡到脚掌，并用脚趾制动，防止身体前冲。右臂前伸击球时，左臂自然张开。

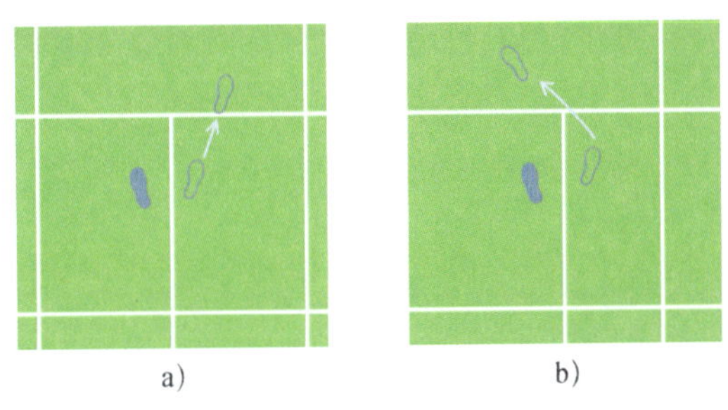

图 5-4-17 蹬跨步上网步法

a）正手蹬跨步上网 b）反手蹬跨步上网

2. 后退步法

【动作方法】准确判断来球，调整重心至右脚。右脚蹬地，迅速向右后撤一小步，同时上体右转，左肩对网，接着左脚从右脚后面交叉移动，后撤一步（或用并步靠近右脚），右脚再向后方移至来球位置，如图 5-4-18 所示。

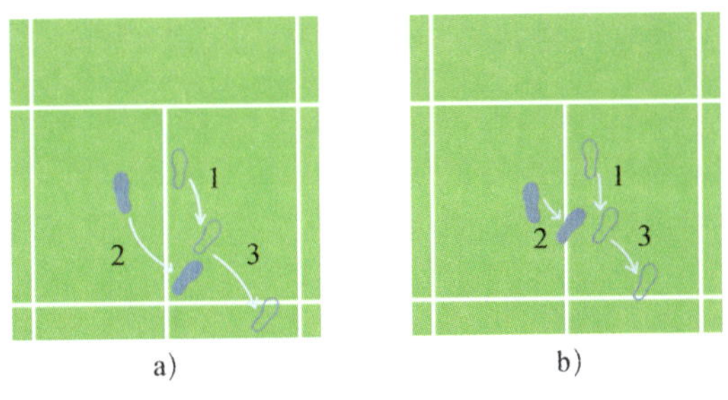

图 5-4-18 后退步法

a）交叉步后退 b）侧身并步后退

【动作要领】起动时以左脚为支撑，充分借助前脚掌及踝关节力量，随时准备转髋配合移动。

3. 左右移动步法

【动作方法】站位取中心位置，两脚左右开立，稍有前后，约同肩宽，两膝微屈。向右侧蹬跨步时，身体重心先移至左脚上，随即左腿迅速用力蹬伸，在右腿向右侧跨出的同时，髋关节外旋，落地后成侧弓箭步，击球后右腿随即内旋蹬伸回动，如图 5-4-19 所示，向左侧蹬跨步时则相反而行。

【动作要领】两脚前脚掌着地，后脚跟稍提起并左右微动。上体稍前倾，右手持拍于体前，注视对方的来球。

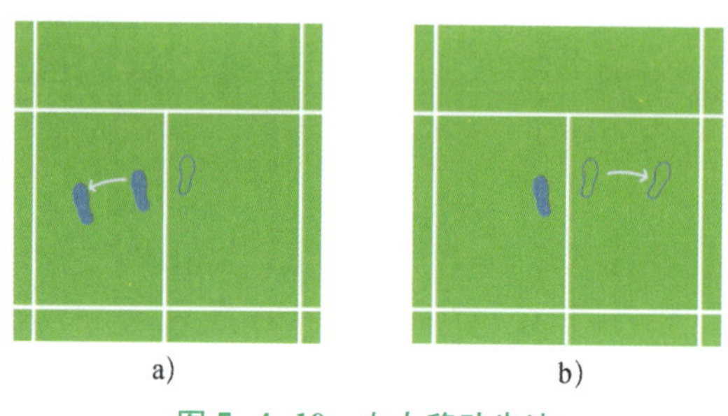

图 5-4-19　左右移动步法

a）向左侧蹬跨步　b）向右侧蹬跨步

学练指导

1. 队员在场上移动时，步伐宜少且跨步大，注意身体重心的移动，使移动后的身体姿势与击球动作相结合。

2. 在练习步法时，要注意保持正确的姿势，如挺胸收腹、双臂自然摆动等，以增加身体的稳定性和灵活性。

3. 在掌握基本的步法技巧后，可以逐渐增加难度，如增加步幅、提高速度等，以不断提高自己的羽毛球水平。

4. 初学者可先单独练习每一种步法，之后进行多种步法的组合练习，熟练后在实战中运用。

三、羽毛球运动战术

羽毛球运动战术是运动员在比赛中为战胜对手而采取的策略和行动方法，其目的是充分发挥自身优势，限制对手发挥，以争取比赛胜利。在双方技术水平相当的情况下，合理运用战术是比赛胜败的关键。常见的羽毛球运动战术有发球抢攻、四方球、杀吊结合、过渡球等。

（一）发球抢攻战术

发球抢攻战术是羽毛球比赛中先发制人的重要策略。该战术通过灵活多变的发球方式，如旋转、速度与落点的变化，使对方难以预判和接应，从而为自身创造抢攻得分的机会。

（二）四方球战术

四方球战术是通过高远球、平高球、吊球等技术，将球巧妙地击向对方场区的四个角落。该战术的主要目的是迫使对方在场地上大范围跑动，消耗其体力并制造空档。同时，运动员需寻找突击机会，在对方跑动不到位或回球质量较差时，果断运用杀球、扑球等技术突击得分。

（三）杀吊结合战术

杀吊结合战术在双打比赛中运用较多，是根据比赛形势和对手特点，灵活运用杀球和吊球技术，以取得进攻优势的一种战术。当对方回球较高时，可果断采取杀球技术直接威胁对方得分；当对方防守严密或回球较低时，则可利用吊球技术迫使对方起高球，从而为自身创造进攻机会。

（四）过渡球战术

过渡球战术是为了摆脱被动局面、为下一拍的反攻积极创造条件的战术。当处于被动局面时，运动员可利用高远球技术回击至对方后场，争取时间调整自己的位置和节奏。同时，灵活运用平抽、挑球、勾对角等技术，打乱对方的进攻节奏，为反攻创造机会。

四、羽毛球比赛

（一）比赛规则

1. 比赛场地

羽毛球比赛场地长 13.4 m，双打场地宽 6.1 m，单打场地宽 5.18 m，如图 5-4-20 所示。国际比赛普遍使用可移动的塑胶球场。

2. 基本规则

羽毛球比赛的主要项目包括男子单打、女子单打、男子双打、女子双打和混合双打，此外还有一些团体比赛项目。尽管比赛项目不同，但通常都遵循以下通用规则。

（1）计分规则

1）比赛一般采用三局两胜制，每局比赛中先得 21 分的一方获胜。

2）若双方比分打成 20 平，则先领先对手 2 分的一方获胜；若双方比分打成 29 平，则先取得 30 分的一方获胜。

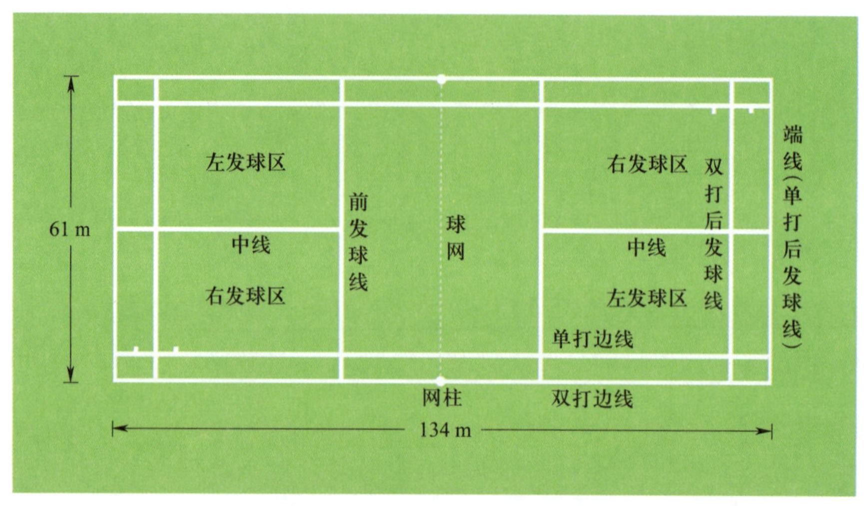

图 5-4-20　羽毛球比赛场地

3）每回合取胜的一方得 1 分。

（2）发球规则

1）发球时，双方球员应站在斜对角的发球区内，脚不得触及界线，且两脚须有一部分与地面接触，不得移动。

2）发球员的球拍应先击中球托，在击球瞬间球应低于 1.15 m，拍杆应指向下方。

3）发出的球必须向上飞行过网，并落在规定的接发球区内。

4）在单打比赛中，发球方得分为偶数时在右半场发球，得分为奇数时在左半场发球。在双打比赛中，发球方得分为 0 或双数时在右半场发球，得分为单数时在左半场发球，且仅当发球方得分时，两位选手才交换左右半场。

（3）比赛中的基本规定

1）身体的任意部位都不能接触球，只能用球拍击球。

2）如果发球方取得一分，则下一回合继续由该方发球，且发球人不变；如果接发球方取得一分，那么下一回合由其发球。在双打比赛中，仅当发球方得分时，其两位选手才交换左右半场。

3）在一局比赛中，当领先的一方达到 11 分时，双方有 60 s 休息时间。在两局比赛之间，双方有 2 min 休息时间。在决胜局中，当领先的一方达到 11 分时，双方交换场地。

（4）违例情况

1）发球不合法，如发球时球拍未击中球托，击球点高于 1.15 m，球拍杆未指向下方等。

2）界外球，即球落在球场边线外或触网后挂在网上、停在网顶等。

3）球不过网，或触及屋顶、天花板、四周墙壁等。

4）球碰到运动员的身体或衣服。

（5）重发球规则

1）遇到不能预见或意外的情况。

2）除发球外，球过网后挂在网上或停在网顶。

3）发球时，发球员和接发球员同时违例。

4）发球员在接发球员未做好准备时发球。

5）比赛进行中，球托与球的其他部分完全分离。

6）司线员未看清，裁判员也不能做出决定时。

（二）观赛要点

1. 技术动作与运用

羽毛球比赛中，选手的技术动作丰富多样，包括发球、击球、网前技术等。可重点观察选手技术的规范性、多变性和实效性，例如发球是否精准、击球动作是否流畅、网前技术是否细腻。发球时，选手是否通过变化落点和速度限制对手的接发球质量；击球时，高远球、杀球、吊球等技术是否具备足够的威胁性；网前技术中，搓球、勾对角、扑球等是否能够有效控制网前区域。这些细节体现了选手的技术水平和临场应变能力。

2. 战术布局与应变

选手在比赛中的战术布局，如攻守转换、场地控制等，是观赛的重要看点。可观察选手是否通过四方球战术调动对手，消耗其体力并制造空档；在被动局面下，是否能够利用过渡球战术摆脱困境，为反攻创造条件；在关键分时，是否通过杀吊结合战术打破对手的防守节奏。此外，选手在面对对手变化时的应变能力也至关重要，如是否能够及时调整战术以应对不同局面，这些都能体现选手的比赛智慧和战术素养。

3. 速度与力量展现

羽毛球比赛要求选手具备快速移动和瞬间爆发的力量，可观察选手的步伐移动速度、击球时的力量，以及球速的快慢。例如，选手的步法是否灵活，是否能够快速覆盖全场，尤其是在多拍回合中的移动效率；击球时，杀球和抽球的爆发力是否能够对对手形成有效压制；击球速度的变化是否能够通过快慢结合打乱对手的节奏。这些速度与力量的展现，充分体现了羽毛球运动的竞技魅力。

4. 配合与默契

在双打比赛中，选手之间的配合与默契至关重要。可关注选手的站位、轮转等配合动作，以及他们如何通过眼神、手势等方式进行沟通。例如，双打选手的站位是否合理，是否能够通过轮转保持场地的覆盖范围；比赛中双方是否能够通过简单的信号或眼神迅速调整战术。这些细节都展现了双打选手的团队协作能力和默契程度。

第五节　乒　乓　球

学习目标

1. 了解乒乓球运动的文化、特点、锻炼价值和比赛规则，会观赏乒乓球比赛。

2. 掌握乒乓球运动中发球、接发球、推挡、攻球及搓球等基本技术及组合技术，能运用对攻和相持战术进行乒乓球对抗练习。

3. 培养对乒乓球运动的兴趣，增强速度、力量、耐力、灵敏等身体素质及协调能力，提高身体健康水平。

4. 培养克服困难、顽强拼搏的意志品质，以及良好的体育道德和合作精神。

一、乒乓球运动概述

乒乓球运动是由两名或两对选手，使用球拍在中间隔一网的球台两端轮流击球的运动。其特点是球体小、速度快、旋转性强、变化多。乒乓球运动的器械相对简单，在室内外都可以进行，不同年龄、不同性别、不同身体条件的人均可根据自身的身体情况参加此项活动。乒乓球比赛形式多样，既可由两人组成单打比赛，也可由 4 人组成双打比赛，还可由男女运动员组合进行混合双打比赛。

经常参与乒乓球运动，能有效提高中枢神经系统的反应能力，增强人体的速度、力量、耐力、灵敏等身体素质，促进协调能力的发展。乒乓球运动虽是一项对抗性很强的竞赛项目，但在运动中，参与者通过相互配合、彼此帮助，能够增进团结友爱。同时，也有助于培养机智果断、沉着冷静、勇敢顽强等优良品质。

二、乒乓球运动基本技术

乒乓球运动基本技术是指在乒乓球运动中，运动员为了有效击球、控制球的飞行轨迹和落点，从而取得比赛优势所运用的一系列基础动作和技巧。规范且精准的动作技术是高质量击球的基础，也为复杂的乒乓球战术制定和执行提供了更多可能性。

本节主要介绍握拍方法、基本站位和基本姿势、基本步法、发球与接发球、推挡、攻球、搓球等基本技术及组合技术，每种击球动作都有其独特的发力方式、拍面角度和击球时机。

（一）握拍方法

乒乓球握拍方法主要分为直拍握法和横拍握法两大类，两者各有其优缺点。直拍握法发球多变，正手攻击力强，但防守面积小，反手相对薄弱；横拍握法防守范围大、反手能力强，但发球变化少，正手灵活性略差。

1. 直拍握法

食指自然弯曲，食指的第二指节和拇指的第一指节分别压住球拍两肩，食指与拇指间的距离适中，其他 3 指自然弯曲叠放，中指的第一指节侧面顶在球拍背面约 1/3 处，如图 5-5-1 所示。

图 5-5-1 直拍握法

2. 横拍握法

手掌自然张开，虎口对准拍面与拍柄连接处的拍肩。中指、无名指和小指自然握住拍柄，拇指在球拍的正面轻贴于中指旁边，食指自然伸直，斜贴在球拍的背面，如图 5-5-2 所示。深握时，虎口紧贴球拍；浅握时，虎口轻微贴拍。

图 5-5-2 横拍握法

（二）基本站位和基本姿势

基本站位是指运动员为了便于回击各种不同落点和性能的来球，在击球前根据个人技术特点及身体条件，找到的一个相对固定的位置。

基本姿势包括击球前姿势和连续击球之间需要保持的基本身体状态，旨在维持身体重心相对平衡与稳定的基础上，能够迅速起动，及时移动到合理的击球位置。

1. 基本站位

以右手持拍为例，快攻型打法的基本站位在近台 30 ~ 50 cm 处，处于球台中间偏左；弧圈型打法的基本站位在中台 50 cm 处，处于球台中间偏左；削球打法的基本站位在中远台 1 m 左右处。

2. 基本姿势

【动作方法】以右手持拍为例。两脚开立，左脚稍前，比肩稍宽，前脚掌内侧着地，脚后跟略抬起；两膝自然微屈，重心在两脚之间；含胸收腹，身体略前倾；肩关节放松，握拍手位于身前右侧，拍略高于台面，如图 5-5-3 所示。

【动作要领】整个身体处于放松状态，重心在两脚之间，膝关节弯曲程度要适中，以保持膝关节的弹性，头部保持正直且稳定，眼睛紧盯来球。

图 5-5-3 基本姿势

（三）基本步法

乒乓球的基本步法是指运动员为选择合适的击球位置所采用的脚步移动方法。它既是及时准确地使用与衔接各项技术动作的枢纽，又是执行各种战术的有力保证。这里主要介绍 3 种基本步法：单步、跨步和并步。

1. 单步

【动作方法】在来球角度较小的情况下，以一脚的前脚掌为轴，另一脚根据来球向某一方向（①或②）移动，移步完成时身体重心也随之落到移动脚上，如图 5-5-4 所示。

【动作要领】含胸收腹，屈膝提踵，膝盖微屈，保持弹性，动作简单灵活，重心转换平稳。通常在来球与身体不远的小范围内运用，适用于各种打法。

2. 跨步

【动作方法】远离来球的一脚蹬地，靠近来球的脚向移动方向跨出一大步，身体重心随即落到该脚上，蹬地脚迅速跟上一小步，如图 5-5-5 所示。

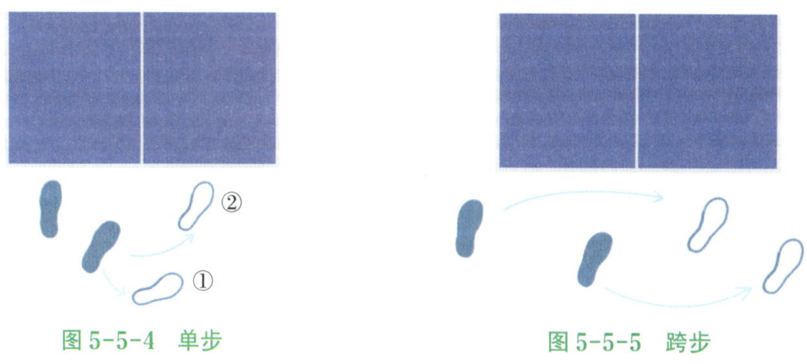

图 5-5-4 单步　　图 5-5-5 跨步

【动作要领】跨步的移动幅度较大，跨步过程中降低身体重心，稍弯腰前倾，重心稍落在前脚掌上。

3．并步

【动作方法】远离来球方向的一脚向来球方向迅速蹬地起动，先并一小步，同时另一脚向来球方向跨出一步，先起动的远侧脚的跨步幅度不超过另一脚，如图 5-5-6 所示。当移动速度较快时，并步也可称为滑步。

【动作要领】并步时身体不腾空，重心较稳定，重心快速迎球转移，以腰带手，舒而不缓，疾而不乱，抢占合适的击球位置，保持身体重心平稳。

图 5-5-6　并步

学练指导

1. 练习基本步法时，可采取一些辅助练习方式，如跳绳单步跳、蛙跳式跨步等。

2. 跳绳单步跳是在跳绳的每次跳起时模仿单步动作，左右脚交替进行。练习过程中注意保持节奏稳定，感受单步移动时的身体平衡和重心控制。

3. 蛙跳式跨步是在模仿青蛙跳跃动作的基础上，同时进行大幅度的跨步练习。练习过程中注意体会蹬地发力和大步幅跨出的动作连贯性，以及重心的快速转移，同时避免动作变形，保持正确的发力顺序。

4. 可在球台一侧设定一个固定点，反复进行单步、跨步或并步移动并触碰该点，进行定点往返步法练习，体会发力和重心的转移。

（四）发球与接发球

乒乓球比赛始于发球与接发球。发球是乒乓球比赛中每一分球的开始，它不受对方制约，可以选择最合适的站位，依照自身的战术意图把球发到对方球台的任意位置，用以压制对方的进攻，为自己发球抢攻创造有利条件。如果接发球接得好，就能控制对方的进攻，从而变被动为主动。以下主要介绍正手平击发球、反手平击发球和接短球 3 种技术。

1. 正手平击发球

【动作方法】以右手持拍为例，以基本姿势站立。左手将球向上抛起，同时右臂内旋，使拍面稍前倾，向右后方引拍。当球从高点下降至稍高于球网时，击球中上部，向左前方发力。击球后，手臂顺势前送，迅速还原，准备下一次击球。动作过程如图 5-5-7 所示。

【动作要领】手臂前挥，在身体右前方处击球中上部，发力要集中，动作要平稳，使球沿着直线快速飞过球网，落在对方球台的有效区域。

图 5-5-7 正手平击发球

2. 反手平击发球

【动作方法】以右手持拍为例，以基本姿势站立。左手将球向上抛起，同时右臂外旋，使拍面稍前倾，向右后方引拍。当球从高点下降至稍高于球网时，击球中上部，向右前方发力。横拍、直拍反手平击发球的动作过程如图 5-5-8、图 5-5-9 所示。

【动作要领】前臂与手腕配合向前上方发力击球，击球后的第一落点应落在本方球台中段。

图 5-5-8 横拍反手平击发球

图 5-5-9 直拍反手平击发球

3. 接短球

【动作方法】以基本姿势站立，根据来球的方向和落点，迅速用小碎步或垫步移动至合适的击球位置。同时，手臂小幅度向后引拍，当球弹起至合适的高度时，手臂迅速向前迎球。对于不转球或上旋球，拍面可稍前倾，击球的中上部；对于下旋球，拍面要稍后仰，击球的中下部。击球后，手臂要顺势向前随挥，最后还原至初始位置。

【动作要领】要根据来球的旋转和速度，相应地调整身体位置和拍面角度。击球时，身体要保持稳定姿势，通过身体的转动和重心的调整来辅助手臂发力，提高击球的质量和稳定性。

学练指导

1. 练习发球与接发球技术时，可先进行无球挥拍练习。不持球，徒手模仿正手平击发球、反手平击发球的挥拍动作，体会抛球、引拍、击球的发力顺序和动作节奏。每组练习 30～50 次，每天练习 3～5 组。

2. 可进行定点定速发球练习。在球台上设定一个固定落点区域，进行有球正手、反手平击发球练习，将球发到指定区域内。每组发球 30～50 次，每天练习 3～5 组。

3. 可与同伴进行多球接短球练习。同伴连续发不同落点的短球，练习者进行接短球练习，每组接球 50～80 次，每天练习 2～4 组。

（五）推挡

推挡技术具有球速慢、力量轻的特点，其动作简单，容易掌握，是初学者的入门技术。练习推挡技术有助于初学者熟悉球性，提高控制球的能力。合理运用推挡技术可以快速将球回击，保持连续的对抗，限制对手的进攻节奏。

【动作方法】以右手持拍为例，以基本姿势站立，两脚平行或右脚稍后。持拍手自然弯曲，肘部靠近身体，拍面保持与台面近乎垂直，手臂放松。当来球靠近时，手臂带动稍向后引拍，拍面角度基本不变。在来球的上升期，用球拍的中上部触球，向前上方发力将球推挡过去。击球后，手臂顺势随挥，然后迅速还原至基本姿势，准备迎接下一次击球。动作过程如图 5-5-10 所示。

【动作要领】推挡过程中，身体重心在两脚之间平稳移动，同时手腕保持相对稳定，控制拍面角度。发力以小臂为主，结合身体重心的移动，动作短促有力。

图 5-5-10　推挡

1. 练习推挡技术时，可先进行无球挥拍练习。不持球，徒手模仿推挡技术的挥拍动作，体会抛球、引拍、击球的发力顺序和动作节奏。每组练习 30～50 次，每天练习 3～5 组。

2. 可进行定点定速推挡练习。在球台一侧固定站位，同伴以稳定的速度和落点将球发到练习者的反手位，练习者运用推挡技术将球回击到固定落点。每组击球 40～60 次，每天练习 3～5 组。目的是让练习者掌握推挡的基本动作和发力感觉，形成稳定的击球节奏。

3. 可与同伴进行多球定点推挡练习。同伴连续发定点上旋球，练习者进行推挡练习。每组接球 50～80 次，每天练习 2～4 组。注意逐渐增加发球的难度和变化，提高练习者的反应能力和推挡技术。

（六）攻球

攻球技术具有速度快、力量大、应用范围广泛等特点，是比赛中争取主动、获得胜利的重要手段。以下介绍 3 种基本的攻球技术：正手攻球、侧身攻球和反手攻球。正手攻球站位近、动作小、球速快，能借来球反弹力还击，是近台快攻打法的主要技术之一；侧身攻球利用侧身来发挥正手攻球的作用，是争取得分的主要手段；反手攻球站位近、动作小、速度快、进攻性强，常用来为正手攻球创造机会。

1. 正手攻球

【动作方法】以右手持拍为例，以基本姿势站立。击球前，两脚蹬地，转腰带动肩膀和手臂引拍至身体右后方，上臂与身体约一拳间隔，前臂和手腕呈直线，腕关节略向下垂，当球从台面弹起时，向左前上方迅速收臂。击球时，拍面前倾，结合手腕内旋动作，在来球最高点击球中上部。击球后，手臂顺势随挥，然后还原至基本姿势。动作过程如图 5-5-11 所示。

【动作要领】前臂发力为主，配合转腕动作，向前上方挥拍，在来球上升期击球中上部。

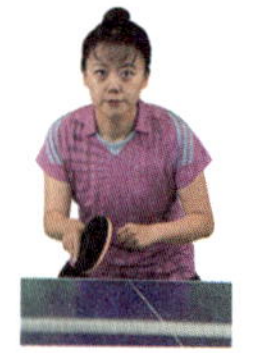

图 5-5-11 正手攻球

2. 侧身攻球

【动作方法】以右手持拍为例，以基本姿势站立。身体侧向球台，两脚开立，左脚在前，右脚在后，上体略向前倾并稍收腹。引拍、击球和随挥还原的动作方法与正手攻球一致。动作过程如图 5-5-12 所示。

【动作要领】准确判断来球落点，迅速移动步法，果断应用各种攻球技术击球。

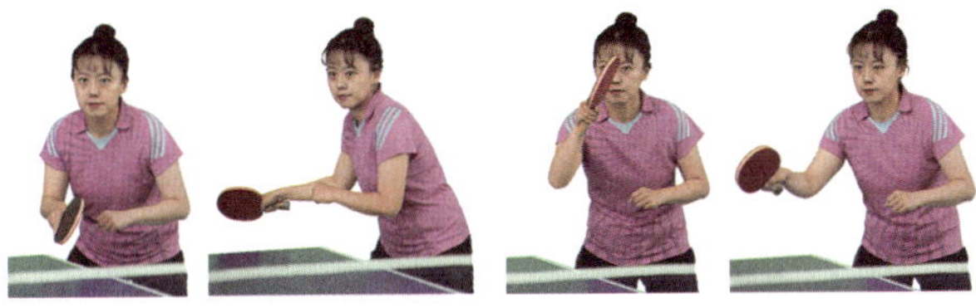

图 5-5-12 侧身攻球

3. 反手攻球

【动作方法】以右手持拍为例，以基本姿势站立。击球前，引拍至腹前左侧，肘关节自然弯曲，上臂与前臂约成 100°，拍面垂直于地面，略前倾。击球时，上臂贴近身体，前臂外旋向右前上方挥动，配合转腕动作，使拍面略前倾，在最高点击球中上部。击球后，随势将拍挥至右肩前。动作过程如图 5-5-13 所示。

【动作要领】以前臂发力为主，以肘为轴，由后向右前上方挥拍，手腕外转配合发力并控制好弧线。

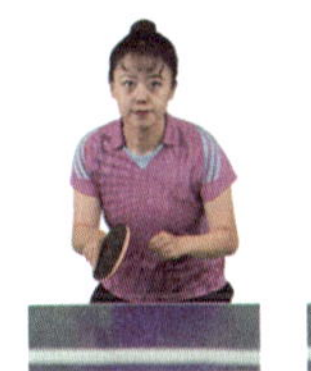   

图 5-5-13 反手攻球

学练指导

1. 练习攻球技术时，可先进行无球挥拍练习。不持球，徒手模仿正手、侧身和反手攻球的挥拍动作，体会引拍、击球和随挥的发力顺序和动作节奏。每组练习 30 ~ 50 次，每天练习 3 ~ 5 组。

2. 可进行定点定速攻球练习。在球台一侧固定站位，同伴以稳定的速度和落点将球发到练习者的正手、侧身或反手位，练习者分别运用相应的攻球技术将球回击到固定落点。每组击球 40 ~ 60 次，每天练习 3 ~ 5 组。其目的是让练习者掌握攻球技术的基本动作和发力感觉，形成稳定的击球节奏。

3. 可进行多球定点攻球练习。同伴连续发定点上旋球，练习者进行正手、侧身和反手攻球练习。每组接球 50 ~ 80 次，每天练习 2 ~ 4 组。注意逐渐增加发球的难度和变化，提高练习者的反应能力和攻球技术。

（七）搓球

搓球是近台还击下旋球的一种基本技术。在比赛中，常通过搓转与不转球、快与慢的变化，为攻球、拉弧圈球创造进攻的有利条件。搓球分为慢搓与快搓两种，以下主要介绍正手和反手的慢搓技术。慢搓是用于回击台内下旋球的一种过渡技术，常利用击球时间这一有利条件，增大搓球的旋转，从而为进攻创造机会。

1. 正手搓球

【动作方法】以右手持拍为例，以基本姿势站立。身体稍向右转，离台稍远。击球前，向右上方引拍，拍面后仰。击球时，前臂和手腕向左前下方挥动，在来球下降前期摩擦球的中下部。动作过程如图 5-5-14 所示。

【动作要领】慢搓动作幅度较大，回球速度慢，一般在下降前期击球。

图 5-5-14　正手搓球

2. 反手搓球

【动作方法】以右手持拍为例，以基本姿势站立。准确判断来球，手臂向左上方引拍，同时身体重心稍向左脚转移。在来球的下降前期，手臂向右前下方挥动，手腕配合发力，拍面后仰，用球拍的中下部摩擦球的中下部，将球搓出。击球后，手臂顺势向右前下方随挥一段距离，然后迅速放松，还原至基本姿势，准备应对下一次击球。动作过程如图 5-5-15 所示。

图 5-5-15　反手搓球

【动作要领】引拍时重心左移，击球时重心右移，整个过程重心要平稳过渡。击球过程始终保持拍面稍后仰，根据来球的旋转进行微调。发力以小臂带动手腕为主，击球瞬间，手腕发力要柔和，通过摩擦球产生下旋，而非单纯撞击。

1. 练习搓球技术时，可先进行无球挥拍练习。不持球，徒手模仿正手和反手搓球的挥拍动作，体会引拍、击球和随挥的发力顺序和动作节奏。每组练习 30~50 次，每天练习 3~5 组。

2. 一人练习时，可进行抛球自搓练习。练习者自行将球抛起，待球落下时，运用正手、反手搓球技术将球搓回，反复练习，体会击球时机和发力大小。每组击球 80~100 次，每天练习 3~5 组。练习过程中注意掌握好抛球高度和击球时机，感受发力的变化，并保证搓球动作的稳定性，避免因抛球不稳定而导致动作变形。

3. 同伴间练习时，可进行定点定速搓球练习。练习者在球台一侧固定站位，同伴以稳定的速度和落点将球发到练习者的正手或反手位，练习者分别运用相应的搓球技术将球回击到固定落点。每组击球 40~60 次，每天练习 3~5 组。

4. 可进行多球定点搓球练习。同伴连续发定点下旋球，练习者进行正手或反手搓球练习。每组接球 50~80 次，每天练习 2~4 组。练习过程中注意逐渐增加发球的难度和变化，以提高练习者的反应能力和搓球技术。

（八）组合技术

乒乓球运动的组合技术是在熟练掌握各项基本技术的基础上，根据比赛中的实际情况，将两种或两种以上的基本技术有机衔接、连贯运用，以实现有效得分或控制比赛节奏目的的一系列技术动作组合。以下主要介绍正手两点和推挡侧身攻球两种组合技术。

1. 正手两点

【动作方法】以右手持拍为例，以基本姿势站立，距离球台约 50 cm。第一板引拍时，重心从左腿转向右腿，腰带动手臂向右侧后方引拍。挥拍击球时，重心从右腿转向左腿。在还原的同时进行第二板引拍动作，右腿向左腿并拢，左腿再向左方迈出一步，同时腰带动手臂再次向右侧后方引拍，挥拍击球时重心从右腿转向左腿，随即还原成准备姿势，持拍手置于腹前。

【动作要领】步伐移动过程中，随着腰和腿蹬转发力，身体重心平稳地在两脚之间交替转换。引拍幅度要根据来球速度和自身击球节奏合理调整，引拍位置准确。在来球的上升期或高点期击球，利用身体重心转移和手臂的协调发力，控制好击球力量和方向。每次击球后，手臂和身体要快速放松并还原至基本姿势，为下一次击球做好准备。

2. 推挡侧身攻球

【动作方法】以右手持拍为例，以基本姿势站立，距离球台约 50 cm。首先进行第一板反手推挡，向左后方引拍，转腰带动手臂，重心从右腿转向左腿。挥拍击球时重心从左腿转向右腿，随后还原成基本姿势，在还原的同时要做第二板正手攻球的引拍动作。正手引拍时，向后下方引拍，同时右腿向左腿并拢，重心转向左腿，左腿再向左前方迈出一步。挥拍击球时重心从右腿转向左腿，还原至基本姿势，持拍手置于腹前。

【动作要领】击球时脚步要持续移动，保持重心转换，快速还原，为下一板击球做准备，重心不能太高，上肢不能晃动。

学练指导

1. 练习组合技术时，可先从脚步移动练习开始。在地面设置标志点模拟两个击球落点，练习者不持拍，仅进行脚步在两点间反复快速移动的练习。每组重复移动 15～30 次，每天练习 2～3 组。注意强化脚步移动的速度和节奏，保持良好的身体协调性。

2. 同伴间可进行定点定速练习。在球台一侧设定两个固定落点，同伴将球有规律地交替发至这两个落点，练习者站在球台适当位置，运用正手、反手和侧身攻球技术依次击球。每组击球 50～60 次，每天练习 3～5 组。注意要在两个不同落点间快速切换击球的动作，提高正手、反手击球的稳定性和准确性。

3. 同伴间可进行多球定点练习。同伴连续发两个固定落点的上旋球，练习者进行正手两点或推挡侧身攻球练习，每组接球 50～80 次，每天练习 2～4 组。练习重点是逐渐增加发球的难度和变化，提高练习者的技术熟练程度和反应能力。

三、乒乓球运动战术

乒乓球运动战术是指运动员在比赛中，依据自身技术特点、体能状况，以及对对手技术、心理、比赛风格的深入了解，通过合理组织和运用各种基本技术，所制定并实施的一系列旨在争取比赛胜利的策略和方法。它是乒乓球比赛中除技术、体能之外的关键制胜因素，体现了运动员在比赛中的智慧和谋略。以下主要介绍对攻战术和相持战术。

（一）对攻战术

对攻战术是进攻型打法在相持阶段常用的一项重要战术。它主要依靠反手推挡

（或反手攻球）和正手攻球（或正手拉弧圈球）技术，通过充分发挥速度、旋转、落点，以及轻重力量的变化来调动对方，是争取主动的重要手段。下面主要介绍攻两角、压反手变线抢攻和调正手位压反手位 3 种战术。

1. 攻两角

攻两角战术是通过攻击对方左右两个大角，使其顾此失彼，从而占据主动。一般用于对付步法较慢、动作较慢的选手。可以采用对角攻击，即以两条斜线调动对方；也可采用双边直线攻击，即先以直线攻一角，再以直线攻另一角。运用此战术时应注意，打斜线的角度要大，最好能超出边线，以充分发挥斜线的威力；打直线时出手要快，突然性要强，线路要直。

2. 压反手变线抢攻

压反手变线抢攻是最基本的对攻战术之一，一般用于对付反手较弱或进攻能力不强的选手。先用反手攻（快推）压住对方反手，若对方勉强侧身，可连压反手或快速变线到对方空当，伺机抢攻；若对方侧身搏杀，则可先配合变线，以达到牵制对方的目的。运用此战术时应注意，紧压对方反手时，要速度快、角度大、力量重；变线的这板球要有质量，角度大、突然性强；避免习惯性变线，防止被对方适应；要主动变线，切忌被动变线，以免给对方提供抢攻机会。

3. 调正手位压反手位

调正手位压反手位就是先打对方正手，将其调动到正手位并被迫离台后，再打其反手位。这种战术主要用于牵制擅长侧身进攻的选手。在对方左半台进攻能力强，压对方反手位不占便宜时也可采用此战术；或用来对付正手位进攻能力不很强，反手位只能近台、不擅离台的直拍快攻选手。运用此战术时应注意，调正手的这板球要凶，回反手的球角度要大，否则易遭对方攻击。

（二）相持战术

相持战术是指在发球抢攻与接发球抢攻之后，双方进入多回合连续对攻的阶段所运用的战术。在此阶段，双方都试图通过合理的技术运用和战术布局，争取主动，寻找得分机会。下面介绍几种常用的相持战术。

1. 线路变化

（1）压中路调动两角。在相持阶段，先将球回击到对手球台的中路位置。由于中路是左右击球的衔接区域，对手回球难度较大，往往需要做出较大幅度的身体调整。待对手回球后，再根据其站位和回球质量，快速将球调动到正手或反手两角，使对手在大范围的跑动中出现失误，或者为自己创造进攻得分的机会。例如，在中台相持时，用中等力量拉球至对方中路，待对方回球后，迅速变线拉至其正手大角。

（2）压反手位调动正手位。持续向对手反手位发力击球，迫使对手注意力和脚步都集中在反手侧，当对手适应节奏后，突然变线攻击正手位，利用对手来不及侧身换位的空当得分。例如，在近台相持时，通过快推压对方反手大角，再快速变线轻推正手小三角。

（3）压正手位调动反手位。先将球击至对手正手位大角度，引诱对手向正手侧移动，然后迅速将球回压到反手位，利用对手身体重心转移不及时的破绽，打出高质量回球得分。中台相持阶段，用拉弧圈球的方式调右压左，效果较为显著。

2. 节奏变化

（1）改变击球时机。击球的时机分为球的上升前期、上升后期、高点期、下降前期、下降后期。击球时机越早，节奏越快；击球时机越晚，节奏越慢。

（2）改变击球力量。力量越大，越主动发力，节奏就越快。

（3）改变击球方向。通过直线变斜线或斜线变直线来改变节奏。

3. 轻重结合

（1）同线轻重球结合运用。以正反手拉球和突击、推挡、加力推等攻对方同一落点，通过轻重力量的变化来调动对手。

（2）异线轻重球结合运用。先以轻拉或挡球引对方靠前回接，再以突击或加力推攻击对方空当，利用轻重力量的变化和线路的变化来打乱对手的节奏。

四、乒乓球比赛

（一）比赛规则

1. 赛制

乒乓球比赛通常采用三局两胜制、五局三胜制或七局四胜制。每局比赛采用11分制，先得11分的一方为胜方。双方均得10分后，先领先对方2分的一方为胜方。

2. 发球规则

（1）发球开始时，发球员应将球置于不持拍手的掌心，保持静止。随后用手将球几乎垂直地向上抛起，不得使球旋转，并使球在离开不持拍手的手掌之后上升不少于16 cm。球在上升、下降过程中至击球前均不应触及任何物体。

（2）当球从抛起的最高点下降时，发球员可击球，要使球首先触及本方台区，然后直接触及接发球员台区。在双打比赛中，球应先后触及发球员和接发球员的右半区。

（3）从发球开始，到球被击出，球要始终在比赛台面的水平面以上和发球员的端线以外。并且从接发球方看，球不能被发球员或其双打同伴的身体或他们所穿戴、携带的任何物品挡住。

（4）球一旦被抛起，发球员的不持拍手及其手臂应立即从球和球网之间的区域移开，使裁判员或副裁判员能看清其是否按照合法发球的规定发球。裁判员或副裁判员均可判定发球是否合法。

3. 得分规则

除被判重发球的回合外，下列情况运动员得 1 分。

（1）对方运动员未能合法发球或还击。

（2）对方运动员或其穿戴、携带的任何物品使球台移动或触及球网装置，以及对方运动员不持拍手触及比赛台面。

（3）双打时，对方运动员击球次序错误。

4. 发球、接发球次序和方位的规则

（1）选择发球、接发球和方位的权力应由抽签来决定。中签者可以选择先发球或先接发球，或选择先在某一方位开始比赛。

（2）当一方运动员选择了先发球或先接发球，或选择了在某一方位开始比赛，另一方运动员应做出另一个选择。

（3）在每 2 分之后，接发球方即成为发球方，以此类推直至该局比赛结束。若双方比分都达到 10 分时，继续轮换发球方，此时的发球和接发球次序不变，但每人只轮发 1 分球，直至领先 2 分者为胜。

（二）观赛要点

1. 关注技术细节

乒乓球技术极为细腻，运动员任何一个细微的动作变化，都可能对球的旋转、速度与落点产生显著影响，进而改变比赛走向。在观赛过程中，要着重留意球员发球时抛球的高度是否精准、击球瞬间拍面的角度如何调整，以及在相持阶段拉球、扣杀时发力的方式与力度大小。这些细节往往能体现出运动员扎实的基本功和精湛的技术水平。

2. 理解战术变化

战术在乒乓球比赛中占据着核心地位，一场比赛不仅是技术的较量，更是战术的博弈。观赛时，要仔细观察选手如何依据对手的技术特点、打法风格，以及场上瞬息万变的形势，灵活且有效地采取进攻或防守策略。

3. 注重比赛节奏

乒乓球比赛节奏紧凑、明快，球的来回速度极快，这对观众的观赛专注度提出了较高要求。观看时要迅速适应这种快节奏，用心感受选手在快速攻防转换过程中所展现出的敏锐反应速度和良好竞技状态。

4. 遵守观赛礼仪

在现场观看乒乓球比赛时，遵守观赛礼仪是每位观众应尽的责任。切勿携带发光物体进入赛场，拍照时务必关闭闪光灯，以免干扰运动员的视线和比赛的正常进行。在两个回合的比赛间隙，文明地为选手加油助威，不使用过激、不文明的语言，避免干扰场上球员的注意力和比赛情绪。

第六章 · 田径运动

田径是一项古老的体育运动项目，由走、跑、跳跃、投掷等运动项目及由以上部分项目组成的全能项目组成。以高度和远度作为成绩计算标准的跳跃、投掷项目称为“田赛”；以时间作为成绩计算标准的竞走和跑类项目称为“径赛”；由跑、跳、投中的部分项目组成，并采用评分办法计算成绩的综合性项目则称为“全能”。在本章中，我们将学习田径运动基本的比赛规则和观赛要点，掌握多个项目的技术要领，并通过科学的训练方法提升运动能力。同时，我们也将感受田径运动带来的激情与快乐，体会这项古老运动所蕴含的竞技精神与文化魅力。

第一节　田赛运动

学习目标

1. 了解田赛运动的分类、特点和锻炼价值等基础知识。

2. 掌握田赛运动中跳远、跳高和投掷的基本技术动作，提升专项运动能力，增强运动安全意识。

3. 增强下肢爆发力、上肢力量、身体协调性及核心稳定性，提升速度、耐力与空间感知能力，全面提高身体机能水平与运动表现。

4. 培养团队协作意识与竞技精神，养成终身体育锻炼习惯，促进心理健康与社会适应能力的发展。

一、田赛运动概述

田赛是田径运动中在规定的场地区域内进行的跳跃及投掷项目竞赛的统称，以高度或远度作为成绩计算标准，并以此决定比赛名次。其中，跳跃项目包括跳远、三级跳远、跳高和撑竿跳高等，投掷项目包括推铅球、掷标枪、掷铁饼和掷链球等。

通过田赛运动开展锻炼活动，能够有效提升力量、耐力、速度、灵敏等身体素质，提高心肺等内脏器官功能，促进机体新陈代谢，有助于保持健康的身体状态和良好的体型。在学校体育活动中，参与田赛运动能够培养同学们坚韧顽强的意志品质，同时也能够为学习其他运动项目打下良好基础。

二、田赛运动基本技术

（一）跳跃基本技术

跳跃项目是人体利用自身的能力或借助器材，通过助跑、起跳、腾空和落地等一系列连贯动作，使人体尽可能达到更高的高度或更远的距离的运动项目。

本节主要介绍蹲踞式跳远和跨越式跳高两个运动项目的基本技术。

1. 蹲踞式跳远

【动作方法】助跑开始，逐渐加速，最后几步加快步频，倒数第二步步长稍有增加，最后一步加快放脚动作。起跳脚以全脚掌滚动着地，用力蹬地，髋、膝、踝各关节充分伸展，两臂与摆动腿协调配合摆动，向前上方腾起，摆动腿屈膝前摆，起跳腿自然放松。腾空后起跳腿向摆动腿并拢，膝关节主动向胸前靠拢，在空中形成蹲踞姿势。下落时小腿前伸，膝关节伸直，脚尖勾起，迅速屈膝落地。动作过程如图 6-1-1 所示。

【动作要领】助跑速度快，起跳蹬伸充分，空中保持平衡，落地屈膝，迅速收腿。

图 6-1-1　蹲踞式跳远

学练指导

1. 练习蹲踞式跳远应先进行基础动作练习，再进行连续动作练习。具体包括助跑起跳过沙坑、上 3 步蹲踞式落入沙坑、连续 3 步助跑起跳成腾空步和在高物上起跳收腹后落地 4 项。

2. 练习助跑起跳过沙坑时，应在跑道上进行 8～12 步助跑，起跳后单脚落地，自然连续地跑进沙坑。

3. 练习上 3 步蹲踞式落入沙坑时，先位于沙坑前做好准备姿势，听到口令后上 3 步向高处跳起，在空中收腹举腿屈膝成蹲踞姿势，并保持此姿态直至落入沙坑。

4. 练习连续 3 步助跑起跳成腾空步时，应注意摆动腿在前。

5. 在弹跳箱上进行高物上起跳收腹后落地练习时，要求腾空后收腹举腿，落地时两小腿前伸，两腿屈膝缓冲以维持身体平衡。

2. 跨越式跳高

【动作方法】与横杆夹角 30°～45° 方向起跑，助跑距离为 6～8 步，逐渐加速，起跳时脚跟着地，快速过渡到全脚掌并稍屈膝，前脚掌有力蹬地起跳，摆动腿积极向上方摆起，两臂配合协调上摆，如图 6-1-2 所示。过杆时上体前倾，摆动腿屈膝，大腿靠近胸部，摆至横杆上后稍内旋，积极下压，过杆后上体稍前倾并向横杆方向扭转，起跳腿迅速向上摆起、高抬外旋，两腿相继过杆，摆动腿先落地，接着起跳腿落地，如图 6-1-3 所示。

【动作要领】直线助跑有节奏，起跳腿充分蹬伸，摆动腿积极摆动，过杆时上体前倾扭转，摆动腿落地时屈膝缓冲。

图 6-1-2　跨越式跳高（助跑与起跳）

图 6-1-3　跨越式跳高（过杆与落地）

学练指导

1. 练习跨越式跳高时，应先进行基础动作练习，再进行连续动作练习。具体包括助跑、摆腿起跳、上一步起跳、交换腿踢橡皮筋，以及原地摆动腿过杆等。

2. 练习助跑时，可在助跑道上做好起跑和起跳标记，反复进行 6～8 步助跑练习。

3. 练习摆腿起跳时，起跳腿弯曲，摆动腿向上摆起，起跳腿顺势蹬地起跳。

4. 练习上一步起跳时，在起跳点前一步站立，将起跳腿置于后方，摆动腿放在前面。

5. 练习交换腿踢弹力带时，根据自身身高放置一条与腰齐高的弹力带，原地进行连续交换腿踢弹力带练习，逐步提高起跳蹬摆动作的协调性。

6. 练习原地摆动腿过杆时，侧向站在低杆旁边，起跳腿原地蹬地起跳，摆动腿摆动越过栏杆，逐步提高起跳蹬摆速度。

（二）投掷基本技术

投掷项目是利用人体全身的力量，使用特定的技术和方法，将规定的投掷物（如实心球、铅球、铁饼、标枪、链球等）从手中投出，以尽可能达到最大距离的运动项目。

本节主要介绍双手正面投掷实心球、侧向滑步推铅球和掷少年标枪 3 个运动项目的基本技术。

1．双手正面投掷实心球

【动作方法】面对投掷方向，两脚前后或左右开立，双手头后持球，身体重心落在后脚上或两脚之间，两膝微屈，支撑脚用力蹬地、顶髋，然后收腹、挥臂，将球用力由头后向前上方掷出，如图 6-1-4 所示。

【动作要领】十指分开，拇指紧扣成“八”字形，四指夹球稳，下肢蹬地，腰腹伸展，力量上传，两臂前摆，手腕拨球，送髋收腹，挥臂“鞭打”。

图 6-1-4　双手正面投掷实心球

学练指导

1. 练习双手正面投掷实心球时，可先进行辅助动作练习，如“满弓”动作模仿练习、跪姿前抛实心球等。

2. 练习“满弓”动作时，背对肋木站立，两手抓住上端肋木，两脚贴近肋木站定，用力顶髋做“满弓”动作，并保持数秒时间。为增强练习效果，也可两脚前后站立，两手拉住肋木上端，后脚上一步顶髋做“满弓”动作。

3. 练习跪姿抛实心球时，跪于垫上，头上举球，腰腹与手臂同时发力，通过快速收腹、挥臂用力向前上方掷出，重点提高爆发力。

2．侧向滑步推铅球

【动作方法】以右手持球为例。五指自然分开，手指和指根部接触球，拇指和小指两侧夹球，将球放在右肩锁骨窝处，掌心向前，身体左侧对着投掷方向，左腿向投掷方向摆出，右脚放置于投掷圈的中心位置，膝关节略弯曲，形成发力的开始姿势。右脚快速蹬转，使右髋部向投掷方向移动，并侧向抬起上体，当上体左侧移至与地面垂直的瞬间，双腿迅速蹬伸，接着在制动时挺右胸、送右肩，最后以右臂迅速将球推出。动作过程如图 6-1-5 所示。

【动作要领】夹球自然，身体重心稳定，转体和推球动作迅速连贯，确保力量传递顺畅。

图 6-1-5　侧向滑步推铅球

1. 练习侧向滑步推铅球时，可先进行徒手模仿、转体顶髋等辅助练习。

2. 徒手模仿练习开始时，注意体会两脚站立位置和身体姿势。在徒手做引伸、蹬地、用力推球等动作时，体会身体用力顺序和动作要点，并保持身体平衡。

3. 练习转体顶髋动作时，应原地站好，腿部发力，身体保持稳定，上体固定不动，下肢蹬地、转体，进行反复顶髋动作。

4. 为提升出手角度，可以进行侧向推实心球越过橡皮筋的练习。在投掷线前约 3 m 处，距地面 3 m 高度左右横拉一根橡皮筋，投掷实心球越过橡皮筋，反复进行此练习。

3. 掷少年标枪

【动作方法】采用握把式握法，握住标枪的握把部分。将标枪持在肩部上方，枪尖略微向下倾斜，枪身与地面平行，手臂自然弯曲，肘部略高于肩部。助跑保持匀速，距离起掷弧线 10 ~ 15 m 时逐渐加速，最后几步加速重复交叉步动作，单脚即将到起掷弧线时迅速转体，将身体重心转移到前脚，持枪的手臂迅速向上方 30° ~ 35° 释放标枪，身体各部位协调发力。投掷后右臂自然跟随，保持动作的连贯性。动作过程如图 6-1-6 所示。

【动作要领】保持身体平衡，助跑和投掷步节奏清晰，准确控制标枪出手角度。

图 6-1-6 掷少年标枪

学练指导

1. 练习掷少年标枪时，可先进行原地“鞭打”、原地插枪、持枪连续交叉步等辅助练习。

2. 练习原地“鞭打”动作时，手持轻器械，听到口令后，向前上方的标志物做“鞭打”动作。

3. 练习原地插枪时，原地手持少年标枪，面向沙坑，进行插枪练习，体会枪出手的感觉。

4. 进行持枪连续交叉步练习时，手持少年标枪位于跑道，听到口令后进行慢速助跑，然后逐渐加快助跑速度，再听到口令后，以最快的速度调整交叉脚步，做投掷步动作，提高在不同情况下快速转换步伐的能力。

三、田赛运动比赛

（一）比赛规则

田赛是田径运动中以高度或远度计算成绩的竞赛项目的统称。在大型比赛活动中常见的项目有跳远、跳高、铅球、标枪等。

1. 跳远

跳远场地由助跑道、起跳板和落地区 3 部分组成。通常有 6 次试跳机会，运动员必须在规定的助跑区域内起跳，并在起跳板前沿线处通过单脚起跳，腾空后落入沙坑。比赛成绩以运动员落入沙坑时，身体任何部位距离起跳线的最近点至起跳线或起跳线的延长线（测量线应与起跳线或其延长线相垂直）的距离为准。测量时使用钢尺或激光测距仪，取最好的一次成绩作为最终成绩。若运动员在起跳时脚部超过起跳线，则判定为犯规，成绩无效。

2. 跳高

跳高场地由助跑区、起跳区和落地区（沙池或海绵垫）3部分组成。通常比赛有3次试跳机会，可以选择在某一高度开始试跳，并在每次提升高度后继续试跳。运动员必须在助跑区和起跳区单脚起跳，双脚起跳犯规，过杆时身体任何部位不得触碰横杆导致其掉落，否则试跳失败。比赛成绩测量以横杆的最低点与地面的垂直距离为准，3次有效试跳的成绩均会被记录，取最高一次有效成绩作为最终成绩。

3. 铅球

铅球场地由投掷区和落地区两部分组成。运动员必须在投掷圈内完成投掷动作，身体部位不得触碰投掷圈外的地面，铅球必须落在扇形落地区内，否则试投无效。比赛成绩测量以从投掷圈前沿到铅球落地最近点的垂直距离为准，3次有效的试投成绩均会被记录，取最远一次作为最终成绩。

4. 标枪

标枪场地由助跑道、投掷区和落地区3部分组成。运动员必须在助跑道内完成投掷动作，身体部位不得触碰助跑道外的地面，标枪必须枪头着地，且落在扇形落地区内，否则试投无效。比赛成绩测量以从投掷区前沿到标枪枪头落地最近点的垂直距离为准，3次有效的试投成绩均会被记录，取最远一次作为最终成绩。

（二）观赛要点

1. 场地布局与设施

田赛场地布局丰富且功能明确，通常分为跳跃项目区和投掷项目区两大板块。跳跃项目区内进行跳高、跳远、三级跳远、撑竿跳高等项目的比赛，投掷项目区进行实心球、铅球、链球、标枪、铁饼等项目的比赛。在比赛中，运动员分布于田赛场地的各个区域进行激烈角逐，可根据个人喜好及位置距离，选择观看的项目与角度。

2. 技术动作与姿势

田赛运动的技术动作复杂多样，是观赏的重点。跳高项目中，选手的助跑、起跳、过杆和落地动作需连贯流畅；跳远项目则需关注助跑、起跳、空中姿势和落地技巧；投掷项目中，可观察选手的握持方式、助跑节奏、发力顺序和出手角度等技术细节，如起跳时的爆发力、空中姿态的控制、投掷时的身体协调性和出手速度等。

3. 力量与速度

田赛运动对选手的力量和速度有极高要求。跳高和跳远需要强大的腿部力量和爆发力，以支持选手跃过横杆或跳出更远的距离。投掷项目则更侧重于上肢和躯干的力量，以及快速有力的出手动作。可以关注选手在助跑、起跳或投掷瞬间的速度变化，以及他们如何运用力量实现最佳表现。

4. 挑战与突破

田赛运动中的挑战与突破是比赛的高潮之一。选手们会不断尝试更高的高度、更远的距离或更重的投掷质量，以挑战自我极限。当选手成功突破个人最好成绩或创造新的纪录时，会引发现场观众的热烈欢呼。可以关注选手在比赛中的挑战精神，以及他们如何面对失败、调整心态并继续努力的过程。同时，也可以关注比赛中的纪录诞生时刻，共同见证田赛运动的精彩瞬间。

第二节　径赛运动

学习目标

1. 了解径赛运动的分类、特点和锻炼价值等基础知识。

2. 掌握径赛运动中短跑、接力跑和中长跑的基本技术动作，提高专项运动能力，能通过跑步运动增强体质。

3. 增强速度、耐力、灵敏等身体素质，以及协调、平衡能力，全面提高身体机能水平。

4. 提升意志力与抗压能力，提高专注度与反应速度，在团队项目中培养团队配合意识与责任感。

一、径赛运动概述

径赛是田径运动中在规定的跑道或指定区域内进行的跑步及竞走项目竞赛的统称。径赛以时间作为成绩计算标准，并以此决定比赛名次。其中，跑步项目包括短跑（如 50 m、100 m、200 m）、中长跑（如 800 m、1 500 m、5 000 m、10 000 m、马拉松）、跨栏跑、接力跑等，竞走项目则包括场地竞走、公路竞走等。

通过径赛运动开展锻炼活动，能够显著提升人体的速度、耐力、灵敏等身体素质，提高协调、平衡能力，同时增强心血管系统的功能，提高身体在长时间高强度运动中的适应能力。参与径赛运动不仅是对身体素质的考验，更是对意志品质的锻炼，能够培养在高压环境下的专注力和心理韧性。在学校体育活动中，参与径赛运动能够帮助同学们树立明确的目标意识，学会根据比赛情况合理分配体力和制定比赛策略。在接力项目中，能增强团队的协作能力和成员间的默契配合意识，培养集体荣誉感。

此外，径赛运动还能培养竞争精神，锻炼面对挑战时的勇气和决心，也为学习其他运动项目打下良好基础。

二、竞赛运动基本技术

（一）短跑基本技术

短跑是一项考验人的爆发力、速度、反应能力，以及技术动作精准性的运动项目，包括起跑、途中跑和冲刺跑 3 个关键阶段。运动中通常以无氧代谢为主，要求运动员在极短时间内发挥最快速度并保持到终点。

1. 50 m 跑

【动作方法】常用站立式起跑。站在起跑线后面，两脚前后开立，优势脚靠近起跑线，两腿稍弯曲，前脚的异侧臂屈肘在体前，上体稍前倾，听到“跑”口令或枪声时，两脚用力蹬地，同时后脚迅速抬起，利用腿部力量将身体向前弹出，身体向前冲，如图 6-2-1 所示。途中跑时，后蹬充分有力，大腿积极前摆，用前脚掌着地，身体逐渐抬起，仍要保持一定的前倾角度，头部正直，眼看前方，两臂屈肘，前后协调摆动。接近终点线的几步，上体逐渐前倾，最后一步加大前倾，并以最快的速度冲过终点，如图 6-2-2 所示。

【动作要领】起跑反应快，身体重心稍向前倾。途中跑积极加速，后蹬充分，摆臂用力，冲刺跑身体前倾，全力冲刺。

图 6-2-1　站立式起跑

图 6-2-2　冲刺跑

1. 练习 50 m 跑可按照练习半蹲式起跑、后蹬跑、车轮跑、撞线技术和途中跑几个步骤进行。

2. 练习半蹲式起跑时，体会起跑时后蹬产生的反作用力，以及身体尽快摆脱静止状态的感觉，逐步强化快速起动的能力。

3. 练习后蹬跑和车轮跑时，应加强后蹬用力，增大大小腿折叠前摆的幅度，途中跑时体会后蹬发力和大小腿充分折叠前摆用力的感觉。

4. 进行撞线技术练习时，在跑到离终点线约一步距离时，上体急速前倾，以胸部或肩部撞向终点线，并冲过终点，然后逐渐减慢速度。

2. 100 m 跑

【动作方法】一般采用蹲踞式起跑。在起跑线内道，四指并拢，与拇指呈“八”字形支撑，两臂与肩同宽，后腿膝关节着地，两脚掌紧贴起跑器械，听到“预备”口令后，两肩前倾，略超过两手，目视起跑线前约 30 cm 处，臀部抬起高于肩，听到“跑”的口令后，前脚用力向后蹬地，后脚快速向前摆，两臂迅速有力地做前后摆动，加速启动身体，冲出起跑线，如图 6-2-3 所示。起跑后加速进入途中跑。途中跑时，上体正直或稍向前倾，两臂屈肘，前后自然、协调地摆动，摆动腿前摆积极，后蹬腿后蹬充分有力，大小腿自然折叠，前脚掌着地，以最快的速度冲过终点。

【动作要领】起跑迅速，后蹬有力，起跑后上体保持适当前倾，途中跑摆臂有力，动作保持协调。冲刺跑身体前倾冲过终点线。

图 6-2-3 蹲踞式起跑

1. 练习 100 m 跑时，起跑的动作方法直接影响起跑速度，因此，应进行蹲踞式起跑的专项练习，并反复进行练习，以提升起跑速度和反应能力。

2. 通过跳跃练习和负重训练可以增强腿部爆发力，提升下肢力量，如立定跳远、单腿跳、箱跳、深蹲、高抬腿练习等。

3. 进行 10 组 100 m 冲刺的间歇跑练习，每组间休息 2 ~ 3 min，确保每次冲刺都保持高强度，能够有效提高心肺功能。

3. 4×100 m 接力跑

【动作方法】第一棒运动员通常采用蹲踞式起跑；第二棒、第三棒、第四棒运动员均采用半蹲踞式起跑，一只手支撑地面，另一只手后伸准备接棒，接棒后迅速起身加速。途中跑时第一棒和第三棒需要跑弯道，进入弯道前应适当调整步伐和身体姿态；第四棒采用冲刺跑，保持身体的前倾角度，手臂快速摆，步伐大而有力，直达终点线。根据比赛规定，在接力区前 20 m 会设置一标志点，如图 6-2-4 所示。当持棒运动员踏上标志点后，接棒人开始起跑加速，两人在保持最大接棒速度下，以上挑式或下压式进行交接棒，如图 6-2-5 所示。

【动作要领】起跑时机准确，传接棒稳，传接时机准确，保证交接棒的流畅性和连贯性。

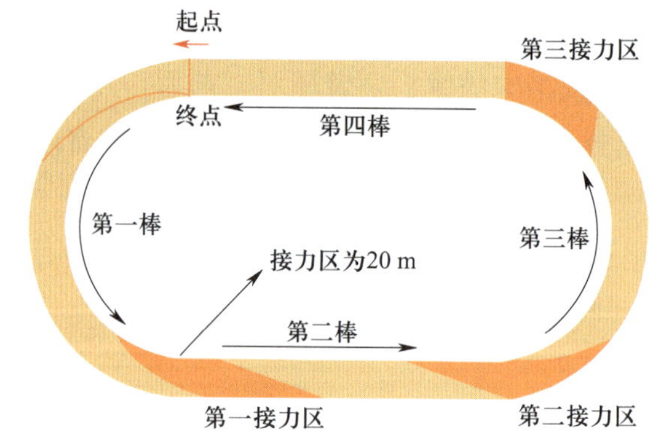

图 6-2-4　4×100 m 接力区示意图

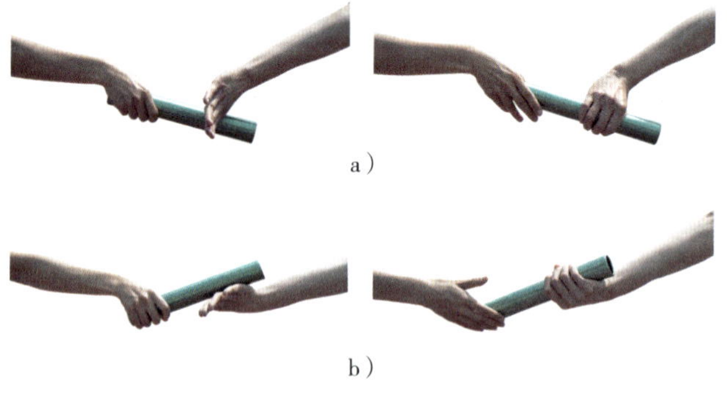

图 6-2-5　上挑式接棒和下压式接棒

a）上挑式接棒　b）下压式接棒

1. 在接力跑中，交接棒技术会直接影响团队的最终成绩，应进行交接棒的专项练习。两人一组，先进行原地交接棒动作练习，熟悉交接棒的手感和节奏。接着进行慢跑交接棒练习，慢跑时逐渐加快速度，熟练交接棒动作。最后进行接力区交接棒练习，模拟比赛场景，练习起跑、加速和交接棒的配合，提升交接棒的连贯性和熟悉度。

2. 接力跑要求具备出色的速度和耐力。要加强短距离冲刺能力，可通过 30 m、60 m、100 m 冲刺跑练习，提升绝对速度。也可以进行间歇训练，同时提升速度与耐力，如进行 10 组 100 m 冲刺练习，每组间休息 3 ~ 5 min。还可以通过练习变速跑，提升耐力和恢复能力，如交替进行 200 m 快跑和 200 m 慢跑。

3. 接力跑是团队项目，队员之间的默契和配合至关重要。要根据每位队员的特点确定棒次，通常第一棒为起跑能力强的队员，第二棒为弯道技术好的队员，第三棒为弯道能力强的队员，第四棒为冲刺能力强的队员。

4. 可通过模拟比赛场景的方式进行练习，练习全流程交接棒和配合。通过反复练习交接棒，找到最佳的交接棒节奏和时机。

（二）中长跑基本技术

中长跑是一项综合考验人的速度、耐力、体能分配能力，以及心理素质的运动项目，同样包括起跑、途中跑和冲刺跑 3 个关键阶段。运动中通常以有氧代谢为主，同时结合无氧代谢，要求运动员在较长时间内保持较高速度。

1. 800 m 跑、1 000 m 跑

【动作方法】采用站立式起跑。听到发令后起跑加速，尽量沿跑道内侧分道线的切线方向跑进。途中跑阶段，支撑腿用力后蹬，为身体重心快速腾起和摆动腿的充分摆动创造有利条件，上体保持正直或稍前倾，两臂做前后摆动，配合腿部动作，保持跑动中的平衡，如图 6-2-6 所示。冲刺跑时通过增大摆臂幅度、积极送髋和前摆，以获得更快的速度冲过终点。

【动作要领】起跑全力加速抢到有利位置，中途跑体能分配合理，冲刺跑主动摆臂带动大腿蹬伸动作。

图 6-2-6　800 m 跑、1 000 m 跑途中跑

学练指导

1. 为提升身体的速度和耐力素质，可进行短距离冲刺练习，如 100 m 冲刺跑 4 组，每组间歇 3 ~ 5 min；200 m 冲刺跑 2 组，每组间歇 3 min。

2. 为提升有氧耐力，可进行长距离的慢跑练习，如以 80% ~ 90% 的最大心率跑 20 ~ 30 min，或慢跑 3 ~ 5 km。

3. 下肢支撑力量是中长跑项目的基础能力。可以通过 30 ~ 50 m 的跑跳步、连续跳跃小栏架等练习发展下肢支撑力量。

4. 可通过高抬腿跑、小步跑等练习，优化跑步的步频和步幅。此外，还应练习正确的摆臂动作，以提升协调性。

5. 800 m 跑、1 000 m 跑须在身体健康的条件下进行，同时对心理素质也有一定要求，需克服跑步过程中的疲劳和心理压力，并避免过度练习。

2. 1 500 m 跑

【动作方法】采用站立式起跑。听到发令后起跑加速，尽量沿着跑道内侧分道线切线方向跑。途中跑支撑腿用力后蹬，使身体重心快速腾起，上体保持正直或稍前倾，两臂前后摆动，与腿部动作相配合，积极保持送髋动作。冲刺跑通过增大摆臂幅度、积极送髋，进一步提升速度，冲过终点。

【动作要领】起跑全力加速，抢占有利位置。中途跑保持节奏稳定，注重动作的协调性和连贯性。冲刺跑通过摆臂带动大腿的送髋动作，增加向前的动力输出。

学练指导

1. 为提升绝对速度，可进行短距离冲刺练习，如 200 m、400 m 冲刺跑。还可以进行变速跑练习，如 800 m 快跑和 400 m 慢跑交替进行，每组间休息 3 ~ 5 min，提升速度与耐力。

2. 为提升有氧耐力，可以进行长距离慢跑练习，如 3 ~ 5 km 慢跑；为提升无氧耐力，可以进行间歇跑练习，如 5 组 1 000 m 跑，每组间休息 3 ~ 5 min。

3. 为增强腿部肌肉群的爆发力，可进行跳跃训练，如箱跳、立定跳远、杠铃负重跳跃等练习。

4. 为建立良好的中长跑呼吸节奏，可以进行原地摆臂踏步练习，同时进行两步一呼、两步一吸或三步一呼、三步一吸的呼吸节奏练习，还可以在慢跑中进行呼吸节奏练习。

5. 1 500 m 跑须在身体健康的条件下进行，同时对心理素质也有一定要求，需克服跑步过程中的疲劳和心理压力，并避免过度练习。

知识拓展

马拉松运动作为一项在全球范围内广受欢迎的体育赛事，是对参赛者耐力、毅力与心理素质的全面考验。马拉松运动可分为全程马拉松、半程马拉松和迷你马拉松。全程马拉松是马拉松运动的核心项目，距离为 42.195 km，要求参赛者具备较高的体能和心理素质；半程马拉松距离为 21.097 5 km，适合初学者或体力有限的跑者，是进入全程马拉松的过渡项目；迷你马拉松距离通常为 5 km 或 10 km，旨在吸引更多人参与，体验马拉松运动的乐趣，适合大众健身和娱乐。

参与马拉松运动需要做好充分的身体与心理准备。建议初学者从短距离慢跑开始，逐步增加训练量，提升耐力与体能。同时，注重饮食均衡、充足休息与合理恢复，避免过度训练导致受伤。在装备选择上，应穿着舒适、透气的运动服装与跑鞋，确保运动过程中的安全与舒适。

三、径赛运动比赛

径赛运动项目通常在田径场或公路特定区域进行，运动员通过走、跑或辅助器械来竞争。在大型比赛活动中，常见的项目有短跑（50 m 跑、100 m 跑）、4×100 m 接力跑、中长跑（800 m 跑、1 000 m 跑、1 500 m 跑）、马拉松等。

（一）比赛规则

1. 短跑（50 m 跑、100 m 跑）

短跑场地由起跑区、跑道区和终点区 3 部分组成。运动员必须在规定的起跑区域内待赛。运动员必须使用起跑器，采用蹲踞式起跑，发令员发出“各就位”和“预备”指令后鸣枪，出现抢跑会被召回，抢跑者可能被取消资格。运动员需在指定跑道内完成比赛，不得串道，否则可能被取消资格。比赛成绩以躯干（不包括头、颈、四肢）任何部分越过终点线的先后顺序决定名次，通常使用电子计时器，精确到 1/100 s。

2. 4×100 m 接力跑

4×100 m 接力赛场地由起跑区、预跑区、接力区和终点区 4 部分组成。每队 4 名运动员，每人跑 100 m。起跑区运动员采用蹲踞式起跑，使用起跑器。预跑区接棒运动员在接力区内起跑，并在接力区前 10 m 内起跑，每棒次有 20 m 的接力区，必须在此区域内完成交接棒，若掉棒，需由掉棒者捡起，不得串道，否则会被取消资格。终点区比赛成绩以接力棒越过终点线的先后顺序决定名次，通常使用电子计时器，精确到 1/100 s。

3. 中长跑（800 m 跑、1 000 m 跑、1 500 m 跑）

中长跑场地由起跑区、跑道区和终点区 3 部分组成。通常采用站立式起跑，不得使用起跑器。起跑区发令员发出“各就位”指令后鸣枪，运动员需在指定标志线后抢道，抢跑会被召回，抢跑者可能被取消资格（800 m 比赛的前 100 m 需在指定跑道内跑，之后可以抢道），其他项目通常不分道。终点区比赛成绩以躯干（不包括头、颈、四肢）任何部分越过终点线的先后顺序决定名次，通常使用电子计时器，精确到 1/100 s。

4. 马拉松

马拉松比赛场地由起跑区、跑道区和终点区 3 部分组成。通常采用站立式起跑，不使用起跑器。起跑区发令员发出“各就位”指令后鸣枪，运动员需在指定标志线后抢道，抢跑会被召回，抢跑者可能被取消资格。参赛者需要在规定的时间内完成比赛，否则将被视为未完成。比赛过程中不得抄近道。终点区比赛成绩以躯干（不包括头、颈、四肢）任何部分越过终点线的先后顺序决定名次。

（二）观赛要点

1. 赛道策略

径赛运动通常在标准田径场进行，赛道长度、弯道弧度、场地材质（如塑胶跑道）都会影响选手的表现，可以观察选手在不同赛道区域（如直道与弯道）的跑动策略，尤其是在弯道部分，观察选手如何调整步伐和重心以保持速度。

2. 技术与节奏控制

径赛运动对选手的技术和节奏控制要求极高。短跑项目注重爆发力和起跑反应，可以观察选手的起跑姿势、加速阶段，以及冲刺时的身体姿态。中长跑项目则更注重节奏分配和耐力，可以关注选手如何在比赛中合理分配体力，尤其是在最后冲刺阶段的表现。

3. 速度与战术运用

速度是径赛运动的核心要素，尤其在短跑项目中，选手的速度可达 40 km/h 以上，可以观察选手在直道上的加速能力以及在弯道上的技术处理。在中长跑项目中，战术运用尤为重要，如领跑、跟随跑或最后冲刺时机的选择，可以关注选手如何通过战术调整来应对对手的节奏变化。

4. 冲刺与终点表现

径赛比赛的冲刺阶段往往是决定胜负的关键时刻。可以观察选手在最后几十米的表现，包括体能的分配、冲刺时的爆发力，以及心理素质。短跑选手的终点压线技术和中长跑选手的最后加速能力都是比赛的亮点，这些细节往往决定了比赛的最终结果。

第七章 · 体操类运动

体操类运动是人们通过徒手、手持轻器械或在垫上和固定器械上完成一系列不同类型和难度的、具有一定艺术表现力的身体动作的体育运动项目，包括体操、健美操、艺术体操、啦啦操、蹦床等。这些项目既有身体动作规范、艺术表现力强等共性，同时又具有各自独立的技术技能体系和竞赛评分规则。体操类运动内容丰富，身体动作完成方式多样，不仅包括垫上滚动、翻转、倒置、腾空等技巧动作，还包括支撑、移动、悬垂、摆越、翻转、滚动等在器械上完成的身体动作，以及徒手或手持绳、圈、球、棒、带等轻器械，在音乐伴奏下完成的组合或成套动作。丰富多样的体操类运动可全面有效地发展体能、改善形体、塑造品格，对人体的神经系统、运动系统和平衡系统功能具有独特的锻炼价值。

第一节 体 操

学习目标

1. 了解体操运动的基本概念、分类和锻炼价值等基础知识。

2. 掌握体操运动中的垫上技巧、双杠、支撑跳跃基本技术，提高运动技能，具备自我锻炼能力，提升形象气质。

3. 增强力量、灵敏、耐力、柔韧等身体素质，提高协调、平衡和身体控制能力，增强体质健康水平，培养不惧困难、勇敢顽强的优良品质。

4. 初步具备展示体操组合动作的能力，树立正确的健身观念，养成良好的锻炼习惯。

一、体操运动概述

体操运动是一项练习者在体操垫上或在固定器械上完成一系列身体动作的体育运动项目。随着国际竞技体育的发展和国内健身运动的普及，体操运动逐渐发展并分化为两类具有不同练习目的和动作难度的运动形式。一类是以发展体操高难动作、以比赛成绩为目的的竞技体操；另一类则是在学校广泛开展的，以掌握体操基本动作、以锻炼身体为目的的健身体操。健身体操的内容主要包括垫上技巧、单杠、双杠，以及跳马（跳箱）等器械体操基本动作。

体操运动具有很高的锻炼价值，通过学习掌握体操运动的垫上技巧动作组合、双杠动作组合，以及不同形式的支撑跳跃，体验不同方向、水平、空间和力量的变化，可有效改善前庭器官机能，发展运动能力，增强力量、灵敏、耐力、柔韧等身体素质，提高身体的协调性、控制感和表现力。同时，还能培养正确的姿态，塑造健美的体型，提高安全意识，养成专注、勇敢、顽强、团结的优良品质。

二、垫上技巧基本技术

垫上技巧基本技术是体操的基础内容，是练习者在垫子上完成各种不同类型的滚动、滚翻、手翻、空翻等身体动作。各类技巧动作形式多样、难度层次分明，如滚翻动作包括前滚翻、侧滚翻、后滚翻、鱼跃前滚翻等，手翻动作包括侧手翻、前手翻等。垫上技巧动作主要是以组合或成套动作的方式进行系统的学习和练习。

（一）垫上技巧组合动作

垫上技巧组合动作是将 2 个及以上单个技巧动作，以合理的连接和转换形成的联合动作。以下我们将学习前滚翻接团身后侧滚、站立经后滚至肩肘倒立、手倒立接前滚翻、趋步接侧手翻、前举腿平衡接立踵吸腿平衡，以及挺身跳接分腿跳几个动作组合。

1. 前滚翻接团身后侧滚

【动作方法】站立开始。下蹲，两手体前撑地，重心前移，提臀，两脚蹬地，同时屈臂，低头，含胸屈体前滚。当背腰着垫时，收腹并迅速抬上体成直角坐立，如图 7-1-1 所示。接着两臂由下向后绕环至坐位体前屈，身体向后团身滚动同时稍向右转，经左肩、后背、右肩依次落地，同时收腹提臀带动躯干继续向右后翻转（两臂侧伸压垫）至直角坐立，如图 7-1-2 所示。

【动作要领】前滚翻时蹬地充分，头后部、颈、肩、背、腰、臀依次着垫，同时核心收紧，两腿有控制地落垫；后侧滚时，顺势向右侧转同时收腿，屈膝团身，并快速向上提臀，推压两臂。

图 7-1-1　前滚翻

图 7-1-2　团身后侧滚

1. 滚动前做好颈肩、腰背和手腕等部位的热身运动。

2. 可采用多种辅助练习，体会正确的滚动和滚翻要领。如屈膝抱腿团身仰卧开始，前、后往复滚动；侧向跪立开始，团身侧滚动；在斜面垫上向下团身或屈体前滚翻。

3. 先分别掌握屈体前滚翻、侧后滚单个动作，再进行组合练习。

4. 随着滚翻技能的不断提高，可逐渐提高滚翻的难度。如连续完成屈体或团身前滚翻、鱼跃前滚翻、前滚翻分腿起或直腿起等，增添滚动乐趣。

5. 加强核心部位腹背肌力量练习，不断提高滚翻动作的控制力和流畅性。

2. 站立经后滚至肩肘倒立

【动作方法】并立开始。右脚后撤一步屈膝支撑，同时重心随之后移并向后滚动，当膝部至头上方时向上伸髋至垂直位，成上臂、肘、肩支撑的倒立姿势，两手虎口向前撑背，如图 7-1-3 所示。接着，经前滚、右腿跪撑至站立姿势，如图 7-1-4 所示。

【动作要领】向后滚动时，快速收腹翻臀，两臂在体后用力下压。垂直向上伸髋至倒立位时，屈肘内夹，髋展直，臀收紧，目视脚尖。

图 7-1-3 站立经后滚至肩肘倒立

图 7-1-4 经前滚至站立

1. 可采用分解练习法，先分别掌握肩肘倒立、站立至团身后滚、肩肘倒立前滚至站立的单个动作，再进行组合练习。重点练习并掌握肩肘倒立动作技术。

2. 可通过肩肘倒立辅助练习，提升肩臂支撑力与核心稳定性。如直腿坐立，两手撑背（虎口向前）、用力夹肘练习；坐撑向后滚动、屈膝翻臀、夹肘撑背练习；肩肘支撑、稳定倒立练习。

3. 逐渐提高肩肘倒立难度。如增加倒立的时长，变换腿部动作（可屈单膝或分腿），连续多次重复肩肘倒立组合练习等。

3. 手倒立接前滚翻

【动作方法】并立开始。左脚向前一步屈膝，同时两臂前上举，两手前伸在体前与肩同宽撑地，同时左脚蹬地，右腿向后上方摆起至垂直位制动，左腿迅速与右腿并拢，身体伸直成倒立姿势，停顿 1～2 s，如图 7-1-5 所示。接着，向前送肩，重心前倾，缓慢屈臂并迅速低头收下颌，肩、背、腰、臀依次连贯落地，屈膝团身抱腿向前快速滚动至站立，如图 7-1-6 所示。

【动作要领】倒立时稍含胸、顶肩、收腹、紧腰，五指分开扒地。拟前滚时，主动顶肩，有控制地直臂前移，使头后部在远处先触地，前滚至臀部落地瞬间，快速屈膝团身，躯干向前带动成站立。

图 7-1-5 手倒立

图 7-1-6 手倒立前滚翻

学练指导

1. 练习前做好上肢、颈肩和躯干的热身活动。可采用分解练习法，先分别掌握手倒立动作和有帮助的倒立开始接前滚翻单个动作，再进行组合练习。

2. 通过手倒立辅助练习，正确掌握倒立支撑要领和核心稳定性。如背对墙两手撑地，两脚蹬上墙成斜面支撑或倒立支撑；面向墙站立，完成靠墙的手倒立动作。

3. 练习手倒立时，要注意自我保护。如在倒立过程中失去平衡前倒时，可一手离地，顺势转体约 180°，两脚依次落地成站立。

4. 在同伴的保护、帮助下完成手倒立和手倒立前滚翻练习。帮助者站在练习者前方，弓步站立，在练习者摆腿支撑时，用膝顶住其肩，防止前冲，同时两手扶住其腿部，帮助其保持倒立平衡。接着帮助者站在练习者侧方，向前稍用力提拉其腿，使其重心前移，顺势完成前滚动作。

4. 趋步接侧手翻

【动作方法】并立开始。右脚上步蹬地向前跳起同时左脚前跨一步至屈膝支撑（趋步），两臂由下摆起至前上举，紧接着上体前倾并顺势左转，左、右手依次在左脚前撑地，同时右腿后摆、左脚蹬地，两腿经分腿倒立姿势，接着左、右手依次推离地，右、左脚依次落地成开立，并立结束，如图 7-1-7 所示。

【动作要领】蹬地趋步时，重心及时前移，两手主动前伸并依次在左脚的延长线上撑地。经分腿倒立时，顶肩、立腰，核心收紧，身体沿垂直面翻转。

图 7-1-7　趋步接侧手翻

学练指导

1. 先熟练掌握原地侧手翻单个动作，再进行组合练习。

2. 侧手翻是身体经倒立沿垂直面翻转的过程，练习时可采用分解练习法。先分别掌握两手依次撑地摆腿动作、面对墙分腿倒立支撑动作和两脚依次落地成站立动作，再进行侧手翻完整练习。

3. 逐渐提高练习的难度和方式，如可进行屈膝侧手翻、连续侧手翻等练习，也可画一条直线，沿直线完成侧手翻动作。

5. 前举腿平衡接立踵吸腿平衡

【动作方法】并立开始。右脚上步支撑站立，左腿前举成平衡姿势，同时两臂侧举（掌心向下），接着左腿向后伸直成右弓步，两臂经下向前摆至前上举，接着向前吸左腿，右脚起踵立，成立踵吸腿平衡姿势，同时两臂经下向侧摆至上举，如图 7-1-8 所示。

【动作要领】平衡时重心及时前移至右腿支撑站立，同时腿伸直、核心收紧，身体控制稳定。

图 7-1-8 前举腿平衡接立踵吸腿平衡

学练指导

1. 先扶把分别练习前举腿平衡、前吸腿立踵平衡单个动作，再离把练习，左右腿交替练习，两侧均衡发展。

2. 采用分解练习方法，先分别掌握下肢平衡动作、上肢动作，再进行上下肢结合的完整组合动作练习。按照 4 拍一动的节拍进行多次重复练习。

3. 通过双脚或单脚提踵练习、行进间单脚支撑平衡等练习，提高踝关节的力量和核心控制力，提高平衡能力。

6. 挺身跳接分腿跳

【动作方法】并立开始。经屈膝蹬地起跳（挺身跳），空中躯干向后充分伸展，同时两臂由下向前摆起至后上举，接着双脚落地屈膝缓冲，如图 7-1-9 所示。然后面向前，经屈膝蹬地向上垂直起跳，跳起至空中时左右分腿，同时两臂由下向侧摆起至侧上举，接着双脚落地屈膝缓冲，如图 7-1-10 所示。

【动作要领】双脚蹬地起跳前经屈膝并快速蹬地跳起，同时配合手臂摆动。空中躯干舒展，腿绷直，核心收紧，落地轻，前脚掌先落地再过渡到全脚，同时屈膝缓冲，躯干稍前倾。

图 7-1-9 挺身跳

图 7-1-10　分腿跳

学练指导

1. 采用分解练习方法，先放慢速度完成垂直小跳练习，体验正确的蹬地起跳、落地屈膝缓冲，再结合上臂摆动动作，完成挺身跳、分腿跳完整练习。

2. 练习时还可进行以下辅助练习，如原地摆臂展体练习，扶把跳起空中分腿练习，从高处向下的挺身跳、分腿跳练习等。

3. 尝试不同形式的原地小跳练习，如前后分腿跳，垂直跳转 180° 等，不断提高跳跃能力和空间定向能力。

（二）垫上技巧成套动作 

垫上技巧成套动作是在音乐伴奏下，按照一定的结构和顺序，依次完成一系列滚翻、支撑、倒立、手翻等技巧动作的完整练习。

具体练习方法可扫码学习。

学练指导

1. 技巧成套动作对身体基本运动能力，以及柔韧、力量素质和协调、平衡能力均要求较高，在练习前应进行充分的热身活动，以防受伤。

2. 练习时要按照正确的方法、要领和节奏进行，先分别掌握单个基本动作、组合动作，以及动作与动作之间的衔接和转换，再进行成套动作练习，最后在音乐配合下完整练习。

3. 可尝试在不同音乐伴奏下完成成套动作练习，提高练习的兴趣和效果。

三、双杠基本技术

双杠是体操运动中常见的器械，由两根平行的木杠（或金属杠）固定在可调节高度的金属支架上组成，两杠间距 42 ~ 52 cm。练习者可在杠的正面、侧面及两端做支撑、悬垂等动作，也可在变换中做各种动作，多以两杠支撑和各种变化动作为主。双杠练习有助于发展上肢、躯干和肩带肌群的力量与柔韧性，能提高身体的灵敏素质和协调能力。

（一）双杠基本动作

双杠基本动作主要包括杠上基本动作，以及双杠的上法、下法等。

1. 杠上基本动作

（1）支撑移动

【动作方法】直臂支撑，右臂顶肩推杠，同时身体重心移向左臂，右手向前移动一步握杠支撑，接着左臂顶肩推杠，同时身体重心移向右臂，左手向前移动一步握杠支撑，左、右手交替支撑移动，如图 7-1-11 所示。

图 7-1-11 支撑移动

【动作要领】直臂顶肩、推杠、移重心，同时核心收紧，肩臂带动身体稍向侧转，两手连贯地向前移动支撑。

（2）支撑摆动

【动作方法】直臂支撑，以肩为轴前后摆动。前摆时，直体自然下摆，摆过杠下垂直部位后，向前上方摆起，接近水平位时制动，顺势顶肩含胸。回摆时，脚尖远伸，身体自然下摆，摆过杠下垂直位后，用力向后上方摆腿至水平位及以上制动，如图 7-1-12 所示。

【动作要领】直臂支撑摆动，腿向前或向后摆起时，含胸、紧腰、顶肩，随着腿摆起的高度加大，逐渐拉开肩角。

图 7-1-12 支撑摆动

（3）支撑前摆成外侧坐

【动作方法】直臂支撑，向右前上方摆腿，顺势重心右移至左腿后侧部和臀中部，坐于右杠，左腿屈膝，右腿伸直后下举，左臂撑杠，右臂后上举，如图 7-1-13 所示。

【动作要领】腿前摆时，直臂顶肩，重心及时右移，同时腰腹收紧，腿有控制地下落，轻坐于右杠。

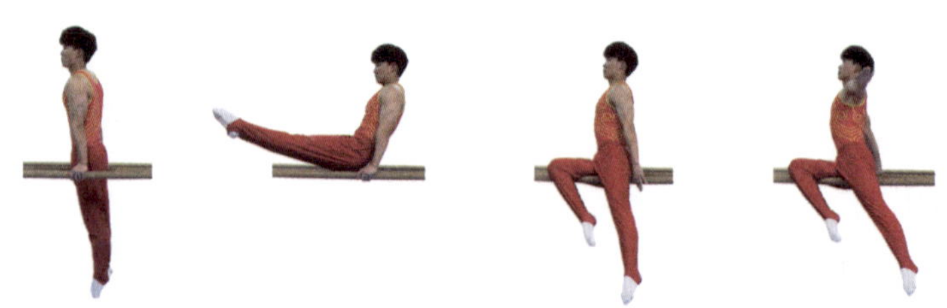

图 7-1-13　支撑前摆成外侧坐

（4）支撑后摆转体 180° 成分腿坐

【动作方法】以向右转为例。由支撑向前摆动开始，当腿后摆过杠面后，含胸顶肩，以脚尖带动髋部向右转体 180°，两手依次推离并换握杠，同时分腿成体后握杠的分腿坐，如图 7-1-14 所示。

【动作要领】摆动时，一脚带动髋部转体后摆过杠面，核心收紧，动作连贯，转体正，落杠轻。

图 7-1-14　支撑后摆转体 180° 成分腿坐

（5）分腿坐前进

【动作方法】由分腿坐撑开始，用力推手，身体经挺身骑杠姿势前移，两手经侧举至体前稍远处撑杠，同时两腿用力压杠，顺势后摆并腿进杠，前摆过杠面后，迅速分腿成分腿坐，如图 7-1-15 所示。

【动作要领】双手握杠时，应在体前稍远处撑杠，撑杠与摆腿同步。双腿后摆进杠时需并拢伸直。

图 7-1-15 分腿坐前进

（6）分腿坐前滚翻

【动作方法】由分腿坐撑开始。两手靠近大腿握杠，低头含胸，上体前倒，同时屈臂顶杠、收腹提臀，两肩在手前撑杠，臀部前翻过肩上方时，两手迅速向前换握杠，两腿分开下压，同时两臂压杠，跟上体成分腿坐，如图 7-1-16 所示。

【动作要领】前滚时，有控制地屈臂、提臂、屈体，两手扶握杠迅速，核心收紧，并及时伸髋、分腿、压杠跟上体。

图 7-1-16 分腿坐前滚翻

学练指导

1. 可以通过上肢力量、核心力量练习，提高支撑摆动的动作质量。

2. 对于较难的杠上动作，同学间可在相互保护、帮助下完成练习。例如，在练习分腿坐前滚翻动作时，帮助者可站在练习者侧方，一只手托其腿，另一只手从杠下托其肩，帮助其提臀屈体，当臀部移至垂直位时，两手迅速换至杠下托其背部和臀部。

3. 初学者可先进行辅助练习，如在杠的正面、侧面和两端完成混合支撑、悬垂练习，或在低双杠或垫上完成练习，再逐渐过渡到杠上完整练习。

4. 随着双杠技术的提高，可以通过多种变化形式进行练习，如外侧坐越两杠至另一侧外侧坐，外侧坐向左（右）转体 180° 成分腿坐等。

2. 上法

（1）杠端跳上成支撑

【动作方法】面对杠端并立，双手正握杠，用力蹬地跳起，直臂拉杠，身体向上腾空后，双臂迅速伸直、顶肩支撑身体，目视正前方，身体展直，如图 7-1-17 所示。

【动作要领】起跳时，双腿经屈膝用力蹬地，双臂拉杠与身体跃起协调一致。支撑时顶肩，双臂伸直，核心收紧。

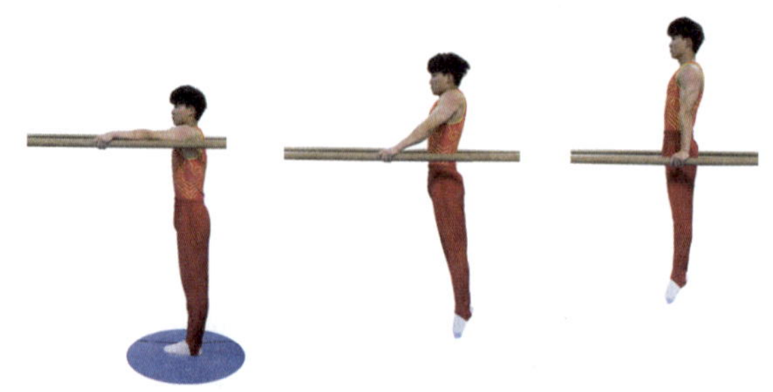

图 7-1-17 杠端跳上成支撑

（2）挂臂摆动屈伸上成分腿坐

【动作方法】站在双杠中间，双手正握杠。一脚蹬地跳起挂臂，另一腿向前摆起，超过杠面时，两臂用力压杠，顺势收腹、折体至臀部高于杠面的屈体挂臂撑，接着快速向前上方伸腿、展髋、制动腿，同时两臂用力压杠、起上体成分腿坐支撑，如图 7-1-18 所示。

【动作要领】屈体挂臂撑时，臀部高于杠面，接着利用屈体和杠的反弹力伸腿、展髋并及时制动，同时直臂压杠、急振上体、跟肩。

图 7-1-18 挂臂摆动屈伸上成分腿坐

1. 通过上杠支撑移动、连续臂屈伸、俯卧撑、悬垂举腿等练习，可以加强上肢和肩带肌群力量和腰腹肌群力量，提高上肢和躯干控制能力，确保上杠后有效控制好身体重心。

2. 对于较难的挂臂屈伸上，同学之间可在相互保护、帮助下完成练习。帮助者站在杠侧，一只手扶住练习者上臂，另一只手托其背部帮其成分腿坐支撑。

3. 下法

（1）支撑前摆下

【动作方法】以左侧下为例。由支撑向后摆动开始，当腿前摆过杠下垂直位后，迅速向前上方摆腿，重心顺势左移，前摆接近极点时，腿立即制动并下压展髋，两手用力推杠，右手换握左杠，挺身落下成外侧站立，如图 7-1-19 所示。

【动作要领】前摆过垂直面后，迅速收腹举腿，至最高点时制动腿并下压展髋，落地时保持身体正直。

图 7-1-19　支撑前摆下

（2）支撑后摆下

【动作方法】以左侧下为例。由支撑向前摆动开始，后摆过杠下垂直位后，两脚顺势向上方加速运动，同时顶肩，拉开肩角，当后摆接近极点时，身体向左平移，右手推离杠于左手前握杠，左手推离摆至侧上举，保持挺身姿势落下成外侧站立，如图 7-1-20 所示。

【动作要领】后摆时含胸、直臂、顶肩，身体后摆高于肩水平，当后摆接近极点时，平移重心，及时推手换握杠。

图 7-1-20　支撑后摆下

1. 在熟练掌握支撑摆动的基础上，按照正确的方法和要领，重复练习支撑前摆下和后摆下，落地时核心收紧，顺势屈膝缓冲。

2. 练习前注意检查杠的稳定性以及垫子的摆放情况，防止垫子之间出现缝隙，避免落地时踩到缝隙造成脚踝损伤。

（二）双杠动作组合

面对杠端并立，依次完成以下动作：双手正握杠开始→杠端跳上成支撑分腿坐→前滚翻成分腿坐→支撑后摆转体 180° 成分腿坐→分腿坐前进→支撑后摆下结束。

学练指导

1. 分别掌握上法、下法和杠上的单个动作，再学习完整的组合练习。动作技术要领正确，动作连贯，落杠轻巧有控制。

2. 对于较难的前滚翻分腿坐动作，同学间可相互施予助力，在相互保护、帮助下完成练习。

3. 双杠技术需要较强的上肢肌肉力量和核心控制能力，应不断加强上肢、肩带肌群和核心的力量训练，不断提高动作的完成质量。

四、支撑跳跃基本技术

支撑跳跃动作由助跑、上板踏跳、支撑推手、腾空展体和落地缓冲 5 个环节构成。要求练习者在快速助跑后，通过单腿或双腿踏跳腾起，借助手臂支撑器械的瞬间推顶发力，配合躯干与下肢的协调摆动，完成空中姿态控制，并平稳落地。支撑跳跃使用的器械有跳马、跳箱、跳桌等。在学校通常使用的是跳箱和跳马器械。

（一）横马（箱）支撑跳跃

横马（箱）支撑跳跃动作主要包括分腿腾跃、斜进直角腾跃等。

1. 分腿腾跃

【动作方法】助跑开始，两脚积极上板踏跳，起跳后两臂积极快速前伸撑马（箱），同时含胸、稍屈髋提腰臀，快速顶肩推手，推离瞬间两腿直膝侧分并快速下压制动腿，同时起肩抬上体，经空中展髋后并腿落地，两臂顺势前举，如图 7-1-21 所示。

【动作要领】全脚掌踏板快速起跳，两臂主动前伸撑马（箱）、顶肩推手的同时两腿侧分，推离时肩不能超过支撑点。下压制动腿的同时抬上体，落地屈膝缓冲。

图 7-1-21　分腿腾跃（横马）

2. 斜进直角腾跃

【动作方法】由右侧斜进助跑开始，左脚上板起跳同时上体稍后仰、右手撑马（箱），右腿带动髋向前上方摆起，左腿迅速与右腿并拢，左手在体后撑马（箱），右手推离马（箱），同时经直角高举腿，两腿向前下伸压展髋，挺身落地，两臂侧上举。

【动作要领】左脚上板踝关节紧张用力，快速蹬离板后左腿与右腿并拢呈直角，高举腿制动，髋关节接近肘部，同时右、左臂依次支撑、推离成挺身下，落地稍屈膝缓冲。

学练指导

1. 练习前要做好踝关节和腕关节的准备活动。

2. 通过分解练习，分别掌握助跑踏跳动作、踏跳撑马（箱）分腿提臀顶肩动作（回落至跳板）、马（箱）上跳下落地动作等各环节技术要领。

3. 斜进助跑腾跃可在同伴保护、帮助下完成。帮助者站在跳马（箱）近端右侧，在练习者起跳后，右手握其上臂，左手及时托其腰部，帮助其腾跃过马（箱）。

（二）纵马（箱）支撑跳跃

纵马（箱）支撑跳跃的基础动作主要包括分腿腾跃、纵箱前滚翻等。

1. 分腿腾跃

【动作方法】由助跑开始，两脚上板踏跳，起跳后两臂前伸，两手撑马（箱）的远端，同时含胸、屈髋、提腰臀，快速顶肩推手，同时起肩抬上体，两腿侧分越过跳马（箱），经空中展髋后并腿双脚落地，同时屈膝缓冲，两臂前举，如图 7-1-22 所示。

【动作要领】起跳后两臂积极主动前伸，顶肩推离马（箱）的瞬间两腿侧分，抬上体，并快速下压制动腿，落地时核心收紧。

图 7-1-22　分腿腾跃（纵马）

2. 纵箱前滚翻

【动作方法】助跑开始，上板踏跳，两臂前摆撑跳箱近端两侧箱沿，同时用力提臀，使臀部高于肩部，及时屈臂，顺势低头、圆背、屈体，向前滚翻，前滚至臀部在跳箱远端着箱时，抬上体展髋落地，如图 7-1-23 所示。

【动作要领】跳起撑箱时含胸、提腰臀，同时屈臂、低头、屈体向前滚动。滚动时肩、背、臀依次触及箱面向前，滚动圆滑，两腿并拢伸直，经伸展落地。

图 7-1-23　纵箱前滚翻

学练指导

1. 熟练掌握纵马（箱）的分腿腾跃动作，并逐渐拉远跳板与纵马（箱）距离、加长助跑距离、缩小两手支撑距离，完成分腿腾跃练习。

2. 先在垫上练习低空鱼跃前滚翻（屈体）直腿坐练习，再逐渐过渡到箱上屈体前滚翻接展体跳落地动作，最后完整练习。

3. 加强下肢力量和核心力量练习，以提高腾空后的核心控制和落地的稳定性。正确掌握动作技术要领，克服腾空、滚动等空间变化的恐惧心理。

五、体操比赛

（一）比赛规则

1. 比赛项目

体操比赛分为男子项目和女子项目，男子项目包括自由体操、单杠、双杠、鞍马、吊环、跳马 6 个单项，女子项目包括自由体操、平衡木、高低杠、跳马 4 个单项。体操比赛遵循国际体操联合会的规则体系，该体系涵盖器械标准、评分机制与安全规范等要素。

2. 基本规则

在体操比赛中，运动员需严格遵守比赛规则。第一，服装规范方面，需穿着贴身体操服或专业紧身衣，且不得佩戴首饰等物品。第二，动作执行方面，必须按赛前申报或规定顺序完成整套动作，不可擅自增减高难度技巧或省略基础环节，并确保动作连贯流畅。第三，器械使用方面，需在赛前检查器械安全性，比赛中若器械意外损坏或掉落，需立即停止并由裁判判定是否继续。第四，安全准则方面，禁止无保护尝试超出能力范围的危险动作，落地时需保持稳定，摔倒后需迅速调整继续完成动作。第五，赛场纪律方面，服从裁判指令，不得干扰他人比赛，超时、越界或违反流程将影响成绩。此外，运动员需尊重对手与观众，展现体育精神。

不同的体操项目比赛也有具体的规则要求。

（1）自由体操。自由体操比赛是展现运动员高难度技巧与艺术表现力的综合舞台。比赛在 12 m×12 m 的弹性专用场地上进行，运动员需在 70～90 s 内完成一套连贯动作。整套动作融合空翻、跳跃、平衡等技巧，强调动作的流畅性、创意编排与舞蹈美感，女子项目必须使用音乐。此外，自由体操要求运动员充分利用场地空间，动作需覆盖对角线及多个方向，而其他器械项目（如平衡木、单杠等）则主要看特定器械上的技术完成度与稳定性。

（2）平衡木。作为女子竞技体操项目，运动员需在仅 10 cm 宽的木质器械上完成一套时长不超过 90 s 的成套动作。整套动作涵盖跳跃、转体、空翻、平衡技巧及舞蹈编排。与自由体操、跳马相比，平衡木要求动作必须覆盖器械的前、中、后段，且每次掉木后需在 30 s 内重新上木继续比赛，否则终止成套动作。此外，平衡木比赛对运动员的落地稳定性扣分更为严苛，微小晃动也会影响评分。

（二）观赛要点

1. 动作难度与编排

体操项目通常包含多个动作组合，每个动作都有其特定的难度级别和技术要求。在比赛中，成套动作的编排复杂度、动作之间的连接流畅度，以及高难度动作的数量和分布，都是影响运动员表现的关键因素。应关注运动员选择的动作难度，以及这些动作如何巧妙地组合在一起，形成既具有观赏性又富有挑战性的表演内容。

2. 技术与姿势

体操技术的精湛程度是观赏时的重点。可以观察运动员在完成动作时的身体控制、姿态的稳定性，以及动作的准确性和流畅性。特别是运动员在空中翻转、旋转时的身体姿态，以及落地时的稳定性和准确性，这些都是评判其技术水平的重要指标。

3. 节奏与协调性

体操比赛要求运动员在有限的时间内完成一系列复杂动作，节奏感和协调性至关重要。我们可以注意运动员在完成动作时的节奏掌握，是否能够在快速的动作转换中保持平稳，以及在多个动作组合中展现出良好的身体协调性。

4. 力量与柔韧性

体操项目对选手的力量和柔韧性有着极高的要求。运动员需要通过上肢、下肢和核心肌群的力量来完成各种支撑、跳跃和翻转动作，同时还需要具备足够的柔韧性来完成大幅度的伸展和弯曲动作。可以观察运动员在完成力量动作时的爆发力和在完成柔韧动作时的伸展程度。

5. 落地与稳定性

体操比赛中的每个动作都以落地结束，落地的稳定性和准确性直接关系到运动员的得分。应特别关注运动员在完成跳跃、翻转等动作后的落地表现，是否能够在保持速度的同时，准确地控制身体重心，实现平稳落地。

拓展阅读

以运动员姓名命名的体操术语

体操术语是体操运动中简练、准确、规范的专业用语。在体操运动的术语体系中，不仅包括以体操动作名称命名的术语，还包括以运动员姓名命名的术语。以运动员姓名命名的体操术语是由国际体操联合会批准的，以某运动员的名字命名的某一独创性体操动作。

我国作为体操强国，以我国体操运动员姓名命名的体操术语享誉世界。每一个以运动员姓名命名的术语背后，都彰显了体操运动员为国争光、追求卓越、无惧困难、不断创新、不断突破自我、勇敢拼搏的精神，是体育精神核心价值的生动体现。截至目前，以我国运动员姓名命名的体操动作术语已达 40 余个，其中首个以我国体操运动员姓名命名的动作术语是 1981 年由马燕红独创的高低杠动作——“马燕红下”。在 2025 年体操世界杯上，中国体操运动员杨凡予微成功完成直体叶格尔空翻转体 360° 这一难度动作，该动作被国际体操联合会正式命名为“杨凡予微空翻”。

第二节　健身健美操

学习目标

1. 了解健身健美操运动的特点、分类和锻炼价值等基础知识。

2. 掌握健身健美操基本动作及其动作组合，提升健身运动能力，具备自我锻炼能力，提升个人形象气质。

3. 基本掌握健身健美操组合和成套动作的创编方法，初步具有展示能力，培养创新和团队协作意识。

4. 增强力量、耐力、灵敏等身体素质，提升协调和平衡能力，提高体质健康水平。

一、健身健美操运动概述

健美操一般分为健身健美操和竞技健美操两大类，在校园中主要开展的是健身健美操运动。健身健美操是在音乐伴奏下，以身体练习作为基本手段，通过一系列系统规范的基本步法、上肢基本动作，以及转体、平衡、支撑等基本动作组合成的成套动作进行练习，是一种能够提升健身运动能力、塑造良好体型、增强体质健康水平的有氧运动。健身健美操动作简单、优美，具有一定的运动量和强度，同时展现出协调性、韵律感和表现力等特征。按照练习形式的不同，健身健美操可分为徒手健美操、轻器械健美操、特殊场地健美操三类。

通过参与健身健美操练习，可以系统掌握健身健美操的运动技术与技能，提高锻炼兴趣，形成良好的体型和体态。同时，还有助于发展力量、耐力、灵敏等身体素质，提升协调和平衡能力，进而增强体质，陶冶情操，提高综合素养。

二、健身健美操基本动作

健身健美操基本动作是健身健美操运动的基础，是塑造优美身姿、发展身体各部位协调性和身体节奏韵律感的基础性练习。健身健美操基本动作主要包括基本姿态、基本步法、上肢基本动作和基本身体难度动作等。通过丰富多样的基本动作及其组合练习，可以形成良好的动作规范、动作弹性和节奏感，为学习更复杂的动作建立技术技能基础。

（一）基本姿态

健身健美操基本姿态是单个基本动作及其组合动作的准备（预备）姿势或结束姿势。为了准确表达练习中身体的朝向或移动的方向，健身健美操借鉴了芭蕾舞中规定的 8 个身体基本方向来表示身体方位。以下介绍最基本的站立姿态和身体方位变化的方法。

1. 站立姿态

两腿并立或开立。并立时，直膝，脚并拢站立；开立时，两脚比肩稍宽，脚尖稍外展，身体正直挺拔，两臂伸直，有控制地保持在不同位置，如图 7-2-1 所示。

站立时，腿伸直外展，重心在两腿之间，收腹、立腰、沉肩、夹背、立颈，臂肌稍紧张，控制在相应位置。

2. 身体方位

基本站立姿态开始，以正前方向开始为 1 点，依次向右转 45° 为 2 点，依此类推，形成 3 点、4 点、5 点、6 点、7 点、8 点共 8 个基本点位，以准确表达身体的朝向或移动的方向，如图 7-2-2 所示。

图 7-2-1　基本站立姿态

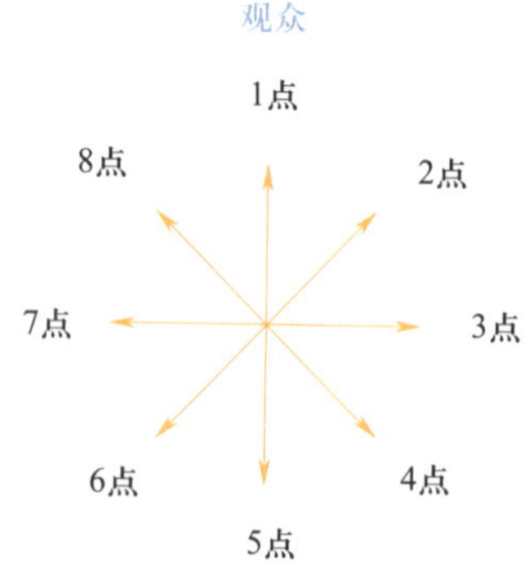

图 7-2-2　身体方位

（二）基本步法

基本步法是健身健美操中最重要的基础动作。健身健美操基本步法根据人体运动时对地面的冲击力大小可分为无冲击步、低冲击步、高冲击步 3 类。

无冲击步包括提踵、半蹲、弹膝、弓步，以及重心移动等基本动作；低冲击步包括原地踏步、“一”字步、“V”字步、漫步等踏步类基本动作，以及并步、交叉步等迈步类基本动作；高冲击步包括开合跳、提膝跳、踢腿跳、弹踢腿跳、小马跳等小跳动作。

以下将各类基本步法的单个动作设计为结构化的动作组合，练习时可按照口令或跟随音乐伴奏进行系统练习，以有效掌握各种基本步法技能，提高下肢协调性、灵活性，以及节奏感，提升锻炼兴趣。

1. 无冲击步组合

无冲击步组合动作方法与动作要领见表 7-2-1。

表 7-2-1　无冲击步组合动作方法与动作要领

动作名称	动作方法	动作要领
预备	开立，两臂胸前立屈（握拳）	腿伸直外展，收腹、立腰、沉肩、夹背、立颈
半蹲	1～4 拍：两腿有控制地屈膝至 90° 制动 5～8 拍：两腿伸直成直立 连续完成 2 个 8 拍 接着 2 拍 1 动，连续完成 1 个 8 拍	重心在两腿之间，垂直移动，屈膝方向与脚尖方向一致
经半蹲移重心	1～4 拍：经半蹲向左移动至左脚支撑站立，右脚尖侧点地，两臂胸前立屈，握拳 5～8 拍：同 1～4 拍动作，方向相反 连续完成 2 个 8 拍 接着 2 拍 1 动，连续完成 1 个 8 拍	屈膝至 90°，躯干稍前倾，重心移动，保持平衡，上下起伏自然

续表

动作名称	动作方法	动作要领
弓步	1～4拍：左脚向前迈步成前弓步，同时击掌2次，之后还原 左、右腿交替成前弓步，连续完成1个8拍 接着左、右腿交替成侧弓步，连续完成1个8拍	重心稍移至屈膝腿，后腿膝关节绷直，核心收紧，躯干直立
结束	并立，两臂侧下举	—

学练指导

1. 分别掌握半蹲、经半蹲移重心、弓步等基本动作及其动作要领，逐渐加大动作幅度，在口令和音乐伴奏下完成练习。

2. 了解组合动作“先左后右、左右对称”的规律，掌握动作之间的衔接转换环节。做好每一个动作的结束姿势，即上一个动作的结束姿势是下一个动作的开始姿势。

3. 在熟练掌握基本步法组合的基础上，可配合上肢屈伸、摆动、绕环等动作，或变化动作节奏，或改变身体方位，进行二次创编步法组合。

2. 低冲击步组合 

低冲击步组合动作方法与动作要领见表7-2-2。

表7-2-2　低冲击步组合动作方法与动作要领

动作名称	动作方法	动作要领
预备	并立，两臂侧下举	腿伸直外展，收腹、立腰、沉肩、夹背、立颈
踏步	1～8拍：左脚开始原地踏步，同时两臂屈肘前后摆动 1～8拍：踏步同时向左转360° 换另一侧重复上述动作	踏步时脚跟先离地，膝带动大腿至水平。脚落地时，前脚掌先落地再过渡到全脚落地
“一”字步	1～4拍：左、右脚依次向前迈步成并立，微屈膝，接着依次后退一步成并立，迈步轨迹成“一”字形 1拍1动，连续完成2个8拍	向前迈步时，脚跟先着地，稍屈膝，后退时前脚掌落地支撑，步幅稍大
“V”字步	1～4拍：左、右脚依次向前侧方迈步成开立，微屈膝，接着依次后退一步成并立，迈步轨迹形成“V”字形 5～8拍：左、右脚依次向后侧方迈步成开立，微屈膝，接着依次向前迈步成并立，迈步轨迹形成倒“V”字形 1拍1动，连续完成2个8拍	两脚依次向斜前方迈步，脚跟先着地，稍屈膝，膝与脚尖方向一致，核心收紧

续表

动作名称	动作方法	动作要领
漫步	1～4 拍：左脚侧并步，接着右脚后撤蹬直腿，左脚离地、落地 5～8 拍：换右侧重复上述动作	向后迈步时，右左脚前脚掌交替落地，收腹立腰，重心保持在两腿之间
结束	并立，两臂侧下举	—

学练指导

1. 按照正确的动作要领，分别练习“一”字步、“V”字步、漫步等基本步法，逐渐加大动作幅度和难度。例如，“V”字步可结合转体、臂屈伸或击掌动作，漫步时可以同时转体 180°。

2. 低冲击步的主要动作是不同形式的踏步类动作，应先掌握步法动作，再配合上肢动作进行完整练习。

3. 低冲击步组合中的每一个动作均先迈左脚或先向左移动，左右交替，并注意动作节奏的变化特点，即 2 拍 1 动逐渐加快至 1 拍 1 动。

4. 可在音乐伴奏下完成“无冲击步组合 + 低冲击步组合”练习，不断提高动作熟练性和表现力。

3. 高冲击步组合

高冲击步组合动作方法与动作要领见表 7-2-3。

表 7-2-3　高冲击步组合动作方法与动作要领

动作名称	动作方法	动作要领
预备	并立，两臂侧下举	身体立直，核心收紧
开合跳	1～4 拍：并腿蹬地跳起，左右分腿落地，接着蹬地跳起，并腿落地还原 2 拍 1 跳，连续完成 1 个 8 拍 接着 1 拍 1 跳，连续完成 1 个 8 拍	空中腿伸直外展，前脚掌先落地再过渡到全脚，收腹立腰
弓步跳	1～4 拍：面向 8 点方向左弓步跳 5～8 拍：面向 2 点方向右弓步跳 接着 1 拍 1 跳，连续完成 1 个 8 拍	弓步落地时，重心前移，后腿蹬直，核心收紧，跳步轻巧、幅度大
提膝跳	1～4 拍：左脚向左前迈步蹬地跳起，同时右腿提膝，大腿抬至水平，接着右脚后撤，左脚与右脚并立还原 1 拍 1 动，左右腿交替提膝跳，连续完成 2 个 8 拍	蹬地向上垂直起跳，同时收腹立腰，核心收紧

续表

动作名称	动作方法	动作要领
弹踢腿跳	1～2拍：右脚蹬地小跳，同时左腿经屈膝后踢、向前下方弹踢至前下举，左、右脚交替依次向前弹踢 1拍1动，连续完成1个8拍	弹踢时脚背带动小腿向前下方快速弹出。弹踢方向正，核心收紧
小马跳	1～2拍：右脚蹬地，左脚向左侧跨出至左脚落地后小跳1次，同时右脚前脚掌并于左脚前，随跳动点地2次 1拍1跳，左、右交替，连续完成2个8拍	重心及时向侧移动，两脚依次落地。前脚掌支撑跳动，跳跃轻盈、有弹性
结束姿势	并立，两臂侧下举	—

学练指导

1. 高冲击步的难度相对较高，可采用分解练习法、想象练习法来掌握跳步落地、跳起时身体姿势的控制要领和正确的呼吸方式。应多加强劣势侧的练习，促进双侧均衡发展。

2. 在节奏明快的音乐伴奏下，完成“无冲击步组合＋低冲击步组合＋高冲击步组合”有氧练习，不断提高动作的熟练性和表现力。

3. 通过小组交流和练习，可对所掌握的动作组合进行拓展、创新和展示，提高学习效果。练习时穿着合适的运动鞋，以保护踝关节，预防运动损伤。

4. 在练习中，要适时调整跳步的运动量与强度。可通过增加跳步的重复次数、动作幅度或节奏，灵活调整运动强度。建议运动强度保持在中等强度，即每分钟心跳的次数（心率）保持在最大心率（220−年龄）的65%～85%。例如，一位16岁的锻炼者，其有氧跑跳的适宜心率应保持在每分钟133～173次。

（三）上肢基本动作

上肢基本动作是健身健美操的主要内容之一，包括基本手型和手臂基本动作。基本手型包括拳型和掌型。掌型又可分为并掌、分掌、花掌和立掌等多种形态；手臂基本动作包括举、屈伸、摆动、绕环等，这些动作可以不同节奏和不同方向等多种形式来完成。其中手臂的方向主要包括向前、向后、向左、向右、向上、向下和斜向方向等。

1. 基本手型

健身健美操拳型如图 7-2-3 所示，几种不同形态的掌型如图 7-2-4 所示。

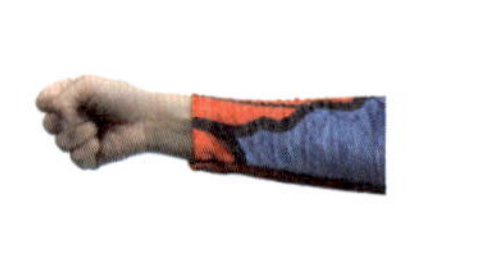

图 7-2-3 拳型

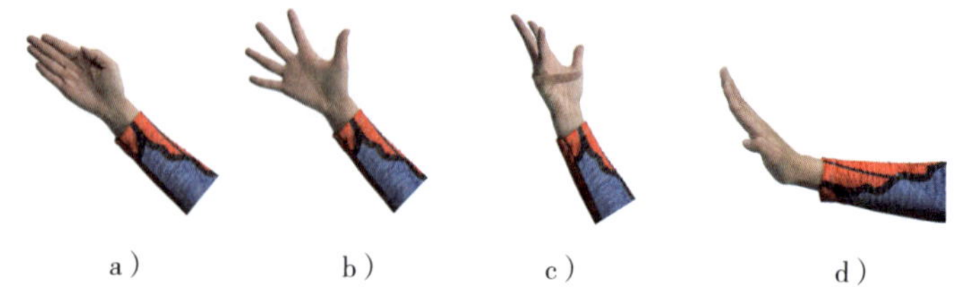

图 7-2-4 掌型
a）并掌 b）分掌 c）花掌 d）立掌

2. 手臂基本动作组合

以下将手臂基本动作的各单个动作设计为结构化的动作组合，练习时可按照口令或跟随音乐伴奏进行系统练习，以有效掌握手臂基本动作技能，提高身体协调性、节奏感，提升锻炼兴趣，具体动作方法与动作要领见表 7-2-4。

表 7-2-4 手臂基本动作组合动作方法与动作要领

动作名称	动作方法	动作要领
预备	并立或开立，两臂侧下举，并掌	核心收紧，身体立直
举	1～8 拍：两臂依次前举、上举、侧举，之后还原 1～8 拍：两臂依次侧下举、侧上举、侧下举，之后还原 1～8 拍：两臂依次前下举，左臂前上举、前下举，之后还原，然后重复一遍，方向相反 2 拍 1 动，连续完成 4 个 8 拍	臂伸直，上臂和掌指稍紧张用力，臂沿直线移动，掌或拳心朝向清晰，肩背舒展
屈、伸	1～8 拍：两臂由肩侧立屈（握拳），依次向上伸直上举、向下伸直侧下举 1～4 拍：两臂由胸前平屈（握拳），依次向前伸直前举、向上伸直侧上举 5～8 拍：两臂由胸前平屈（握拳），依次向前伸直前举、向下伸直侧下举	两臂有控制地屈、伸，力量经臂传递至拳或掌指，手臂伸直至某一部位时有制动，屈伸有弹性
摆动	1～8 拍：两臂屈肘前后摆动，同时原地踏步（握拳或分掌） 1～8 拍：两臂依次向前、向侧摆动 2 次 1～4 拍：左、右臂同时向侧上、侧下摆动（握拳） 5～8 拍：同 1～4 拍动作	摆动时，拳握实，臂肘伸直，手带动臂向远伸展，移动轨迹清晰、方向正确
绕环	1～4 拍：两臂经侧举（握拳），前臂经上向内，以肘关节为轴绕环 2 次 5～8 拍：两臂经上向内，以肩关节为轴大绕环 1 次 1～8 拍：重复上述动作，绕环方向相反	绕环时，臂肘稍紧张用力，手带动臂快速沿垂直面完成绕环动作
结束	开立，两臂侧下举	—

学练指导

1. 按照正确的上肢控制、移动和制动要领练习，适时注意手型和掌（拳）心的方位和张力。

2. 先进行上肢单个动作练习，再进行组合动作练习。练习单个动作时，动作节奏可按照4拍1动、2拍1动、1拍1动的变化规律，逐渐提高上肢动作的熟练性和控制能力。

3. 在上肢基本动作熟练的基础上，可按照适宜的节奏，配合低冲击步或高冲击步进行练习。

（四）身体基本难度动作

在健身健美操基本动作中，身体基本难度动作是针对基本步法和上肢基本动作而设计的支撑类、跳跃类和转体类身体动作。相对于基本步法、上肢基本动作及其组合，支撑类、跳跃类和转体类动作在技术上具有一定的难度，对身体素质要求较高，需按照正确的技术要领进行反复练习。

1. 支撑类动作

【动作方法】以分腿支撑为例。分腿坐立，两手于体前撑地，两臂支撑用力，同时臀腿离地成分腿支撑姿势，保持2 s，然后有控制地还原，如图7-2-5所示。

【动作要领】重心稍向前移至两臂支撑，同时顶肩、收腹、提臀，腿伸直与地面平行，避免屈髋。

图7-2-5　分腿支撑

2. 跳跃类动作

【动作方法】以跳转360°为例。并立开始，经屈膝，双脚蹬地向上起跳，空中向右转体360°，双脚并拢落地，如图7-2-6所示。

【动作要领】经屈膝向上起跳，腾空时核心收紧，身体充分伸展，肩带动身体转动，落地腿并紧，稍屈膝缓冲。

图7-2-6　跳转360°

3. 转体类动作

【动作方法】以右脚支撑转体 360° 为例。并立开始，右脚向前，迈步屈膝，右脚支撑起踵立同时吸左脚，并向右转体 360°，两腿并立结束，如图 7-2-7 所示。

【动作要领】转体过程中踝关节紧张，立踵，核心收紧，身体直立，通过立踵、带臂、转肩，带动躯干转动。

图 7-2-7 右脚支撑转体 360°

学练指导

1. 肩、背部和核心部位力量是完成支撑类动作的基础，可通过形式多样的俯撑、俯卧撑、仰卧两头起等力量练习，发展各部位力量，以更好地完成支撑类动作。

2. 下肢大腿肌肉力量和踝部的力量、控制力是跳跃和转体动作的基础，可通过负重提踵、深蹲、纵跳等练习，增强下肢力量和弹跳力，为完成跳跃和转体动作打好基础。

3. 练习转体动作可先分别掌握转体 90°、转体 180°，再掌握转体 360°。在练习过程中，要认真体会支撑、转体和跳跃的动作要领，逐渐提高动作质量。

三、健身健美操成套动作

（一）健身健美操成套动作练习

1. 有氧健身操成套动作

有氧健身操是在音乐伴奏下，完成一系列不同形式、不同方向的基本步法、上肢基本动作，以及身体难度动作的运动。练习有氧健身操可以提高健身操运动技能，发展身体协调性、节奏韵律感和表现力，塑造良好的形态和气质。其动作示例如图 7-2-8 所示。

具体练习方法可扫码学习。

图 7-2-8　有氧健身操动作示例

学练指导

1. 合理运用分解练习法。先分别掌握下肢步法、上肢动作，再进行上、下肢完整练习，练习时注意动作与动作之间的衔接和转换环节。

2. 在动作熟练的基础上，跟随音乐节奏进行完整练习，身体练习与想象练习相结合。

3. 练习时注意动作细节，如手、头和脚的端点动作，且逐步加大动作的幅度、力度，动作要富有表现力。

2. 弹力带健身操成套动作

在音乐伴奏下，使用弹力带进行健身操成套动作练习，可以完成身体各部位大肌群阻抗练习，安全有效地发展上肢、肩带和胸背部肌群，以及核心部位等的肌肉力量和耐力，提高身体控制能力，改善身体形态。其动作示例如图 7-2-9 所示。

具体练习方法可扫码学习。

图 7-2-9　弹力带健身操动作示例

学练指导

1. 使用弹力带进行健身操练习时，应掌握正确的握带方法，以及拉伸带的基本技术和要领。明确每一个动作的肌肉发力部位、支点和拳心朝向等细节。拉带时，相关肌群发力，握紧拳、手腕稍向内扣；带还原时，相关肌群持续发力，有控制地还原。

2. 在练习过程中，先分别掌握单个阻抗动作、衔接转换动作和段落动作，再配合音乐进行完整组合练习。练习后注意放松肩背和上肢肌群。

3. 可采取徒手练习、想象练习，或手持较轻负荷的弹力带练习，熟悉并记忆动作。随着动作熟练性和运动能力的提高，可通过加大动作的重复次数、动作幅度或弹力带负荷等方式，逐渐增加运动量与强度，保证练习的质量和效果。

4. 建议选择弹性好、厚度适宜的弹力带，保证练习的安全性和健身效果。在练习前应检查弹力带是否存在缺口、裂痕或小孔，以免在练习过程中弹力带断裂而导致伤害。此外，还应注意自身是否对橡胶过敏，如过敏则应避免使用。练习时不要佩戴首饰或梳披肩发，以防造成不必要的伤害。

（二）健身健美操成套动作创编方法

健身健美操成套动作的创编是一个系统性、创造性的过程，它要求编创者充分考虑动作、音乐、时空和衔接等多个要素，通过科学合理的编排设计，打造出既符合锻炼目的，又富有艺术表现力和感染力的成套动作。

1．创编要素

创编一套行之有效的健身健美操，应考虑 4 个基本要素：动作要素、音乐要素、时空要素和衔接要素。

（1）动作要素。动作要素是健身健美操创编的核心，在创编过程中需全面考虑。动作应具有多样性，涵盖上肢、下肢、躯干等身体各个部位，并结合屈伸、旋转、跳跃等多种运动形式，使套路丰富多变。设计动作时须符合人体运动规律，确保科学性和安全性，避免过度拉伸或扭伤。同时，要根据参与者的年龄、性别、身体状况和锻炼目的，选择或设计具有针对性的动作，以满足不同人群的需求。在保持传统动作的基础上，还可融入新颖的元素和创意，使套路更具吸引力和挑战性。

（2）音乐要素。音乐是健身健美操的灵魂，它赋予成套动作节奏感和韵律美。选择节奏明快、旋律优美的音乐，能够激发参与者的热情，提高锻炼效果。音乐的节奏应与动作的节奏相协调，动感明快的音乐适合跳跃、快节奏的动作，营造出热烈、欢快的氛围；舒缓柔和的音乐则适合拉伸、放松的动作，有助于放松身心。

（3）时空要素。时空要素涉及健身健美操套路的布局和时间的安排。在空间利用方面，要合理利用场地空间，确保动作能够充分展开，同时避免碰撞和干扰。在时间分配上，要根据锻炼目的和锻炼者的体力状况，合理安排套路的时间长度和各个部分的时长，如热身部分要充分做好身体准备，主体部分要达到锻炼效果，放松部分则要帮助身体恢复。

（4）衔接要素。衔接要素是确保健身健美操套路流畅、连贯的关键。动作之间应自然过渡，避免突兀和断裂，使整体动作看起来更加流畅、协调。同时，不同段落之间也应有明显的过渡和连接，使成套动作结构紧凑、有序，呈现出完整的艺术效果。通过合理的衔接设计，可以使套路更加完美、和谐，提升参与者的运动体验和锻炼效果。

2. 创编步骤

健身健美操创编步骤一般可分为 6 步。

（1）明确创编目标。确定套路的锻炼目的、适用人群和难度等级。

（2）确定基本结构。根据创编目标，设计套路的整体框架，如热身部分、主体部分和放松部分。

（3）选择合适音乐。根据套路的风格和节奏，选择合适的音乐，并进行剪辑和拼接。

（4）筛选动作素材。从动作库中筛选符合创编目标的动作素材，或根据需要进行动作创新。

（5）完成套路创编。在创编过程中，不断考虑动作、音乐、时空和衔接等要素，确保套路的科学性、艺术性和实用性。

（6）修改完善细节。对创编出的套路进行评价和修改，完善动作细节，提高整体质量。

四、健美操比赛

（一）比赛规则

1. 比赛项目

竞技健美操比赛设女子个人、男子个人、混合双人（由 1 名男性和 1 名女性选手搭档组成）、三人组（性别可为全男性、全女性或混合形式）、团体（由 5 名选手组成，性别可以是男性、女性或混合形式）、有氧舞蹈和有氧踏板（要求由 8 名选手组成，性别可以是男性、女性或混合形式）7 个项目的成套动作。

2. 成套动作时间

每项成套动作的时间为 90 s，允许有 ± 5 s 的误差，计时从音乐的第一个可听声音开始（不包括提示信号、哔声），并在声音结束时停止。超过或不足该时间，均扣分。

3. 基本规则

竞技健美操成套动作包含有氧运动模式，且必须具备连续性和流畅性。此外，还包括具有一定数量和水平的支撑类、跳跃类和各种旋转类难度动作，以体现运动员的竞技水平。如果是集体成套动作，还要对所有运动员在整套动作中是否保持紧密的队形和同步性进行评判。

健美操比赛的评分由艺术分、完成分和难度分 3 部分组成，总分为三者相加后的最终得分。艺术分关注音乐选择、编排流畅度、空间利用和队形变化。每项满分 2 分，共 10 分。完成分以 10 分起算，出现技术错误会被扣分，如小错误扣 0.1 分，中等错误扣 0.3 分，重大错误扣 0.5 分，摔倒或多次触地扣 1 分。难度分根据选手完成的难度元素进行计算，并依据比赛类别除以相应的除数。此外，若出现步伐同步问题、超时、着装违规等情况，裁判会进一步进行扣分。

（二）观赛要点

1. 动作难度与编排

竞技健美操由一系列复杂多变的动作组合而成，这些动作分为不同的难度级别。在观赏时，应留意成套动作的设计难度、动作之间的衔接流畅度，以及创新元素的融入。动作的复杂度、新颖性和整体编排的合理性，是评价运动员表现的关键要素。

2. 技术与表现力

仔细观察运动员在执行每一个动作时的技术细节，如跳跃的高度与姿态控制、旋转的轴心稳定与速度、平衡动作的稳健与持久、柔韧动作的伸展程度与美感、力量动作的爆发力与控制。同时，注意运动员面部表情的丰富性、眼神的传递与交流、整体舞台魅力的展现。技术与表现力的完美结合，是竞技健美操的魅力所在，也是评价运动员综合实力的重要方面。

3. 音乐与节奏

竞技健美操要求运动员与音乐完美融合，节奏感的把握至关重要。可以关注运动员如何根据音乐的节拍、旋律和节奏变化来精准控制动作的速度和力度，实现动作与音乐的和谐统一。运动员对音乐节奏的敏感度和利用能力，是评判其表演艺术性的重要标准。

4. 完成度与艺术性

完成度指的是运动员能够准确、稳定地完成所有预设动作，没有出现明显的失误或偏差。应关注运动员在执行动作时的稳定性、控制力，以及动作的连贯性，这些都是衡量完成度的重要指标。而艺术性则体现在运动员表演的整体美感、创意和舞台表现力上。运动员需要通过动作的编排、音乐的选择，以及舞台效果的运用，来展现出竞技健美操的独特魅力。完成度与艺术性的完美结合，是运动员获得高分的关键。

拓展阅读

毛氏六段操

1917年，24岁的毛泽东署名“二十八画生”，在《新青年》杂志公开发表了《体育之研究》一文。文章对当时国民体质健康状况，体育的目的、功效，以及体育与德育、智育之间的关系进行了深入的阐释，提出了“德智皆寄于体，无体是无德智也”“欲文明其精神，先自野蛮其体魄”“强筋骨”“增知识”“调感情”“强意志”“身心皆适，是谓俱泰”等理念。同时，在文中，青年毛泽东还创编了一套强身健体实操方法——毛氏六段操。

毛氏六段操共6段27节，包括上肢的屈、伸、冲拳，下肢的弓步、踢腿、蹲，以及身体的扭转、俯背、敲击与舞动等连贯、有力的全身性动作，旨在通过有规律地运动锻炼，振奋机体，激发体能，砥砺精神，磨炼意志。这不仅在当时具有前瞻性和启迪性，即使放到今天，其强调的体育对于促进人的全面发展、提升国民素质、塑造坚韧不拔的民族精神的重要性，也同样具有深刻的现实指导意义，为我们推动现代体育事业发展、促进健康中国建设提供了宝贵的思想资源和实践启示。

第八章 · 中华传统体育类运动

中华传统体育类运动起源于生产劳动、典礼祭祀、军事战争、娱乐健身等活动，历经世代传承，形成了具有浓厚民族文化色彩和特征的体育项目。该类运动的主要特点是地域特色鲜明、技法形式多元、健身养生一体、文化形态多样。中华传统体育类运动项目可分为武术类运动项目（如长拳、形意拳、八卦掌、中国式摔跤、太极拳等）和其他民间传统体育类运动项目（如舞龙、舞狮、旱船、龙舟、抢花炮、珍珠球、毽球等）。中华传统体育类运动除了与其他类运动具有共同的育人价值外，还在培养同学们的中华民族认同感、文化自信等方面具有重要作用。其中，武术类运动项目有助于弘扬立身正直、见义勇为、自强不息、厚德载物的尚武精神，促进我们理解和践行中华优秀传统文化。

第一节　武　　术

学习目标

1. 了解武术长拳的基本知识、特点、文化内涵及其对个人身心发展的影响。

2. 掌握武术长拳的基本技术、基本套路动作，初步具备简单套路动作的展示能力。

3. 增强力量、灵敏、柔韧等身体素质和协调能力，磨炼意志，达到健康体魄、完善人格的目的。

4. 养成自主锻炼习惯，传承民族体育文化，提升综合素养。

一、武术运动概述

中华武术源远流长，是中华民族在长期生活与斗争实践中逐步积累和发展起来的一项宝贵文化遗产。它在民族文化的氛围中孕育、产生、衍化发展，逐步形成了独具民族风貌的技术、方法和文化体系，是中华民族在体育领域中的智慧结晶。

武术运动以踢、打、摔、拿、击、刺等技击动作为主要内容，在演练方法上体现我国传统的技击术运动特点，在演练风格上则要求内外兼修、神形兼备。根据运动形式的不同，武术可分为套路运动和搏斗运动两大类。套路运动有单练、对练和集体演练等形式，包括长拳、太极拳、形意拳等拳种；搏斗运动包括散打、推手和短兵，强调实战技能和策略。

练习武术套路运动可以增强速度、力量、柔韧等身体素质和心肺功能，培养意志品质，提升专注力，增强自信心和抗压能力。武术搏斗运动则更强调实战应用与体能突破。二者结合练习，可实现“形神兼备”的全面锻炼效果。本节主要介绍武术套路运动中的长拳基本技术。

二、武术长拳基本技术

长拳是一种姿势舒展、动作灵活、快速有力、节奏鲜明的拳术，包含蹿蹦跳跃、闪展腾挪、起伏转折和跌扑滚翻等动作技术。具体来说，长拳基本技术包括拳、掌、勾 3 种手型，弓、马、仆、虚、歇 5 种步型，还有一定数量的拳法、掌法、肘法，以及屈伸、直摆、扫转、击响等不同组别的腿法，还包括平衡、跳跃、跌扑、滚翻等动作。以下主要介绍长拳的基本功和套路练习方法。

（一）长拳基本功

长拳基本功是初学者的入门功夫，包括手型、步型、肩功、腰功、桩功、手法、肘法、平衡、跳跃等内容。通过基本功的练习，可以使身体各部位得到比较全面的锻炼，较快地发展武术运动的专项身体素质，并能有效提升身体的协调性和灵活性。

1. 基本手型

（1）拳。五指卷紧，拳面要平，拇指压于食指、中指第二指节上，如图 8-1-1 所示。

（2）掌。四指伸直并拢，拇指屈扣于虎口处，如图 8-1-2 所示。手腕伸直为直掌；向拇指侧伸，掌指朝上为立掌。

（3）勾。屈腕，五指撮拢，或拇指与食指、中指抓拢成勾，如图 8-1-3 所示。

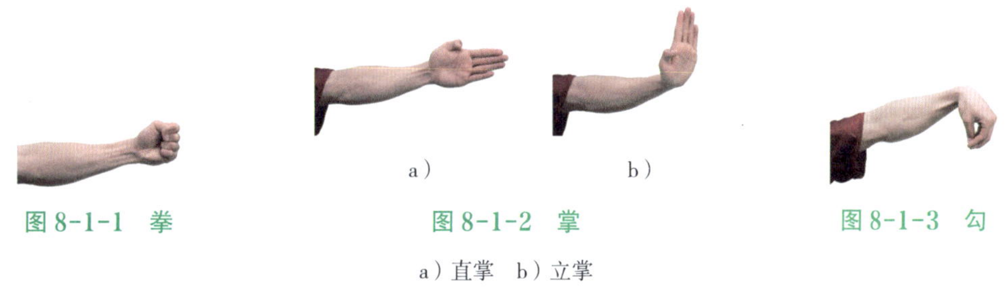

a）　b）

图 8-1-1　拳　　图 8-1-2　掌　　图 8-1-3　勾

a）直掌　b）立掌

2. 基本步型

（1）弓步

【动作方法】前脚微内扣，全脚着地，屈膝半蹲，大腿接近水平，膝部约与脚尖垂直；另一腿挺膝伸直，脚尖内扣斜向前方，全脚着地，如图 8-1-4 所示。

【动作要领】挺胸、塌腰、沉髋，前脚与后脚跟内侧呈一直线。

（2）马步

【动作方法】两脚左右开立，间距约为脚长的 3 倍，脚尖正对前方，屈膝半蹲，大腿接近水平，如图 8-1-5 所示。

【动作要领】挺胸、塌腰、直背，膝微内扣。

图 8-1-4　弓步

图 8-1-5　马步

（3）仆步

【动作方法】一腿全蹲，大腿和小腿靠紧，臀部接近小腿，全脚着地，膝与脚尖稍外展；另一腿平铺接近地面，全脚着地，脚尖内扣，如图 8-1-6 所示。

【动作要领】挺胸、塌腰、沉髋。

（4）虚步

【动作方法】后腿斜向前，屈膝半蹲，大腿接近水平，全脚着地；前腿微屈，脚面绷紧，脚尖虚点地面，如图 8-1-7 所示。

【动作要领】挺胸、塌腰，虚实分明。

（5）歇步

【动作方法】两腿交叉，屈膝全蹲，前脚全脚着地，脚尖外展，后脚脚跟离地，臀部坐于小腿上，接近脚跟，如图 8-1-8 所示。

【动作要领】挺胸、塌腰，两腿靠拢贴紧。

图 8-1-6　仆步

图 8-1-7　虚步

图 8-1-8　歇步

学练指导

1. 练习弓步、马步、仆步时，可以先练高位或扶把杆练习。
2. 可结合压腿、踢腿、静力蹲练习，逐渐规范弓步、马步、仆步。
3. 虚步练习时可先扶把杆，进而可负重物练习，以强化练习效果。
4. 歇步练习开始前，可先进行髋、膝、踝关节的柔韧练习。
5. 熟练后，可进行弓步、马步冲拳推掌，虚步挑掌、推掌，仆步穿掌、亮掌，歇步冲拳、亮掌等上肢配合步型的练习。

3. 基本手法

（1）冲拳

【动作方法】预备势（两脚开步站立，两手握拳抱于腰侧，拳心向上，肘向后，目视前方）。左拳从腰间向前推出，当肘关节离开身体一侧时，左前臂内旋并加速用力，力达于拳面，直臂与肩同高，同时右肘向后牵拉，如图 8-1-9 所示。

【动作要领】挺胸、收腹、拧腰、顺肩，动作快速有力，目视前方或出拳方向。

（2）劈拳

【动作方法】预备势。右拳向左、向上经头上方向右下快速挥落，臂伸直，高与肩平，如图 8-1-10 所示。

【动作要领】松肩、直臂，臂抡成立圆，力达拳轮，目视右拳。

图 8-1-9　冲拳

图 8-1-10　劈拳

（3）推掌

【动作方法】预备势。左拳变掌，由腰间向前立掌推出（当肘关节离开身体一侧时，前臂内旋并加速前伸），臂伸直，高与肩平，同时右肘向后牵拉，如图 8-1-11 所示。

【动作要领】挺胸、收腹、拧腰、顺肩，出掌快速有力，力达掌外缘，目视前方。

（4）亮掌

【动作方法】预备势。右拳变掌，由腰间向右、向上划弧至头部右上方，肘微屈，臂成弧形，指尖朝左，掌心朝上方，如图 8-1-12 所示。

【动作要领】挺胸、收腹、立腰、抖腕、摆头，目视左侧。

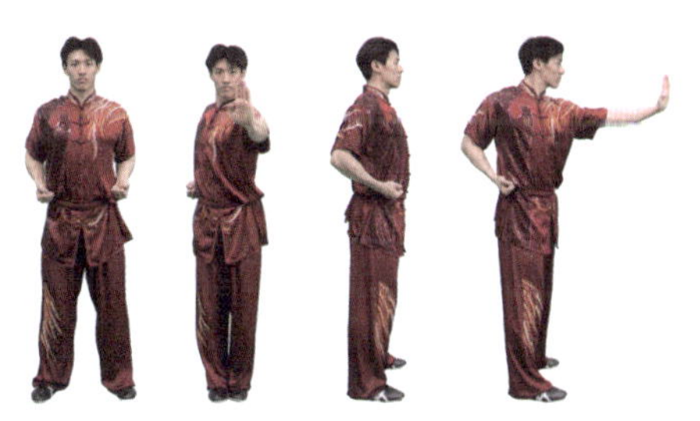

图 8-1-11　推掌

图 8-1-12　亮掌

（5）架掌

【动作方法】预备势。右拳变掌，自腰间向左经腹前、面前向头上方旋臂架起，臂微屈，虎口朝下，掌心朝上方，如图 8-1-13 所示。

【动作要领】架掌时前臂内旋，松肩，上架以掌外沿为力点，摆头，目视左侧。

（6）挑掌

【动作方法】预备势。右拳变掌，自腰间经右向上弧形摆起，当摆至接近水平时，抖腕立掌，掌指朝上，掌外沿朝右，如图 8-1-14 所示。

【动作要领】沉腕快速有力，力达掌指，目视右侧。

图 8-1-13　架掌

图 8-1-14　挑掌

学练指导

1. 由分解到完整、由慢到快地进行练习。
2. 可进行对照练习，如两两相对练习、对镜练习。
3. 熟练后可将基本手法的 2～3 个动作进行组合操化练习。
4. 在练习中注意配合眼神，体会力量的延伸，以及顺肩、拧腰的感觉。

4. 基本步法

（1）盖步

【动作方法】预备势（两腿并立）。一脚提起，经另一脚向侧前方斜迈一步，两腿交叉，如图 8-1-15 所示。

【动作要领】迈步轻灵，步幅适宜，提起腿经体前，使两腿自然交叉。

（2）插步

【动作方法】一脚提起，经另一脚向侧后方斜迈一步，前脚掌着地，两腿交叉，重心偏于前腿，如图 8-1-16 所示。

【动作要领】重心落在左腿上，上体正直，拧腰、插步快速。

图 8-1-15　盖步

图 8-1-16　插步

（3）击步

【动作方法】一脚向前迈步，另一脚脚跟提起，上体略前倾，一脚蹬地跳起，另一脚向前击碰前脚，右、左两脚依次落地，如图 8-1-17 所示。

【动作要领】重心要先落于左腿，上体在空中要保持正直，并侧对前进方向，重心移至右腿，两脚相击时两膝要伸直，两脚绷直。

图 8-1-17　击步

学练指导

1. 先进行原地分解动作练习，再进行连贯动作练习。
2. 熟练后配合上肢手臂动作练习。

5. 基本腿法

（1）正踢腿

【动作方法】两脚并步站立，两臂成侧平举，立掌，左腿支撑，右腿挺膝、脚尖勾起，快速摆起，如图 8-1-18 所示。

【动作要领】挺胸、收腹、立腰，腿上摆过腰后加速用力，收腹、收髋，上体正直，目视前方。

（2）单拍腿

【动作方法】两脚前后站立，左手握拳抱于腰间，右掌在头右前上方，掌心向下，左腿支撑，右腿挺膝、脚尖绷直，向前上方快速摆起，当脚踢至面前时，右掌迎击脚面，如图 8-1-19 所示。

【动作要领】收腹、立腰，击拍脚要脆、快、响，目视前方。

图 8-1-18　正踢腿

图 8-1-19　单拍腿

（3）弹腿

【动作方法】左腿支撑，右腿屈膝提起至接近水平，两拳抱于两腰侧，小腿猛力向前甩摆、挺膝，力达脚尖，大小腿呈一条线，如图 8-1-20 所示。

【动作要领】挺胸、立腰、收髋，弹踢要有力，目视前方。

（4）蹬腿

【动作方法】左腿支撑，右腿屈膝提起，膝部过腰，两拳抱于两腰侧，以脚跟为力点向前猛力蹬出、挺膝，大小腿呈一条线，如图 8-1-21 所示。

【动作要领】挺胸、立腰，脚尖勾紧，蹬出要脆、快、有力，脚高过腰，目视前方。

图 8-1-20 弹腿

图 8-1-21 蹬腿

（5）侧踹腿

【动作方法】右腿支撑，左腿屈膝提起，脚内扣，脚尖勾起，两手掌在胸前相交呈“十”字，身体微向右倾，以脚跟为力点，向左上方横脚伸出，脚高过肩，上体右倾，两掌顺势向两侧撑开，目视左脚，如图 8-1-22 所示。

【动作要领】挺膝、展髋，踹腿要脆、快、有力。

图 8-1-22 侧踹腿

学练指导

1. 腿法练习先要增加腿部柔韧性，可进行压腿、搬腿并结合劈叉练习。

2. 压腿后先摆腿，再进行踢腿、搬腿和控腿练习。

3. 进行侧压腿、横叉练习时，可扶把杆进行。

6. 平衡动作

（1）提膝平衡

【动作方法】并步站立，两掌自然下垂，目视前方。一腿伸直支撑重心，另一腿屈膝提于腹前或胸前，脚面绷平内扣，两手叉腰或一手成掌另一手成勾手置于身体两侧，目视立掌方向，如图 8-1-23 所示。

【动作要领】收腹、立腰、挺胸，头颈上顶，支撑腿伸直，脚趾抓地站稳。

（2）扣腿平衡

【动作方法】支撑腿屈膝半蹲，另一腿屈膝，紧扣在支撑腿的膝后，如图 8-1-24 所示。

【动作要领】屈膝时大腿蹲至水平，身正、肩平、塌腰、敛臀、收髋。

图 8-1-23 提膝平衡

图 8-1-24 扣腿平衡

学练指导

1. 练习提膝平衡时，可先做左右屈膝抱腿练习，即一手扣住脚背，另一手抱膝，两手合力，使大小腿向腹部贴紧，膝向胸部靠近，以增加提膝的高度和站立的时间。

2. 练习扣腿平衡时，先手扶支撑物做平衡练习，或在同学帮助下完成练习，逐渐过渡到远离支撑物的平衡练习。

3. 加强腿部力量可增强平衡能力，可进行单腿下蹲练习、单腿半蹲控腿练习等。

4. 熟练后可结合各种上肢动作完成平衡动作。

（二）长拳套路

1. 武术段位制套路：长拳一段单练套路

具体练习方法可扫码学习。

2. 武术段位制套路：长拳一段对练套路

具体练习方法可扫码学习。

1. 练习单练套路时，先学练上肢动作或下肢动作，然后上下肢配合逐渐协调连贯。在动作口令节奏下练习，可采取慢练与快练、分解与完整动作相结合，一动一停与连续快节奏练习相结合的方式。

2. 练习对练套路时，先练习单练套路动作，熟练后再两人配合练习。在动作口令下反复练习，两人相互配合，直至能够按照对练套路时间要求完成演练。

三、武术比赛

（一）比赛规则

武术套路比赛主要包括自选项目、规定项目、对练项目和集体项目。其中自选项目、规定项目都包括拳术项目、短器械项目和长器械项目。拳术项目有长拳、南拳、太极拳等，短器械项目有剑术、刀术、南刀、太极剑、太极扇等，长器械项目有枪术、棍术、南棍等。对练项目包括徒手对练、器械对练和徒手与器械对练。集体项目通常指 6 人以上参与的各种拳术、器械的集体演练。以下简要介绍武术套路比赛基本规则。

1. 比赛场地

个人项目（包括对练）比赛区域为长 14 m、宽 8 m 的长方形区域，四周内标明 5 cm 宽的白色边线。比赛区域周围至少有 2 m 宽的安全区。

集体项目比赛区域为长 16 m、宽 14 m 的长方形区域，四周内标明 5 cm 宽的白色边线。比赛区域周围至少有 1 m 宽的安全区。

2. 年龄分组

（1）成年组：18 岁（含 18 岁）以上。

（2）青年组：15 ~ 17 岁。

（3）少年组：12 ~ 14 岁。

（4）儿童组：11 岁（含 11 岁）以下。

3. 比赛时间

（1）长拳、南拳、剑术、刀术、枪术、棍术、南刀、南棍套路比赛时间。自选套路成年组 1 min 20 s ~ 1 min 35 s，青少年组 1 min 10 s ~ 1 min 25 s。规定套路成年组不少于 1 min 20 s，青少年组不少于 1 min 10 s。儿童组套路演练时间无要求。

（2）太极拳、太极剑、太极扇套路比赛时间。自选套路 2 min 45 s ~ 3 min 15 s。规定套路中 42 式、陈式、杨式、吴式、孙式、武式太极拳竞赛套路 5 ~ 6 min，42 式太极剑竞赛套路、24 式太极拳套路 4 ~ 5 min，32 式太极剑套路、第三套国际武术竞赛套路（太极拳、太极剑和太极扇）3 ~ 4 min。

（3）对练套路 50 s ~ 1 min。

（4）集体项目 3 ~ 4 min。

4. 评分方法

（1）有难度的项目评分方法。各项目比赛的满分为 10 分（不含创新难度加分），其中动作质量 5 分、演练水平 3 分、难度 2 分（包括动作难度分值 1.4 分和连接难度分值 0.6 分）。

（2）没有难度的项目评分方法。各项目比赛的满分为 10 分，其中动作质量 7 分、演练水平 3 分。

（二）观赛要点

1. 动作质量与技术内涵

观察运动员的手型、步型是否准确到位，动作路线是否符合传统规范。可重点观察冲拳是否力达拳面，踢腿是否发力顺达，定势动作是否稳定等，以体现“型正势准”的基本功。

2. 协调流畅与节奏感

观察手脚配合是否协调，重心转换是否自然，节奏控制是否合理，动作的加速与减速是否恰当，集体项目是否与音乐完全同步。同时，观察拳脚的冲击力、器械挥舞的力度是否到位，腾跃、旋转等高难度动作是否稳定，是否符合规则中对动作安全性的要求。

3. 套路编排与艺术性

对于传统套路，要看其是否完整呈现流派特色，如查拳的动静有致、华拳的势正招圆；自选套路则需在继承传统的基础上创新，体现个人风格。整体编排需节奏分明，做到动静疾徐错落有致，空间利用合理，并通过刚柔、快慢对比增强艺术感染力。

4. 精神气质与武德表现

观察眼神是否专注坚定，动作是否充满自信，成套表演中能否通过表情和姿态传递武术的刚毅或柔美。注意运动员出场、退场时是否礼让，比赛中是否保持专注而不失风度；集体项目是否默契配合，有无互相鼓励或保护的动作细节。

5. 专项欣赏侧重点

太极拳重点观察“以柔克刚”的连贯性及呼吸配合，形意拳关注“内外合一”的协调性及“寸劲”发力特点。剑术着重“剑走轻灵”等技巧运用及力度变化，软器械（如九节鞭、绳镖）重点评估操控灵活性及击打精准度。拳术对练考察攻防转换的时机把握及“点到为止”的武学理念体现，器械对练（如双刀对枪）关注器械交叉缠绕的技术运用及闪避技巧。

第二节　中国式摔跤

学习目标

1. 了解中国式摔跤的项目特点、运动价值、健身功能和传承意义，培养自主锻炼意识与习惯。

2. 掌握中国式摔跤的基本功、基本技法、基本动作及其组合动作，提升专项运动能力，增强柔韧、速度、耐力、灵敏、力量等身体素质。

3. 初步具备中国式摔跤的比赛能力，传承中华优秀传统体育文化，提升综合素养。

一、中国式摔跤运动概述

中国式摔跤是通过两人徒手对抗，采用上下肢结合的摔跤技法以将对方摔倒为目的的一项竞技性体育运动，包括基本功、基本技法、基本动作、组合动作等，它融合了智力、心理、力量、技巧等多方面的较量。经常参与中国式摔跤运动，不仅能够促进运动能力与身体素质的发展，而且能培养勇敢坚毅、顽强拼搏的体育精神。

拓展阅读

中国式摔跤的起源

中国式摔跤是中华传统体育项目，其历史悠久，是中华优秀传统文化中的瑰宝，至今已有5 000多年的历史，在古代被称为角力、角抵、相扑、争跤等。

早在原始社会，就已有了摔跤活动。当时，人们为了获取食物、防身自卫，在部落冲突中，常凭借自身的力量、技巧来争取更多的生存空间，由此产生了摔跤。公元前11世纪，摔跤作为练兵的一项军事科目出现。据《礼记·月令》记载：“孟冬之月，……天子乃命将帅讲武，习射御、角力。”由于当时兵器简陋，射箭、驾车、角力都是军队操练的主要科目。

二、中国式摔跤基本功

中国式摔跤的基本功主要包括伸展性运动、倒地保护动作和专项基本功，这些基本功在实战中有助于形成自我保护、占据攻防优势，甚至帮助跤手取胜。

（一）伸展性运动

伸展性运动能够充分激活全身或局部肌肉、韧带和关节，可以为中国式摔跤的学练做好充分的身体准备。

1．压肩

【动作方法】双膝跪立于跤垫上，双手触垫，与肩同宽或稍宽，上体前屈，挺胸、塌腰、收腹，做下振压肩动作，如图 8-2-1 所示。

【动作要领】两臂伸展，幅度逐渐加大，振压点在肩部。

2．压——正压腿

【动作方法】坐在跤垫上，两腿并拢伸直，脚尖勾起，踝关节持力，上体前屈，两手前伸，扶按脚底，连续做振压动作，如图 8-2-2 所示。

【动作要领】上体向下振压幅度逐渐加大。

图 8-2-1　压肩

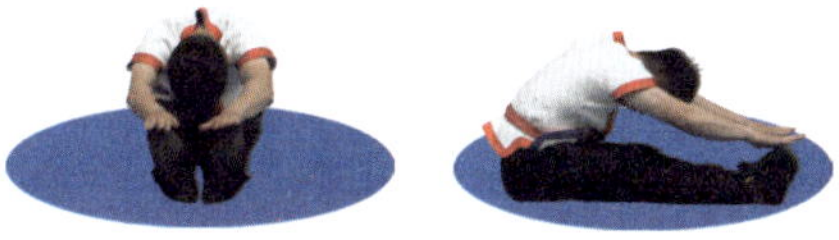

图 8-2-2　正压腿

3．踢——正踢腿

【动作方法】两脚并拢直立，两手叉腰或侧平举，挺胸抬头目视前方。右脚向前上半步，右腿直腿支撑稳定，左脚脚尖勾起，向前额处踢起，落腿时有控制，左右腿交替进行，如图 8-2-3 所示。

【动作要领】上体正直，挺胸、直腰，支撑腿伸直，踢腿时勾脚尖。

图 8-2-3　正踢腿

4．涮腰

【动作方法】两腿平行开立，略宽于肩，两臂自然下垂，上体正直，目视前方。上体前屈，两臂打开，向左前下方伸出，以髋关节为轴，向右沿逆时针翻转绕环一圈，也可以顺时针进行，如图 8-2-4 所示。

【动作要领】身体保持平衡，翻转绕环幅度逐渐加大。

图 8-2-4 涮腰

学练指导

1. 先充分热身，再进行系统拉伸活动。拉伸力度要适中，不要用力过猛，避免造成肌肉拉伤。

2. 拉伸过程中可采用多种体位（如站立、蹲立、跪立），以充分拉伸肌肉与韧带。

（二）倒地保护动作

倒地保护动作是在摔倒过程中形成的一种应急性倒地自我保护动作，以保障身体安全，避免出现运动损伤，是摔跤者应具备的关键能力。

1. 前滚翻

【动作方法】站立或蹲立，身体重心前移，低头同时两脚蹬地，手臂支撑，团身，双手抱小腿，头后、颈、肩、背、腰、臀依次着垫，起立成蹲立或站立，如图 8-2-5 所示。

【动作要领】低头屈臂，蹬地有力，滚动圆滑，动作连贯、迅速。

图 8-2-5 前滚翻

2. 后滚翻

【动作方法】背向滚翻方向，上体略前倾，两手同时用力推垫，向后倒体团身滚动，同时迅速屈肘，将两手置于肩上（手背尽量靠近肩胛，掌心向上，指尖向后），使臂、腰、背、肩、颈、头依次着垫，当肩部着垫时，双手用力推垫翻转成蹲撑，再起立成站立，如图 8-2-6 所示。

【动作要领】后倒时双手翻掌于肩上，滚翻时团身紧，翻臀推垫及时、有力。

图 8-2-6 后滚翻

学练指导

1. 初始进行倒地练习时，建议加强器材保护或由同伴进行保护，避免动作失误造成运动损伤。

2. 可根据倒地技术能力选择单个动作练习或连续动作练习，直至能够灵活应用倒地技术。

（三）专项基本功

专项基本功包括基本腿法和手法，是中国式摔跤中应用普遍的技术功底，在比赛中发挥着重要的技战术作用，具有较高的实用价值。

1. 盘腿基本功

【动作方法】两腿开立，双手叉腰，上体正直。盘踢右腿时，左腿支撑身体，右腿摆小腿经左腿膝关节向上盘踢，右脚内翻摆腿至髋部，如图 8-2-7 所示。盘踢左腿时换右腿支撑，两腿交替进行。

【动作要领】上体直立，支撑腿膝关节微屈，盘踢腿时尽量高踢至髋部，动作连贯、快速。

2. 抽腿基本功

【动作方法】右腿向左腿后迈步作支撑腿，左腿从右腿膝关节上向后盘转抽腿，右脚脚跟提起。前脚掌拧转，上体随之转体 90°，保持身体平衡，两腿交替进行，如图 8-2-8 所示。

图 8-2-7　盘腿基本功

图 8-2-8　抽腿基本功

【动作要领】上体直立，膝关节微屈，以前脚掌为轴带动身体拧转发力，抽腿与转体配合默契。

3. 蹲踢基本功

【动作方法】两腿开立，与肩同宽。深蹲后，左腿勾脚尖向前上方踢起，右腿支撑，保持身体平衡，踢左腿时动作相反，两腿交替进行，如图 8-2-9 所示。

【动作要领】上体正直，挺胸、抬头，勾脚尖踢腿，力达脚尖，保持身体稳定。

图 8-2-9　蹲踢基本功

4. 手别基本功

【动作方法】两腿开立，站立成跤架（右架），左手向前支捅后再向后拽拉，同时身体向左转体，右手翻别，长腰背脸，左腿成弓步，右腿蹬直，上体前倾，动作形成弓步，如图 8-2-10 所示。左架做手别动作时与右架一样，但方向相反，可左右交替练习。

图 8-2-10　手别基本功

【动作要领】底手拉紧，转体，活手向上翻豁。

学练指导

1. 学练腿法时，先要知道动作方法与要领，然后再进行动作提升，切莫忽略要点盲目练习。

2. 练习过程中要关注重心变化，并形成连贯、协调、顺畅的发力动作，每组动作建议练习 8～10 次。

三、中国式摔跤基本技法

中国式摔跤基本技法包括手法、拿法、步法等多种技术，主要分为立式、地式、擒纵三类。这些基本技法不仅对跤手的力量与灵活性要求较高，而且对跤手的应激反应、位置判断和空间感知能力也提出了极大挑战。

（一）基本手法

中国式摔跤的基本手法包括捅手、打手等。在摔跤过程中，手法通常与脚法配合，形成上下、左右立体性进攻，有利于跤手形成上下肢全面控制。

1. 捅手

【动作方法】双手抓拽对方把位（指跤手在摔跤过程中双手抓握对方跤衣、跤裤等特定部位的位置），向对方后方或斜后方发力捅顶，使其失去平衡，然后再借对方向前冲身之时，借机使用动作摔倒对方，如图 8-2-11 所示。

【动作要领】抓住机会，快速使用动作。

2. 打手

【动作方法】双方抢手抓把过程中，我方左手抢对方小袖，对方用右手抢我方小袖，我方先抢得里把，对方稍慢抢得上把，此时我方可以用右手拨打对方右手，同时沉肩坠肘，给解脱对方把位让出空间，如图 8-2-12 所示。

图 8-2-11　捅手

图 8-2-12　打手

【动作要领】重心变化，眼疾手快，挡抓结合。

学练指导

1. 手法练习时可以先进行动作模仿，形成手臂和手的灵活运用，然后再进行双人对抗性抢把位练习，提高手法的实战应用能力。

2. 手法练习时要结合上下肢协调配合的脚步移动练习，借助位置变化更好地应用手法。

（二）基本拿法

拿法是中国式摔跤进攻中有效的抢把机会，主要通过拿、抓、拽等手上动作，抓住对方的跤服位置，从而形成有效的手部控制。

1. 小袖

【动作方法】以右架为例。左手掌心斜向上，大拇指在外，其余四指在内，向前伸出，插入对方右侧小袖所抓握的位置，称为小袖，如图 8-2-13 所示。

【动作要领】重心移动，手眼配合，快抓小袖。

2. 直门

【动作方法】以右架为例。右手虎口向上，大拇指在内，其余四指在外，向前伸出，抓握对方左侧门襟上部，称为直门，如图 8-2-14 所示。

【动作要领】重心降低，虎口张开，快速抓握直门。

图 8-2-13　小袖　　　图 8-2-14　直门

学练指导

1. 要了解跤服各位置名称，近身移动时要准确判断，果断采取正确手法，快速抓住对方把位。例如，小袖位于跤衣的袖口。

2. 先练习基本技术动作，再进行半对抗练习，实现在模拟比赛情境下，快速有效抓住对方把位，以有利于整体摔法动作的实施。

（三）基本步法

基本步法是中国式摔跤中的一种快速移动技术，其通过步法移动创造进攻时机和防守脱离，占据攻防中的主要控制权，可为有效采取摔法动作创造条件。

1. 盖步

【动作方法】右跤架站立，左脚上步后，右脚提盘，右腿盖压左腿的同时，以左脚前脚掌为轴拧转 180°，右脚落在左脚右侧，称为盖步，如图 8-2-15 所示。

【动作要领】重心快速移动，盖压动作协调，拧转发力，保持平衡。

图 8-2-15　盖步

2. 背步

【动作方法】右跤架站立，左脚经右脚向右后侧插一大步，称为背步，如图 8-2-16 所示。

【动作要领】重心下降，前脚掌拧转发力。

图 8-2-16　背步

学练指导

1. 步法练习时可以先进行动作模仿，形成正确的动作概念，然后再通过双人对练，提高步法移动的实战应用能力。

2. 可以结合趣味拍肩游戏，逐步增加步法移动速度，并形成与手法的巧妙配合。

四、中国式摔跤基本动作

中国式摔跤基本动作由抱腿类、抱摔类、勾别类等动作类型构成，属于中国式摔跤实战中常用的技术动作，也是构成整体技战术应用的技术单元。

（一）抱腿类动作

抱腿类动作是中国式摔跤中应用较为广泛的搂抱下肢类摔法，其技术动作是通过上半身的抓握攻防，分散对方注意力，找准时机快速降低重心，抱住对方单腿或双腿将对方摔倒。

1. 抱双腿摔

【动作方法】双方右架（顺架）站立。攻方左手抓小袖，右手搂守方脖颈；守方左手扶右臂，右手抓左小袖。攻方向后捅推守方，使其重心前移，随后立即松开双手下潜，右脚向前上步至守方右脚内侧，左脚跟步，双手抱住守方双腿，同时双臂收紧内扣回拉，肩部用力下压，双腿用力蹬地，将对方摔倒，如图 8-2-17 所示。

【动作要领】重心快速下降，抱住双腿，身体快速前顶。

图 8-2-17 抱双腿摔

2. 抱单腿别

【动作方法】双方右架（顺架）站立。攻方右手抓守方小袖或直门，守方抓小袖或大臂。攻方先用力捅推守方，待守方抗力前倾时，立即左脚上步至守方右脚前，右脚跟步，迅速下潜。攻方左手抱住守方右腿，右手抱其腰部，然后蹬腿挺身将守方右腿抱起，同时右腿插入裆中向后用力别守方左腿，双手用力向左后方拉提，将对方摔倒，如图 8-2-18 所示。

【动作要领】重心快速移动，双手抱单腿，顺势拉提单腿。

图 8-2-18 抱单腿别

学练指导

1. 初学时先进行徒手练习，明确动作要点，判定动作结构，然后再进行两人配合练习。

2. 练习抱腿技术时，可以在半对抗情境下进行模拟比赛练习，采用以赛促练的方式提高技术应用能力，促进技战术能力发展。

（二）抱摔类动作

抱摔类动作是中国式摔跤中较为常见的上肢搂抱摔法，其技术动作是通过上半身的抓握攻防，形成有效的把位控制，借助步法移动和腿法技术将对方搂抱后摔倒。

1．抓小袖踹

【动作方法】双方右架（顺架）站立。攻方左手抓小袖，右手控制左手；守方尚未抓拿或已抓住小袖。攻方向前滑步捅推守方，待对方产生对抗之力时，攻方借机捻按守方左手腕，背步、钻肩、转体，使背、腰、臀部贴近守方胸腹部，并迅速紧底手，扎腰、崩腿、拉擦，同时右手向后上方撩，将对方摔倒，如图 8-2-19 所示。

【动作要领】抓握小袖，快速上步背步，填跨转腰，左手拉拽发力。

图 8-2-19　抓小袖踹

2．挟脖入

【动作方法】双方右架（顺架）站立。攻方左手抓小袖，右手封住守方左手；守方揪小袖或扶臂。攻方背左步转体，同时捻守方腕松右手，改为挟守方脖颈，填腰入胯，低头、扎腰、变脸，将对方摔倒，如图 8-2-20 所示。

【动作要领】抓握把位牢，背步转体挟脖颈，填腰入胯转体，挟颈摔。

图 8-2-20　挟脖入

1. 初学时先进行徒手练习，明确动作方法和要领，然后再进行两人配合练习。

2. 抱摔技术提升后，可利用假人反复练习填腰、转体、变脸、蹬地技术。

（三）勾别类动作

勾别类动作是中国式摔跤中上下肢协调配合，主要以下肢动作为主的动作类型，其特点是通过下肢的缠绊、挑勾等技术进攻对方。

1. 大拿勾

【动作方法】双方右架（顺架）站立。攻方抓大领和小袖，守方抓小袖与直门。攻方猛拉拽守方，破坏守方的重心，此时攻方左脚立即背步、转体，上手与底手用力按守方，同时右腿插入守方两腿之间，绷直向上猛力勾撩，紧接着扎头、紧手、躬身、长腰、变脸，将对手摔倒，使其背部着地，如图 8-2-21 所示。

【动作要领】抓大领和小袖牢，上步转体迅速，右腿插入守方两腿之间，猛力勾撩。

图 8-2-21　大拿勾

2. 上步手别

【动作方法】双方右架（顺架）站立。攻方左手夹守方手臂，用右手握住守方手臂；守方两手被控制。攻方左手突然向自己右侧提带守方手臂，守方产生犟劲，此时，攻方顺势上左步，同时向左裹肩垂手并别住守方右腿膝外侧，同时欺身、长腰、变脸，将对方摔倒，如图 8-2-22 所示。

【动作要领】引带对手重心，手别位置准确，蹬地拧转发力顺达。

图 8-2-22 上步手别

学练指导

1. 初学时先进行徒手练习，明确动作方法和要领，然后再进行两人配合练习。

2. 可在半对抗中进行模拟比赛练习，采用以赛促练的方式提高技术应用能力，促进技战术能力发展。

五、中国式摔跤组合动作

中国式摔跤组合动作是通过基本动作的学练，将基本动作巧妙组合而形成的多维度组合动作，在实战中使用较为普遍，对于得分与制胜发挥着重要作用。

（一）勾踢组合动作——别子改勾子

勾踢动作组合是下肢组合动作中常见的技术动作，有利于形成技战术干扰，形成有效的下肢进攻机会。

【动作方法】双方右架（顺架）站立。攻方左手抓小袖，右手抓偏门，当攻方横腿给对方使别子未成时，底手不能松，并挟紧守方脖颈，马上缠住守方腿，紧底手（左手），长腰、扎头、变脸，一气呵成将对方摔倒。

【动作要领】抓握把位紧实，假左别子真左勾子，快速进行动作转换。

（二）揣抱组合动作——撮改揣

揣抱组合动作是在上肢角力过程中，巧用上下肢组合进攻，以影响对方重心，在其重心变化时抓住时机，形成上下肢配合的有效进攻。

【动作方法】双方右架（顺架）站立。攻方抓住守方底手和大领；攻方两手用力向前拉拽守方，同时攻方及时上步跟进做撮。如果对方毫无反应，就是真撮；如果对方反应快抽腿逃脱，则攻方底手回拉、藏肩、掉脸做揣。

【动作要领】抓住守方底手，上步跟进做撮，快速掉脸做揣。

1. 初学时先进行徒手练习，明确动作方法与要领，然后再进行两人配合练习。

2. 在练习别子改勾子技术时，要根据其上肢发力特点巧妙形成上肢控制，有效形成持续性进攻。

3. 在练习撮改揣技术时，要合理增加脚步移动、重心变化的练习，以形成有效的下肢定位，便于应用揣抱组合技术。

六、中国式摔跤比赛

（一）比赛规则

1. 比赛场地

中国式摔跤比赛场地为 14 m × 14 m、表面覆盖革制盖单的正方形比赛区域。

（1）比赛区。场地中心为直径 9 m 的圆形区域，比赛区域颜色明显区别于保护区。

（2）保护区。比赛区外部边沿至比赛垫子外部边沿区域为保护区。

（3）比赛开始线。比赛区中间相距 3 m 各标出红蓝线（开始线），面向裁判台左红右蓝，开始线长 60 cm、宽 6 cm。

2. 比赛服装

（1）跤衣。跤衣的布料成分多为全棉或是含棉量较高的棉布，跤衣薄厚适中，较为结实耐用，防滑抗撕拉。

跤衣颜色为白色。跤衣衣襟、袖口边缘缝有 3.5 cm 宽的红色或蓝色色带。

（2）跤带。跤衣带子宽度为 3.5 cm，厚度为 0.6 cm，颜色为单色（白色、红色或蓝色）。

（3）跤裤。跤裤布料与跤衣的面料和颜色相同，沿裤缝外侧分别缝有 3.5 cm 宽的红、蓝色带。跤裤为直腿裤，底部约与踝骨持平。

（4）跤鞋。跤鞋为软底高帮，颜色有白色、红色、蓝色、黑色等。

3. 比赛时间

成年比赛每场比赛净时 6 min，上下半场各 3 min，局间休息 30 s。青年和少年比赛每场比赛净时 4 min，上下半场各 2 min，局间休息 30 s。

通常每个级别比赛均会在 1 天内结束，同一运动员每场比赛之间的间隔时间不少于 10 min。

4. 基本规则

（1）进攻有效。以下情况均判定为进攻有效。

1）开始比赛后在比赛区内将对方摔倒着地在保护区。

2）在比赛区内将对方摔倒着地后，自己踏入或跌入保护区。

3）在比赛区内将对方摔倒着地与自己踏入保护区同时发生。

4）将对方摔倒着地与裁判员暂停口令同时发生。

5）将对方摔倒着地与鸣哨（锣）同时发生。

6）使用动作者使用的动作符合技术动作结构逻辑。

（2）进攻无效。在比赛中使用犯规动作和踩踏对方脚进攻，或场上裁判员叫停后仍然进攻，或将对方摔倒着地在鸣哨（锣）之后发生，以上情况判定为进攻无效。

（3）犯规。犯规主要分为技术犯规和侵人犯规两种情况。

1）技术犯规。场上裁判员发出开始口令之前或叫停之后，仍然进攻者；临场教练员干扰比赛或进入比赛场地自行停止比赛者；抓对方裤子者；故意撕扯对方内衣者；比赛进行中，跤衣带、跤鞋带松开者。

2）侵人犯规。使用反关节动作有意伤害对方者；以手、肘、膝、头部击打和撞击对方或抓对方生殖器官者；用脚踢对方或踢弹对手小腿中部以上部位或蹬踹对手者；按压对方眉口之间的面部或咽喉或抓对方头发者；双手搂抱对方头、颈者；已将对方摔倒，还故意压砸对方者；将对方抱起使之失去控制能力，仍将对方头朝下垂直下摔，有意伤害对方者；立肘向下砸对方手腕拆把者。

（4）判定胜负。累计得分多者胜。比赛中双方得分累计分差达 6 分时，即终止比赛，判得分多者优势获胜。在双方得分相同时，首先看主动进攻技术应用得分，得分多者胜；若相同，再看 3 分得分，得分多者胜；若还是相同，则看谁最后得分，最后得分者胜。

（二）观赛要点

1. 技法组合与衔接

中国式摔跤讲究“一巧破千斤”的技术体系，应重点观察运动员对基本技法的组合运用。比赛中，双方运动员斗智斗勇，采用手法与脚法干扰对方，甚至通过步法移动与上肢发力影响对方重心，抓住动作使用时机，巧妙瞬间发力得分。

2. 重心控制艺术

胜负常取决于重心破坏与保持的毫厘之间。进攻方通过虚步诱敌、假动作晃骗制造重心偏移，防守方则需维持“三轴平衡”（头、腰、足跟的垂直轴线）。特别要关注“黄金 2 秒”——从接触对方到完成动作的瞬间控制力，观察选手如何利用身体角度、把位调整取得“四两拨千斤”的效果。

3. 力量转化智慧

比赛不是绝对力量的比拼，而是“借力打力”的智慧较量。小体重选手善用杠杆原理（把位转换、腰部枢纽），大体重选手则要把握爆发时机。典型如“拔顶”对抗时的力矩变化，展现了中国跤“以巧取胜”的独特魅力，可重点观察力量流转的巧妙过程。

4. 心理博弈维度

“未交手先交心”是这项运动的精髓。从开场“亮架势”的心理威慑，到连续得分形成的“跤劲”压制，再到关键时刻的表情控制，处处体现心理战。可通过观察选手的微表情、动作节奏变化，感受这项古老运动“斗智重于斗力”的竞技哲学。

知识拓展

中国式摔跤的基本礼仪主要包括服饰礼仪与行为礼仪两个方面。

1. 服饰礼仪

（1）运动员必须严格按照《中国式摔跤竞赛规则》规定着装。

（2）比赛中运动员必须按照裁判员的指令整理服装。

（3）女运动员跤衣内必须穿无袖紧身上衣，不得穿有金属或其他硬质框架的内衣。

（4）运动员仪表要整洁大方，颜面要洁净，皮肤暴露处不得涂抹油脂或油彩。

（5）运动员不得佩戴任何首饰、硬质发卡及硬质护件。

（6）运动员的头发和男性胡须不得长于 10 mm 或刮净，长发必须编扎。运动员的指甲不得长于 1 mm。

2. 行为礼仪

（1）运动员在训练和比赛中应致以抱拳礼，即持立正姿势，两臂上抬至胸前呈环形状，右手握拳，拳眼对下颌，左手五指并拢，拇指微屈，掌心压在右拳四指部位，两手合拢瞬间，向前略推。

（2）开始比赛前，运动员按规则和裁判要求向对方致抱拳礼。比赛结束后，运动员按规则和裁判要求，相互致抱拳礼后退场。

（3）运动员在比赛中要做到“四个尊重”，即尊重裁判、尊重对手、尊重观众、尊重教练，不得出现犯规动作和挑衅性语言。

（4）在训练和比赛中要主动爱护场地、器材等设施，不得出现毁坏场地、器材等现象。

第九章 · 水上与冰雪运动

水上与冰雪运动是人体在水环境和冰（雪）环境中，通过肢体协调配合完成各种技术动作的运动项目，主要包括游泳、滑冰、滑雪等。水上与冰雪运动具有鲜明的项目特点，一是由于运动环境特殊，如水体的浮力、阻力与冰面的低摩擦力等，对运动技术提出了特别要求；二是对安全性的要求相对较高，必须掌握专门的运动技巧和安全防护知识；三是季节性和地域性较强，需要根据气候和场地条件合理安排练习。本章主要介绍游泳和滑冰两项常见的水上与冰雪运动项目。通过本章的学习，我们不仅能够掌握游泳与滑冰的基本技能，更能领悟这些运动蕴含的挑战自我、人与自然和谐共生的精神内涵，在运动中收获体魄与意志品质的双重成长。

第一节 游 泳

学习目标

1. 了解游泳运动的基本知识、锻炼价值和健身功能，树立安全防护意识。

2. 掌握和提高人体在水中的适应能力，消除恐惧心理，掌握蛙泳的基本技术，初步具备基本的水中自救技能。

3. 增强有氧耐力、力量与柔韧等身体素质，提升协调、平衡能力，培养吃苦耐劳、顽强拼搏的意志品质。

4. 初步具备在水中长距离游泳的能力，培养在水环境下运动的兴趣，养成良好的锻炼习惯。

一、游泳运动概述

游泳是人体在水环境中巧妙地利用水的作用力，通过有节奏的肢体运动，使身体在水中移动的活动。游泳运动包括竞技游泳、大众游泳、实用游泳三大类。竞技游泳是指按照游泳竞赛规则的规定进行竞赛的游泳项目，主要以速度来决定名次，包括设定距离的蝶泳、仰泳、蛙泳、自由泳、混合泳和接力比赛。大众游泳则是以增强体质为宗旨、以丰富人们文化生活为目的的群众性游泳活动。在军事上、生产上、生活服务上使用价值较高的游泳方式称为实用游泳，如水上救护等。

水的环境与陆地环境的本质差异造就了游泳运动对身心促进的独特性，长期参加游泳锻炼不但可以提高肺活量、增强人体体温调节能力，而且能够降低身体遭受运动损伤的风险，降低感冒的发生概率。由于游泳的特殊性，想要学好游泳，首先要掌握身体在水中漂浮的姿势并保持平衡。想要游得既快又轻松，就要掌握合理的技术，以减小水的阻力并增大动作的推进力。

拓展阅读

水调歌头·游泳

毛泽东

才饮长沙水，又食武昌鱼。

万里长江横渡，极目楚天舒。

不管风吹浪打，胜似闲庭信步，今日得宽余。

子在川上曰：逝者如斯夫！

风樯动，龟蛇静，起宏图。

一桥飞架南北，天堑变通途。

更立西江石壁，截断巫山云雨，高峡出平湖。

神女应无恙，当惊世界殊。

二、熟悉水性

熟悉水性是游泳学习的第一步，其目的是在水环境中体会水的压力、阻力和浮力，提高在水中控制身体的能力。熟悉水性主要包括安全入池与上岸、水中行走、水中呼吸、漂浮和滑行等基本技术。

（一）安全入池与上岸

【动作方法】入池时，在泳池扶梯处准备，背向泳池，双手握住扶梯把手，一步一个阶梯，缓慢向下进入泳池。上岸时，在靠近泳池扶梯处准备，面对扶梯，双手握住扶梯把手，一步一个台阶上岸。

【动作要领】手、腿要协调配合，腿部每上、下一层阶梯，双手就要相应调整握住把手的位置，手、腿动作交替完成，确保身体至少有一个部分与扶梯接触。

学练指导

1. 缓慢完成动作，避免滑倒和脱手。
2. 若感到非常恐惧，要及时呼叫教师寻求帮助。
3. 保持正常呼吸，在放松的状态下完成动作。

（二）水中行走 

【动作方法】在浅水区靠近池边处站立准备，面向行进方向，单手扶池边，向前、向后、向侧方向迈步行走，也可以与同伴手拉手在水中行走。行走至泳池对岸后，再以同样的方式返回出发处。

【动作要领】身体重心略向行进方向倾斜，大腿略抬起，小腿和脚掌提起后再向行进方向的池底伸出，两腿交替，步幅小，步频稍慢，体会水的阻力和浮力。

学练指导

1. 练习时要集中注意力，不可嬉笑打闹，同学之间要相互提醒，并注意安全。

2. 每一步踩稳后，再迈下一步，防止滑倒。

3. 可以采用面向泳池侧面侧向滑步或面向泳池对岸前后行走等方式进行练习。

（三）水中呼吸

【动作方法】在浅水区站立准备，面向岸边，双手扶池边。深吸气后，低头下蹲，使头部没于水中，在水中稍闭气，然后慢慢呼气，在下一次站立抬头之前快速呼气，将气体全部呼出后站起，接着完成下一次吸气动作。

【动作要领】在水面上要用口吸气，在水下稍闭气后，再用口或鼻缓慢呼气，不能用鼻吸气，也不能入水后立即快速呼气。当口部完全露出水面后，再开始做下一次呼吸的吸气动作。

学练指导

1. 可以先从陆上呼吸练习开始，待掌握口吸鼻呼动作后，再过渡到水中手扶池边练习。

2. 练习时应始终保持睁眼，可以克服恐惧心理，并明确水中的方向。

3. 适应脸上有水的感觉，抬头吸气时，不用手擦脸上的水。

4. 熟练后，应连贯完成水中呼吸动作，不可在每次抬头吸气时出现停顿。

（四）漂浮

【动作方法】双腿开立站于浅水区，屈膝，使身体重心下沉并前倾，双臂上举，双侧上臂夹双耳。深吸气后闭气，低头身体前倒，同时双脚轻轻蹬离池底，四肢自然伸直，使身体呈俯卧水平姿势漂浮于水面。站立时，先收腹屈膝，使膝关节靠近胸口，然后双手掌下压、抬头，同时双腿下伸，脚触池底站稳，双臂在体侧轻轻拨水，以保持身体平衡。漂浮时身体状态如图 9-1-1 所示。

【动作要领】身体适度紧张，漂浮时全身呈一条直线，双腿上摆，将身体重心压向胸口处，便于身体浮起。

图 9-1-1　漂浮

学练指导

1. 练习时可以先尝试水中站立动作，避免因没有站稳造成恐慌。

2. 可以从双手扶池边漂浮练习开始，让同伴帮助自己轻轻抬起双腿，待熟悉双腿上摆的发力方式后，再独立完成。

3. 可以采用两人一组相互帮助的方式练习，需要时出手帮助对方站稳，并保持身体平衡。

（五）滑行

【动作方法】双脚前后分开站立于浅水区，双臂上举，双手并拢或重叠。深吸气后，上体前倾并屈膝，当头和肩没入水中时，前脚掌用力蹬离池底，然后双腿上摆、低头闭气，使身体呈俯卧漂浮于水面的姿势，并在水中向前滑行移动。待身体向前滑行接近停止时，收腹屈膝，使膝关节靠近胸口，然后双手掌下压、抬头，同时双腿下伸，脚触池底站稳。

【动作要领】低头，双臂夹双耳，双手尽量前伸，腰部、腹部要保持适度紧张，双腿伸直并拢，使身体伸展呈一条直线，并保持平稳状态。

学练指导

1. 练习时出现身体晃动是正常情况，要学会启动身体躯干部位肌群，控制身体在水中的平衡。

2. 要充分利用好脚蹬池底的动作，向前上方蹬离，滑行距离越远越好。

3. 熟练掌握该动作后，还可以进行蹬壁滑行练习，以进一步巩固和提高滑行的技术。

三、蛙泳基本技术

蛙泳因其划水和蹬腿动作酷似青蛙在水中游进而得名。蛙泳基本技术主要包括腿部技术、划水与呼吸技术，以及完整配合技术。

（一）腿部技术

【动作方法】蛙泳腿部技术可分解为收腿、翻脚、蹬夹和停稳 4 个动作，简称“收、翻、蹬夹、停”。在泳池浅水区站立，以身体俯卧漂浮于水面的动作作为预备姿势，双脚脚后跟靠近臀部（收腿）；勾脚外翻，脚尖指向身体两侧（翻脚）；保持翻脚姿势，两腿向侧后方蹬直腿，在接近蹬直腿时，两腿直腿夹拢（蹬夹）；保持这个姿势停 3 s 左右（停稳），向前滑行。然后收腹屈膝，使膝关节靠近胸口，双手掌下压、抬头，同时双腿下伸。站立休息后，再继续完成下一次蹬腿。练习蛙泳腿部技术可先在陆上进行俯卧蛙泳腿模仿练习，其腿部动作规范如图 9-1-2 所示。

【动作要领】注意动作节奏，收腿和翻脚动作相对慢一些，蹬夹腿动作要快速发力，速度越快越好，停稳的动作要保持足够时间，一般约为 3 s。在收腿时，双腿膝关节的距离应与肩同宽；翻脚时，既要勾脚，同时还要翻脚；在蹬夹腿的过程中，要始终保持勾脚的状态，直至蹬夹动作完成后，脚踝才能自然放松；在停稳环节，保持双腿上摆，不要下沉。

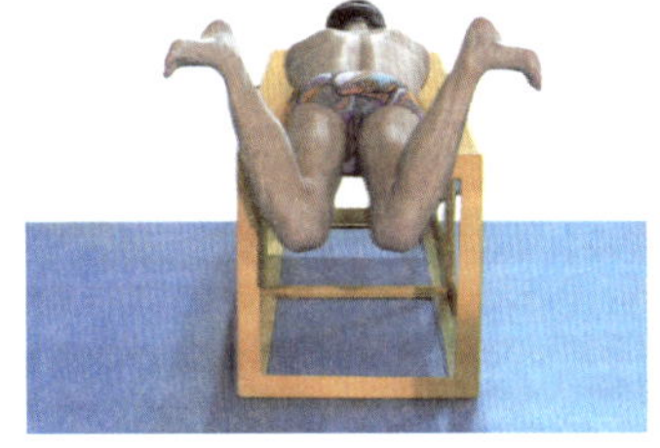
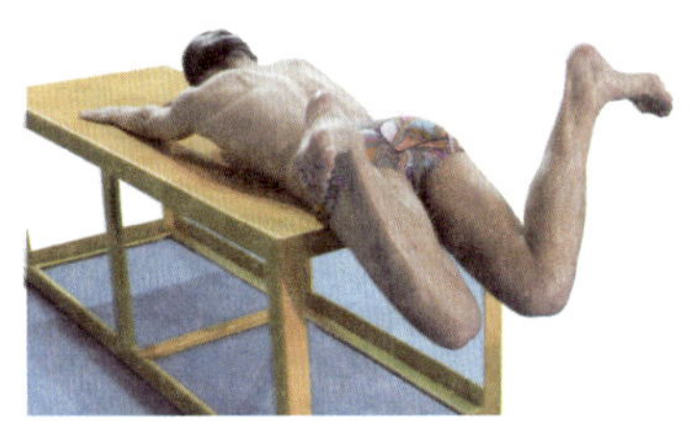

图 9-1-2　陆上俯卧蛙泳腿模仿练习

学练指导

1. 该动作可以采用陆上勾绷脚、陆上俯卧蛙泳腿模仿、半陆半水蛙泳腿模仿、水中手扶池边蛙泳腿和水中手扶浮板蛙泳腿等方式进行过渡练习。

2. 练习时可以按照“1、2、3”的口令进行。口令“1”时，慢收腿和翻脚；口令“2”时，快速蹬夹腿；口令“3”时，双臂前伸并拢，头没入水中并停顿片刻。双臂应始终保持伸直前伸，肘关节不要弯曲。

3. 该动作的易犯错误主要有3点：一是不翻脚，二是两膝关节分开过宽，三是脚未收紧靠近臀部。可以先采用分解练习，逐个动作步骤纠正后，再连续练习。

4. 基本动作熟练后，可以与呼吸动作结合起来练习，以保证长距离完成动作。

（二）划水与呼吸技术

【动作方法】蛙泳划水与呼吸技术可分解为外划与吸气、内划、伸臂与呼气3个动作。以身体俯卧动作作为预备姿势，外划与吸气开始时，双手掌向外倾斜约45°，直臂外划至比肩略宽的位置，同时抬头吸气；内划是在保持高肘的情况下，以一个半圆形的路线向后、向下、向内划水至胸前位置，在此阶段，头部始终在水面上向前看；伸臂与呼气动作是双臂前伸伸直，上臂夹紧耳朵，同时低头在水中呼气。

【动作要领】注意动作节奏，外划与吸气动作开始时，动作速度相对慢一些，内划、伸臂与呼气动作要连贯发力，不能有停顿，动作速度快一些。在外划与吸气时，先直臂完成，不要屈肘过早；在内划阶段，手掌要随着划水方向的变化，始终对准水，感受手上的阻力；伸臂与呼气动作应利用腰腹部力量，同时快速完成。

学练指导

1. 该动作可以采用陆上站立蛙泳划水模仿、半陆半水俯卧蛙泳划水模仿和水中站立蛙泳划水等方式进行过渡练习。

2. 练习时可以按照“1、2、3”的口令进行。口令“1”时，外划并抬头吸气；口令“2”时，内划、伸臂并低头在水中呼气连贯完成；口令“3”时，双腿并拢伸直，脚后跟尽量贴近水面。

3. 该动作的易犯错误主要有3点：一是两臂划水距离过长，影响动作节奏；二是划水与呼吸配合时机错误；三是伸臂与呼气后急于抬头吸气，省略了停顿的动作，导致节奏紊乱。可以采用分解练习，逐个动作纠正后，再连续练习。

4. 练习时注意外划与吸气的抬头时机，应随着水平的不断提高，逐渐滞后抬头时机。初学练习时，抬头时机早一些，外划开始即可抬头吸气，保证初学时能够顺利完成吸气动作；熟练后，抬头吸气时机逐渐滞后，在外划接近结束时抬头吸气，这样可以获得更多的向前推进力。

5. 上半身起伏的高度也应随水平变化不断调整。初学练习时，建议上半身不要上下起伏过大，防止腿部下沉；熟练后，可以在保证腿部不下沉的基础上，尝试上半身有一定起伏的波浪式蛙泳动作，以降低阻力。

（三）完整配合技术

【动作方法】蛙泳完整配合技术，就是将腿部技术、划水与呼吸技术结合起来，按照蛙泳臂、腿、呼吸 1∶1∶1 的配合方式（即每划水 1 次，蹬腿 1 次，呼吸 1 次），连贯完成动作。以身体俯卧姿势、双臂前伸、双臂夹双耳、双腿并拢作为预备姿势，先做两臂划水与吸气动作，接着做内划动作，在内划接近结束时收腿，收腿完成后，做双臂前伸和低头呼气动作，双臂前伸接近结束时开始蹬夹腿，最后形成臂腿并拢伸直的漂浮姿势。

【动作要领】蛙泳完整配合练习的重点是手、腿、呼吸的配合时机。难点是配合中的滑行动作，滑行动作如果不充分，游起来就会既吃力又慢。初学蛙泳时要记住“划手腿不动，收手又收腿，先伸胳膊后蹬腿，并拢伸直漂一会儿”的口诀。

1. 练习时可以按照“1、2、3、4、5”的口令进行。口令“1”时，外划并抬头吸气；口令“2”时，内划并收腿；口令“3”时，向前伸臂并低头呼气；口令“4”时，蹬夹腿；口令“5”时，身体保持漂浮于水面的姿势向前滑行。

2. 该动作的易犯错误主要有 3 点：一是翻脚或蹬腿质量不高，导致腿部动作效果不好；二是划水与腿部动作配合时机错误；三是滑行时间不足。可以采用分解练习，逐个动作纠正后，再连续练习。

3. 在开始练习蛙泳配合动作时，可以使用背漂、浮力棒等器材辅助完成练习。针对恐水的同学可以转动背漂，将背漂放在胸前练习，这样有利于呼吸动作的完成，待放松后再摘下背漂。动作熟练后，也要逐渐摘下助浮器材。突然摘下过多浮力器材，会导致无法完成动作。

4. 翻脚和蹬夹水动作是蛙泳重要的推进力，滑行动作则需要尽可能保持身体水平来减小阻力。这些动作的质量直接决定了是否能够完成长距离蛙泳游进。

5. 该动作可以采用陆上站立模仿、半陆半水俯卧模仿、水中推拉浮板和完整配合等方式进行过渡和巩固练习。

四、游泳比赛

游泳在奥运会比赛中是一个大项，包含游泳、跳水、水球、花样游泳和公开水域游泳 5 个分项。我们通常说的游泳比赛，指的是游泳分项的比赛。

游泳分项的比赛又包含 41 个小项，具体包括男子和女子蝶泳（50 m、100 m、200 m）、仰泳（50 m、100 m、200 m）、蛙泳（50 m、100 m、200 m）、自由泳（50 m、100 m、200 m、400 m、800 m、1 500 m）、混合泳（200 m、400 m），以及接力（4 × 100 m 自由泳接力、4 × 200 m 自由泳接力、4 × 100 m 混合泳接力、男女 4 × 100 m 混合泳接力）等项目。通常 50 m 和 100 m 被称为短距离项目，200 m 和 400 m 被称为中距离项目，400 m 以上则被称为长距离项目。

（一）比赛规则

1. 参赛通则

（1）当发令员发出“各就位”口令后，运动员应立即做好出发准备姿势，即至少有一只脚位于出发台的前端，手臂位置不限。

（2）运动员在出发信号发出前启动将被取消资格。

（3）运动员必须始终在其开始比赛的同一泳道内比赛和抵达终点。

（4）在所有项目中，运动员转身时必须触及池壁，不允许在池底跨越或行走。

（5）不允许拉分道线。

（6）游出本泳道阻碍其他运动员，或用其他方式干扰其他运动员者将被取消比赛资格。

（7）当所有比赛的运动员还未游完全程前，未参加比赛的运动员如果下水，取消其原定的下一次比赛资格。

（8）运动员到达终点后，或在接力比赛中游完自己的距离后，应在不影响其他仍在比赛运动员的情况下尽快离池，否则将被取消资格。

2. 蛙泳技术规则

（1）从第一次手臂动作开始，身体应保持俯卧姿势，除转身动作外，任何时候都不允许转成仰卧姿势。从出发开始到整个游程中，动作周期必须是以一次划臂和一次蹬腿的顺序完成。

（2）两手应同时在水面、水下或水上由胸前伸出。

（3）在每个完整动作周期内，运动员头的某一部分必须露出水面。两臂和两腿的所有动作应同时进行，不得有交替动作。

（4）在蹬腿过程中，两脚必须做外翻动作，不允许做交替打腿或向下的蝶泳打腿动作。

（5）在每次转身和到达终点时，两手应分开在水面、水上或水下同时触壁。在触壁前的最后一次划水动作结束后，头可以没入水中。但在触壁前的最后一个完整或不完整动作周期中，头的一部分必须露出水面。

3. 仰泳技术规则

（1）在出发信号发出前，运动员应在水中面向出发端，两手抓住出发握手器。禁止蹬在水槽内或水槽上，也不得用脚趾扣住水槽边缘。

（2）听到出发信号并完成转身动作后，运动员应蹬离池壁，在整个游程中保持仰卧姿势。在正常仰卧姿势下，允许身体做转动动作，但最大转动幅度不得达到与水平面成 90° 夹角，头部姿势不受此限制。

（3）在整个游程中，运动员身体的某一部分必须露出水面。但在终点前，当运动员头部越过终点前 5 m 的标志线后，允许身体完全没入水中。此外，在转身过程中以及出发和每次转身后不超过 15 m 的距离内，也允许运动员身体完全没入水中，但头部必须在 15 m 之内露出水面。

（4）转身时，运动员必须用身体的某一部分触壁，且必须成仰卧姿势蹬离池壁。

（5）运动员抵达终点时，必须以仰卧姿势触壁。

（二）观赛要点

1. 技术与动作规范

运动员的游泳技术是游泳比赛观赏的核心，涵盖出发、途中游、转身和冲刺等各个环节。重点观察运动员的出发反应速度、入水角度，途中游时身体的流线型姿态、划水的频率与幅度、踢腿的力度与节奏，转身的流畅性和速度，以及冲刺阶段的加速能力。留意选手在游进过程中是否能保持高效的划水动作，以减少水阻，保持稳定的游进节奏。特别是在长距离项目中，动作的规范性和持久性尤为重要。

2. 速度与比赛策略

游泳比赛中，速度是取胜的关键。可以关注运动员在不同阶段的游进速度，如出发后的抢位速度、途中游的匀速保持能力，以及最后冲刺的加速能力。游泳比赛以最先到达终点作为评判最终名次的标准，运动员通常会采用不同的比赛策略来完成比赛。有的运动员会采用先发制人的策略；有的运动员更倾向于匀速游进，保持稳定的节奏；还有的运动员更擅长后发制人，在比赛后期发力冲刺。

3. 运动员的体能与耐力

游泳项目对运动员的体能和耐力要求极高。在比赛中，运动员需要合理分配体力，以确保在全程比赛中都能保持良好的状态。可以观察运动员在不同阶段的体能表现，如出发后的爆发力、途中游的耐力维持，以及冲刺阶段的体能储备。同时，注意运动员在游进过程中的身体状态，是否出现疲劳、动作变形等情况。

4. 转身与冲刺技巧

转身技术是游泳比赛中的重要环节，直接影响运动员的游进速度和节奏。可以观察运动员转身时的动作是否流畅、快速，是否能有效利用转身动作实现加速。比赛结束前的冲刺阶段同样关键。运动员需要在最后的几米内发挥出最大的速度，可以关注运动员冲刺时的技术运用、体能爆发，以及触壁瞬间的动作，这些细节往往决定了比赛的胜负。

五、游泳安全卫生与救护

游泳是一项老少皆宜的健身运动。为了保障游泳过程中的安全，需要在游泳前做好充足的准备，包括树立安全意识，掌握基本的卫生与安全救护常识等。

（一）游泳安全

1. 牢固树立安全第一的意识

俗话说“水火无情”。尽管游泳能为人们带来诸多益处和无限乐趣，但水有时也可能危及生命。在游泳时，务必牢记安全第一的原则，切不可麻痹大意。若发现存在安全隐患，应及时相互提醒，以确保安全。

2. 选择安全的游泳场所

选择正规的游泳场所，游泳池深浅区要有明显的标志，深度适合游泳者的水平，水质符合卫生要求，水温适宜，有良好的救生设施和管理。不到没有安全保障的公开水域野泳。未成年人在进行游泳锻炼时，必须有监护人陪同。

3. 做好准备活动

在下水前要做好热身活动，以提高身体温度，降低肌肉的黏滞性，增强神经系统的兴奋程度。同时，要使颈、肩、腰、膝、踝等关节部位和全身肌肉活动开，以免发生关节损伤和肌肉拉伤。

4. 不进行危险的水中活动

游泳时不能进行有危险的活动，如潜水、嬉闹、推搡他人入水或多人抬一人扔下水等。特别是在暑期游泳旺季，游泳人数增多，若潜水或嬉闹，不仅容易发生踩踏或撞伤事件，还可能因耗氧量增加，导致缺氧甚至窒息。

5. 饥饿或饱食后不宜游泳

饥饿时游泳会使体内血糖浓度下降，无法及时提供足够的能量以满足运动和维持正常体温的需求，从而出现头晕或四肢无力等不良症状，严重时甚至会昏厥。饱食后游泳则会减少消化器官的血液供应，降低消化器官功能，影响食物的消化和吸收。此外，水的温度和压力会限制胃肠的蠕动功能，容易引起胃痉挛，出现腹痛或呕吐。因此，一般建议饱食半小时后才能游泳。

6. 剧烈运动后不宜马上游泳

人在剧烈运动或强体力劳动后，新陈代谢活动增强，体温升高。若此时马上下水游泳，身体突然受到冷水刺激，体温会迅速下降，抵抗力减弱，容易引起感冒。另外，剧烈运动后马上入水游泳还会造成疲劳的积累，易导致肌肉抽筋，甚至发生溺水事故。

7. 水中抽筋的预防及处理方法

抽筋，即肌肉痉挛。水中抽筋以小腿后侧抽筋最为常见。在游泳前做好热身活动，可以有效预防水中抽筋。如在游泳时出现了抽筋的情况，应立即呼叫救生员，或自主选择最近处上岸，将患腿伸直，同时勾脚，一手按住膝盖或小腿部位，另一手抓住脚趾，用力后扳并蹬直患腿，反复几次，就能消除肌肉痉挛。

（二）卫生常识

1. 不宜游泳的情形

凡患有传染性疾病的患者，不宜到公共游泳场所游泳。如患有严重高血压病、心脏病、精神病、癫痫病等，应避免下水，以免发生意外。

2. 选择合适的游泳用品

游泳用品分为必备用品和辅助用品。必备用品主要包括泳装、泳帽、泳镜，辅助用品有鼻夹、耳塞、防晒油等。必备用品要选择卫生且舒适的材料，辅助用品要根据游泳环境和自身水平相应选择。

3. 游泳后要及时淋浴

游泳结束后，应将全身冲洗干净，擦干身体，及时披上浴衣（巾）保温，防止感冒。如耳道进水，可采用同侧跳方法将水排出。

（三）安全救护常识

遇到危险时切记要“保持镇静，不要慌张，发出信号，等待救援”。如果自己在游泳时遇到危险或身体不适，应及时呼救或挥手，向岸上的救生员或路人发出信号。随后采用仰卧漂浮的姿势，身体仰卧于水中，四肢自然外展，均匀呼吸，切勿慌乱和挣扎，等待救援人员的到来。如果自己还有体力游到岸边，则应选择最短路线上岸。

如果遇到他人向你呼救的情况，切记不要盲目下水施救。绝大多数未成年人不具备直接下水施救的能力。如果直接下水施救，很可能无法达到救人的目的，还使自身陷于不利的情况中。因为在一般情况下，溺水者在水中都会有强烈的求生挣扎行为，迫切希望抓到漂浮物。如果施救者被溺水者抓住，则很难挣脱，从而限制施救者的行动，导致悲剧发生。

正确的处理方式是寻求他人帮助。在听到或看到呼救信号的同时，应及时寻求附近成年人的帮助，或拨打急救电话。同时，寻找附近是否有泡沫或空瓶子之类的可漂浮物，用抛掷的方式扔给溺水者，并用语言安抚溺水者保持放松，不要恐慌。

第二节　滑　冰

学习目标

1. 了解滑冰运动的基本知识，熟悉冰面特性，树立科学的冰上运动观念。

2. 掌握滑冰的基本技术，包括正确的滑冰姿势、正滑、倒滑等基本滑行技能。初步具备在冰上连贯滑行的能力，提高驾驭冰刀器材的能力。

3. 培养坚韧的意志和克服恐惧的勇气，增强力量、速度、耐力等身体素质，提高协调性、灵活性和平衡能力，以及机体对外界寒冷气温的适应能力。

4. 树立安全意识与自我保护意识，养成遵守滑冰场秩序和礼仪的习惯，感受滑冰运动的魅力，培养对滑冰运动的兴趣。

一、滑冰运动概述

滑冰运动是人体借助冰刀或其他特制的滑冰装备在冰面上进行滑行的一项体育运动。滑冰运动历史悠久，发展至今已形成多种竞技和大众项目，主要包括速度滑冰、短道速滑和花样滑冰。速度滑冰以竞速为核心，短道速滑兼顾速度与战术，花样滑冰强调艺术表现力和技术难度。

滑冰运动对身心发展具有独特作用。在生理方面，它能有效提高人体的平衡能力、协调性和心肺功能，同时增强下肢力量。由于滑冰通常在低温环境下进行，长期锻炼还能提高机体对寒冷和疾病的适应能力。在心理方面，滑冰有助于培养勇敢、坚韧的意志品质，克服对冰面的恐惧，增强自信心。

二、滑冰基本技术

学习滑冰首先要建立正确的动作框架、树立安全意识，之后再开始学习滑冰基本技术，通过各种练习，逐步掌握滑冰的基础动作，提高身体的平衡能力、协调能力和对冰面的适应能力。

（一）冰感培养

1. 站立姿势

【动作方法】双腿微屈，脚踝直立，双脚平行，微微打开，刀尖向前，身体重心控制在两腿中间和脚的中部，背部保持挺直，身体自然放松，目视前方，如图 9-2-1 所示。

【动作要领】身体的重心放在两腿之间，感受冰刀的特点，提高对冰刀的适应能力。

图 9-2-1　站立姿势

学练指导

1. 在上冰体验前，应先做热身活动，以避免运动损伤。

2. 在上冰前要佩戴好护膝、护肘、手套和安全头盔，穿长袖紧身服装，避免在练习过程中受伤。

3. 上冰前可以先穿冰鞋在陆地踏步行走，感受冰刀的特点，提高对冰刀的适应性。

2. 原地向前、向后滑动

【动作方法】在冰上站立，两脚平行，冰刀平刃立稳，身体重心保持在中间位置，一脚向前，同时另一脚向后滑动，形成两脚交替前后滑动的动作，两臂端起，随其前后协调配合摆动，反复进行滑动，如图 9-2-2 所示。

【动作要领】滑行时两脚始终保持平行，前后滑动距离在可控制范围内逐渐由小至大，重心要保持在两脚中间，由大腿发力做前后滑动。

图 9-2-2　原地向前、向后滑动

学练指导

1. 原地向前、向后滑动是培养冰感的第一步，在前后滑步的过程中体会冰刀在冰面滑动的感觉，同时让紧张的部位协调放松。

2. 通过尝试保持身体平衡，体会冰刀刀刃立于冰面、在冰面滑动支撑体重的感觉，消除紧张和怕摔的心理。

3. 注意冰刀尽量平刃着冰，脚踝直立，滑动的幅度逐渐由小至大，两臂自然摆动。

3. 站立蹲起

【动作方法】在冰上站立，目视前方，双脚平行并微微打开，双手向前平举，下蹲，使大腿与小腿成 90° ~ 110°，身体重心放在两腿中间，腿部缓慢蹬直，同时上体直立，如图 9-2-3 所示。

【动作要领】缓慢下蹲，保持下蹲姿势稳定后再蹬起，始终保持上体挺直和身体平稳。

图 9-2-3　站立蹲起

学练指导

1. 下肢肌群的平衡稳定和力量对于滑冰运动尤为重要，需要发展下肢的力量和控制能力来促进机体平衡能力和滑行能力的提高。

2. 在练习过程中准备姿势要做好，听到口令后开始做蹲起动作，10次为一组，练习3～4组。

3. 掌握动作后可进行自主练习，20～30次为一组，练习3～4组。通过反复练习提高肌肉力量，以更好地保持平衡。

4. 原地踏冰

【动作方法】目视前方，冰刀平刃立稳，一条腿支撑身体，另一条腿向上微屈抬起，使冰刀抬离冰面10 cm，之后冰刀着冰落稳，同时身体重心移至新的支撑腿上，左右腿反复交替，如图9-2-4所示。

【动作要领】大腿向上抬，逐渐与冰面平行，以延长单腿支撑和控制平衡的时间。落冰时控制冰刀，保持平刃着冰。

图9-2-4　原地踏冰

学练指导

1. 练习前可以先穿冰鞋在地毯或软垫上进行踏步练习，以消除紧张和怕摔的心理，提高单腿支撑保持平衡的适应性。在冰上练习时，大腿抬起的高度逐渐由低到高，直至大腿抬至与冰面平行。

2. 在练习过程中，听到口令后开始做抬腿动作。原地以10～20次为一组，练习3～4组。反复练习后再做行进间踏步，20～30 m为一组，练习3～4组。以提高肌肉力量，更好地保持平衡。

5. 冰上蹲跳

【动作方法】目视前方，上体前倾，成下蹲姿势，双臂屈肘向前，使大腿与小腿成 90°，双脚平刃支撑，开始蹬冰，双腿用力蹬冰跳起，落冰后，下蹲成开始姿势，如图 9-2-5 所示。

【动作要领】跳跃时落冰要稳，冰刀平刃着冰。

图 9-2-5　冰上蹲跳

学练指导

1. 冰上蹲跳是一项发展下肢力量和稳定性的练习。在跳跃的过程中要以核心为轴，保持核心收紧，能增加稳定性。

2. 起跳时按照髋、膝、踝关节顺序发力，蹬冰起跳，落冰时冰刀平刃着冰。

3. 在练习过程中听到口令后开始起跳，起跳高度由低到高。以 10 次为一组，练习 3～4 组。熟练后再做行进间练习，20～30 m 为一组，练习 3～4 组。以此提高肌肉力量，增加稳定性。

6. 摔倒起立

【动作方法】当身体失去平衡时，迅速降低重心，四肢尽量向躯干靠拢，头部向胸前低收，形成团身动作，使身体一侧着冰面，不要挣扎，顺势摔倒，避免损伤头部和尾骨。摔倒后，翻身双膝跪地，双手撑地，同时身体重心移动到支撑腿上变为单膝跪地后，回到安全站立姿势。动作过程如图 9-2-6 所示。

【动作要领】摔倒时，降低重心，顺势摔倒。不要用单臂和手指支撑接触冰面，避免关节骨折受伤。摔倒后注意观察周围的情况再站起，防止被撞击。

图 9-2-6 摔倒起立

学练指导

1. 在滑冰运动中，摔倒是不可避免的，学会合理的摔倒起立方法非常重要，可以避免运动损伤。

2. 在练习过程中要注意与同伴之间的距离，彼此之间要保持足够的空间，摔倒时倒向一侧，避免发生碰撞。

3. 先练习在原地摔倒，之后练习在起速慢滑中摔倒，克服在滑行中对摔倒的恐惧，避免摔伤，提高安全摔倒意识。

（二）正滑基本技术

1. 前画弧 

【动作方法】上体直立，目视前方。双脚刀跟并拢站立，两脚呈外“八”字形，双腿膝关节弯曲，自然下蹲。身体重心向前倾，同时用双脚冰刀内刃向外推出，使两脚分开向前滑行，保持身体重心位于两脚之间。当脚向外滑至最大弧线时，两脚尖迅速内收靠拢，呈明显内“八”字形，直至双脚平行并拢，连续做双脚的分开和靠拢，向前滑行。动作过程如图 9-2-7 所示。

【动作要领】当脚向外滑至最大弧线时，两脚尖迅速内收靠拢，恢复开始姿势。双脚的分开和靠拢动作连贯、流畅。全程双脚都不离开冰面。

图 9-2-7 前画弧

1. 前画弧滑行是指在冰面上滑出一个接一个的圆形，使滑行路线呈现“8”字形。

2. 通过前画弧练习，初步掌握正确的蹬冰方法，体会在冰上蹬冰滑行的感觉。蹬冰动作要按髋、膝、踝关节的顺序依次进行，蹬冰幅度在可控范围内尽量向侧蹬至最大距离，节奏由慢至快。注意两腿同时发力，蹬冰力量一致，保持平稳。

3. 逐渐加快蹬冰频率，画弧动作连贯流畅，注意重心的平稳转移。若出现画弧不规则、重心不稳的情况，应及时调整姿势和发力方式，多练习巩固。

2. 单脚画弧

【动作方法】上体直立，目视前方。屈膝下蹲，重心落在一条腿上，准备好后，支撑腿主动发力向侧蹬出，向前滑行，蹬完屈膝，收回冰刀，靠近支撑腿。右腿蹬滑过去，左腿蹬滑回来。动作过程如图 9-2-8 所示。

【动作要领】上体直立，目视前方。支撑腿完全承担体重，冰刀按照滑行轨迹（呈“C”字形）收回。

图 9-2-8 单脚画弧

1. 稳定的滑行姿势是滑行中的重要基础性条件。单脚滑行是获得更快速度的关键。在单脚承接重心的过程中，支撑腿要主动发力，侧前蹬冰，以获得速度。

2. 练习过程中要保持屈膝下蹲，膝关节稳定，不要内扣，并利用臀部和大腿的肌肉力量进行向侧推蹬。注意蹬冰动作要按髋、膝、踝关节的顺序依次进行。

3. 在分解动作熟练后，可进行连贯的单脚画弧练习。初期练习时速度不宜过快，随着对动作的熟悉和平衡能力的提升，逐渐加快侧蹬速度。

3. 重心移动侧蹬 

【动作方法】屈膝下蹲，重心放在右腿支撑腿上，保持鼻、膝、脚尖三点一线。左腿冰刀内刃踩住冰面主动发力，力量由髋部发出，通过膝关节贯穿于脚下作用于冰面，向侧蹬出，充分蹬直。以大腿带动小腿向支撑腿放松收腿，向内侧靠拢，成双支撑滑行。左腿支撑，右腿充分侧蹬，向前滑行。两腿交替进行。动作过程如图 9-2-9 所示。

【动作要领】支撑腿保持稳定，动作连贯，重心平稳。

图 9-2-9　重心移动侧蹬

 **学练指导**

1. 要按照正确的动作要领把之前学过的动作连接起来，通过左右腿连贯蹬收的方式获取速度，左右滑动起来。

2. 在练习过程中感受左右移动重心的感觉，控制好脚下的冰刀，保持蹬冰的幅度和滑行姿势。蹬冰力量要一致，以保持平稳的滑行，并注意膝关节的稳定性，不要内扣。滑行的节奏由慢至快。

3. 连贯地进行移动重心侧蹬练习，注意保持身体稳定，避免重心失控。练习中若出现重心不稳、侧蹬无力等问题，应及时调整姿势和发力方式。

（三）倒滑基本技术

1. 倒滑后画弧

【动作方法】屈膝下蹲，目视前方。双脚跟稍分开，脚尖相触，呈内“八”字形。

用两脚内刃踩住冰面主动发力，力量由髋部发出，通过膝关节贯穿于脚下作用于冰面向侧前蹬冰，向后滑行。同时，两脚由内“八”字滑变外“八”字。向后外滑至最大弧线时，两脚跟收拢，恢复开始姿势，随后重复上述动作。动作过程如图 9-2-10 所示。

【动作要领】当向外滑至最大弧线时，两脚跟迅速内收靠拢，恢复开始姿势。动作连贯，重心平稳，连续做双脚的分开和靠拢，向后滑行。

图 9-2-10 倒滑后画弧

学练指导

1. 通过倒滑后画弧练习，可以进一步提升对冰刀的驾驭能力，使脚下更灵活地掌握滑行路线。

2. 在练习的过程中，要保持身体重心平稳，核心收紧，保持重心在中心位置。蹬冰动作要按髋、膝、踝关节的顺序依次进行，蹬冰幅度在可控范围内尽量向侧蹬至最大距离，两腿同时发力，蹬冰力量要一致，保持身体平稳。

3. 熟练画弧动作后，再进行连贯的倒滑后画弧练习。开始时速度放慢，幅度适中，随着熟练度增加，可适当加快速度和增大画弧幅度。注意控制好重心，避免摔倒。练习中若出现画弧不圆、重心不稳等情况，应及时调整姿势和发力方式，巩固动作要领。

2. 倒滑单脚画弧

【动作方法】屈膝下蹲，重心落在一条腿上，另一条腿以向侧前蹬的方式向后滑行。蹬完屈膝收腿，靠近支撑腿。右腿蹬滑过去，左腿蹬滑回来。动作过程如图 9-2-11 所示。

【动作要领】支撑腿完全承担体重，冰刀按照滑行轨迹呈“C”字形收回。

图 9-2-11 倒滑单脚画弧

学练指导

1. 倒滑单脚画弧需要更稳定的滑行姿势，单脚承接重心后要主动发力，侧前蹬冰，以获得速度。

2. 在练习的过程中，要保持屈膝下蹲，膝关节稳定，核心收紧，将重心保持在中心位置，不要撅臀或重心偏后，利用臀部和大腿的肌肉力量进行向侧推蹬。蹬冰动作要按髋、膝、踝关节顺序依次进行。

3. 熟练掌握单脚画弧后，进行连贯动作练习。先以较慢速度交替进行，保持动作流畅，逐渐加快节奏。注意蹬冰与画弧的衔接，蹬冰要有力，画弧时冰刀与冰面贴合紧密，控制好弧线的大小和形状。画弧过程中，重心始终保持在支撑脚的正上方，避免重心偏移导致摔倒。

3. 倒滑连贯滑行

【动作方法】屈膝下蹲，目视前方。重心落在一条腿上，准备好后由支撑腿主动发力向侧前蹬出，完全蹬展后，浮腿随即放松，屈膝顺着滑行轨迹画“C”字形弧线回收，靠近支撑腿。恢复准备姿势平稳后，依照上述方法向另一侧蹬动，反复练习。动作过程如图 9-2-12 所示。

【动作要领】滑行过程中，向侧前蹬冰，支撑脚踝立直，动作连贯，重心平稳。

图 9-2-12 倒滑连贯滑行

1. 按照正确的动作要领把之前学过的动作连接起来，通过左右腿连贯蹬收的方式获取速度滑动起来。

2. 在练习过程中要控制好脚下的冰刀，保持蹬冰的幅度和滑行姿势，感受移动重心的感觉，重心保持在中心的位置，不要撅臀或重心偏后。蹬冰力量要一致，保持平稳地滑行。在滑行过程中注意膝关节的稳定性，不要内扣。滑行的节奏由慢至快。

3. 倒滑时，身体随着蹬冰动作自然转动，手臂可适当摆动辅助平衡，头保持向前看，通过每一次蹬冰，确保滑行方向。

4. 可多观察优秀滑冰者的动作，学习他们的技巧和姿势。勇于尝试和挑战自己，但不要急于求成，逐步提升难度和速度。

三、滑冰比赛

滑冰比赛是一项结合速度、技巧与艺术性的冰上运动，不同项目的规则存在较大差异，但都能充分展现运动员的冰上控制能力与动作美感。

（一）比赛规则

1. 速度滑冰

速度滑冰比赛在 400 m 距离内展开，运动员于冰面上比拼滑行速度，用时短者获胜。该项目分为短距离、中距离和长距离项目，如 500 m、1 000 m、1 500 m 和集体出发等。

2. 短道速滑

短道速滑在周长为 111.12 m 的椭圆形赛道上进行，采用多名选手同场竞技的淘汰制。比赛中容易出现超越和碰撞的情况，最终按选手到达终点的先后顺序确定名次。该项目设有 500 m、1 000 m、1 500 m 和接力等项目。

（二）观赛要点

1. 赛道与项目特点

滑冰比赛根据项目不同，赛道特点和要求各异。长距离和短距离的速度滑冰比赛对选手的耐力、爆发力有不同侧重；短道速滑的赛道狭窄、弯道多且离心力大，选手间的竞争更为激烈，碰撞和超越频繁发生。可关注不同项目赛道的独特设计，以及这些设计如何影响选手的发挥。

2. 技术与滑行姿势

滑冰技术对选手成绩起着决定性作用，是观赛的重点。应留意选手的滑行姿势，如身体重心的变换、蹲屈的角度、摆臂的配合等，这些都会影响选手的滑行效率和稳定性。在短道速滑中，选手的弯道技术尤为关键，可以观察他们如何在快速滑行中保持倾倒角度精准地通过弯道；在花样滑冰中，则要关注选手的跳跃高度、旋转周数、步法的连贯性和优美程度，以及身体姿态的舒展与优雅。

3. 速度与节奏控制

速度是滑冰比赛的核心要素之一。在速度滑冰中，选手的速度往往能达到极高的水平，可以欣赏他们在冰面上风驰电掣的滑行，关注选手如何在高速状态下保持稳定的节奏和精准的滑行路线。短道速滑虽然赛道较短，但选手间的速度竞争同样激烈，而且比赛过程中弯道节奏变化快，可留意选手在不同阶段的领滑、跟滑和超越策略。

4. 团队配合与战术实施

在短道速滑接力中，可以注意选手之间的交接棒技术、团队的整体棒次安排，以及选手之间的默契配合和战术执行，这些因素往往能决定比赛的胜负，同时也为观众带来精彩的视觉盛宴。

5. 比赛的高潮与关键时刻

滑冰比赛中有许多令人热血沸腾的高潮时刻，如短道速滑的冲刺阶段、花样滑冰选手完成高难度动作等。应特别留意这些关键时刻，感受选手们的拼搏精神和竞技魅力。在比赛结束前，选手们的体能和意志力将面临巨大考验，他们的冲刺和最后表现往往能决定最终的胜负。

四、滑冰安全防护与救助

滑冰运动由于难以保持平衡，容易发生碰撞和摔倒，再加上冰刀锋利、环境寒冷等因素，运动损伤时有发生。因此，初学者在学习滑冰时，若想将危险降到最低，需增强自我保护意识，掌握安全防护要点。

（一）安全要点

1. 滑冰前的身体条件检查

在进行滑冰活动前，进行身体条件检查十分必要，这有助于确保自身安全，更好地享受滑冰乐趣。心脏病、高血压患者应避免进行剧烈的快速滑行动作，若仅为锻炼身体，可进行慢速滑行。此外，过度疲劳时不宜滑冰。

2. 选择安全的滑冰场所

选择一个安全的滑冰场所，对于享受滑冰乐趣和保障自身安全至关重要。应在专业教师或教练的指导下上冰滑行，严格遵守场地规定，听从教师或教练的指挥。切勿到没有安全保障的野冰上滑行，未成年人滑冰时应有成年人陪伴。

3. 合理安排运动负荷

应根据个人身体条件选择合适的滑冰技术动作，循序渐进地进行学习。在进行强度大、时间长的滑冰练习时，要及时补充能量。

4. 不进行危险的冰上活动

上冰后，应按逆时针方向滑行，严禁做出危险或妨碍他人的动作。同时，要注意观察场地情况，避开不平整或有杂物的冰面。

（二）防护要点

1. 选择合适的滑冰装备

穿着合适的长袖服装和冰鞋，佩戴安全头盔和防切割手套等防护用具。衣兜里不要放置钥匙、小刀或手机等坚硬、锐利或易碎的物品。

2. 做好热身和整理活动

滑冰前要做好热身活动，如慢跑等，尤其是手腕、上下肢各关节及韧带要充分活动开。下冰后要进行放松拉伸，以更好地保护肌肉。

3. 养成滑冰时抬头观察的习惯

养成滑冰时抬头观察的习惯，掌握快速躲闪技术，学会在必要时利用臀部或后背等撞击场地上围挡的防护垫。

4. 掌握安全的摔倒方法

摔倒时要注意保护头部，尽量将冰刀置于安全位置。摔倒后，要慢慢起身，并注意观察周围的情况，防止被他人撞击。

（三）救助要点

1. 滑冰时受伤的自我救助

受伤后，在不清楚伤情的情况下，不要急于移动。应根据自我感觉，缓慢移动并站起。如果发现疼痛剧烈，要及时请随行同伴或场内其他滑冰者给予帮助，或拨打医疗救护电话。

2. 他人受伤的救助要点

遇到他人受伤时，先不要立即触碰伤者，应询问情况。如果伤势不重，可帮助寻找冰场的教练或医务人员。如果伤势严重，应立即拨打医疗救护电话。

第十章 · 新兴体育运动

新兴体育运动是近年来逐渐兴起并受到广泛关注的一类运动项目。这类运动丰富了体育运动的多样性，也为参与者提供了全新的运动体验和挑战。本章介绍极限飞盘和定向运动这两个各具特色的新兴体育运动项目。极限飞盘运动结合了速度、技巧和团队合作等元素；定向运动则以其独特的规则和竞技方式，考验参与者的策略规划与应变能力。参与这些运动，既能够提升身体素质，又能培养团队精神、增强自信心。通过本章的学习，我们将掌握这些新兴运动的基本技术、技能和战术，了解比赛基本规则，体验运动带来的乐趣与挑战。

第一节 极限飞盘

学习目标

1. 了解极限飞盘运动的特点、锻炼价值和比赛规则等基本知识。

2. 掌握极限飞盘运动传盘、接盘等基本技术，培养空间感知能力、跑位意识，提升反应速度和手眼协调能力，提高传接盘的准确性和对传接盘时机的把握能力。

3. 积极参与极限飞盘运动，体验极限飞盘运动带来的乐趣与锻炼效果，培养团队协作精神，以及遵守比赛规则的意识。

一、极限飞盘运动概述

极限飞盘运动是一项集竞技性、趣味性和社交性于一体的户外运动项目，凭借其简单易学、参与门槛低，以及强调团队协作等特点，逐渐在全球范围内流行开来，成为广受欢迎的休闲与竞技活动。它融合了橄榄球、足球和篮球等运动项目的特点，参与者不仅要运用攻防的技术、战术，还必须具备良好的体能、智能和团队精神。极限飞盘运动有不设裁判和无身体接触的特点，参与者在场上要相互尊重对方做出的裁决，这种彼此尊重被称为极限飞盘精神。

极限飞盘运动不仅具有锻炼身体、改善心肺功能等健身价值，还能促进人际交流，培养团队合作精神和竞争意识，已成为青少年休闲娱乐、健身锻炼和团队建设的优选项目。

二、极限飞盘运动基本技术

极限飞盘运动技术是指参与者在极限飞盘比赛中，为了完成传盘、接盘、跑动、防守等技术、战术而采用的一系列方法和技巧。以下主要介绍传盘和接盘两项基本技术，学会这两项技术是参与极限飞盘运动的基础。

（一）传盘

传盘技术主要包括反手传盘和正手传盘。反手传盘是极限飞盘运动中最基础、最常用的传盘技术，正手传盘则是一种适合快速传递和突破防守的技术。学习传盘技术前还要先掌握相应的握盘方法。

1. 握盘方法

（1）反手握盘。持盘手手掌紧贴飞盘边沿，其余四指以握拳姿势放在飞盘底部，食指要同时接触飞盘边沿及底面，将大拇指放在飞盘正面的凸起纹路上并向下压，端平飞盘，使其与手腕和前臂呈一条直线，如图 10-1-1 所示。

（2）正手握盘。将飞盘放置于虎口位置，用虎口和大拇指夹紧飞盘的外沿，拇指指向飞盘中心，中指压在飞盘的内沿上，食指与中指并拢，如图 10-1-2 所示。

图 10-1-1 反手握盘

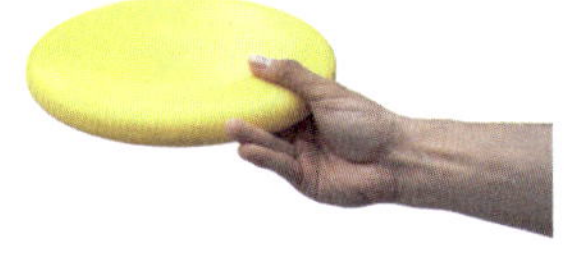

图 10-1-2 正手握盘

2. 反手传盘

【动作方法】双手持盘调整准备，反手握盘，握盘手同侧腿向斜前方迈出，重心保持在身体的中轴线上，用连贯的动作将飞盘掷出，如图 10-1-3 所示。

【动作要领】握盘不要太紧，掷出飞盘时手腕要旋转发力，手臂自然弯曲。

3. 正手传盘

【动作方法】双手持盘调整准备，正手握盘，握盘手同侧腿迈向身体侧面成侧弓步，重心降低，保持身体平衡，核心发力，通过手腕和前臂的甩动，将飞盘掷出，如图 10-1-4 所示。

【动作要领】保持重心始终在身体中轴线上，手肘靠近身体，肩膀略微下沉。

图 10-1-3 反手传盘

图 10-1-4 正手传盘

学练指导

1. 与同学保持 5～10 m 距离，反复练习正手、反手传盘，注意动作的连贯性。

2. 可通过设置目标点，练习传盘的准确性。

3. 在移动中练习传盘，提升动态传盘能力。逐渐增加传盘距离，提升传盘的力量。

4. 传盘过程中注意根据距离调整传盘的力度，并注意风向，适当调整传盘的角度和力度。

5. 正手、反手传盘常见问题与解决方法见表 10-1-1。

表 10-1-1 正手、反手传盘常见问题与解决方法

常见问题	解决方法
飞盘从接盘人头上飞过	传盘时降低飞盘的前端
飞盘没到接盘人之前就落地	传盘时抬高飞盘的前端
飞盘直接落地并在地上滚动	出手时确保手掌向上，在水平面上完成传盘动作
飞盘在飞行中抖动或飞行轨迹不平	传盘时稍握紧盘，腕、指用力，使盘平行飞出，提高飞盘旋转速度
飞盘飞行无力	传盘时侧对接盘人，形成垂直的角度，以便于发力。身体重心随飞盘出手向前移动
飞盘飞行方向偏离至接盘人的体侧	调整出手的时机和飞盘的角度，尝试通过不同角度传盘，找到最佳角度，做出随挥动作时指向传盘方向，发力动作在同一水平面

（二）接盘

接盘是极限飞盘运动中至关重要的技术，直接影响比赛的流畅性和得分机会。常见的接盘方式包括双手拍接、握接，以及单手握接。

1. 双手拍接

【动作方法】一般在飞盘飞向接盘人腰部以上、肩膀以下的位置时采用。接盘人双手平行，掌心相对，五指尽量张开，以扩大接盘面积，传盘的惯用手放在上面，以方便在接盘后快速转成传盘动作，如图 10-1-5 所示。

图 10-1-5 双手拍接

【动作要领】接盘过程中，注意力集中，始终注视飞盘，调整身体姿势，使躯干和飞盘垂直，接住飞盘后将飞盘往怀里带，进行缓冲保护。

2. 双手握接

【动作方法】一般在飞盘高于接盘人肩膀或者低于接盘人腰部时采用。手臂尽可能地向前伸展，迎向飞行中的飞盘，飞盘高于肩膀时，手掌向下，拇指在飞盘底部；

飞盘低于腰部时，手掌向上，拇指在飞盘正面，当双手触碰到飞盘时，用力握住飞盘，先保证将飞盘控制在手中，再考虑下一步的传盘动作，如图 10-1-6 所示。

【动作要领】注意力集中在飞盘上，冲刺跑向飞盘，不要减速。

图 10-1-6　双手握接

3. 单手握接

【动作方法】双脚与肩同宽，膝盖微曲，身体略微前倾，接盘手自然伸展，手掌张开抓握，盘过高时可跳起接盘，如图 10-1-7 所示。

【动作要领】观察飞盘的飞行轨迹，预判接盘点。迅速伸手接盘，手掌对准飞盘中心，手指迅速合拢，抓住飞盘边缘。接盘后手臂略微后收，缓冲飞盘的冲击力，确保接盘稳定。

图 10-1-7　单手握接

学练指导

1. 与同伴保持 5～10 m 距离，反复练习单手、双手接盘，注意动作的连贯性。
2. 可通过设置不同高度和角度的传盘，练习接盘的准确性。
3. 在移动中练习接盘，提升动态接盘能力。
4. 可与同伴进行快速传接练习，提升反应速度和接盘的稳定性。
5. 单手、双手接盘常见问题与解决方法见表 10-1-2。

表 10-1-2　单手、双手接盘常见问题与解决方法

常见问题	解决方法
接盘不稳	通常是手指抓握不紧或缓冲不足，需加强手指力量和缓冲练习
接盘不准	可能是预判不准确或伸手不及时，需加强观察和反应练习

三、极限飞盘基本战术

极限飞盘战术包括进攻战术和防守战术，是指在极限飞盘比赛中为得分取胜，在规则的要求下灵活应用各种飞盘技术而采取的一系列配合和策略。极限飞盘比赛通常在一块长 100 m、宽 37 m 的草地上进行。每队有 7 名队员在场上比赛，分为公开组（男子组）、女子组和混合组（3 男 4 女或 4 男 3 女）。比赛分为上下两个半场，不设裁判，依靠队员自我裁定。进攻队员一旦持盘便不能移动，只能通过传递飞盘给队友来推进。每一方队伍防守一个得分区，如果一名己方队员在对方防守的得分区内成功接住飞盘，即得 1 分。在比赛过程中，不得有身体接触，如果飞盘落地或被对方截断，则立即攻防转换。

（一）进攻战术

进攻战术是在极限飞盘比赛中，进攻方为了将飞盘传入对方得分区得分而采取的一系列策略和行动，主要包括竖排战术和横排战术。在进攻中，要保持飞盘在场上转移，利用回传和横传来拉开空间，充分利用场地的宽度和长度，逼迫防守方不断移动，从而找到防守的空当，获得进攻推进的机会。

1. 竖排战术

队员沿场地纵向排列，通过有序地传递和跑位来创造进攻机会，持盘队员负责组织进攻，前列队员快速跑位寻找接盘空间。

2. 横排战术

队员沿场地横向排列，通过横向传递和跑位来拉开防守，创造进攻机会，持盘队员利用横向传递调动防守，队员之间保持适当距离和角度，确保传盘安全。

（二）防守战术

防守战术是在极限飞盘比赛中，防守方为了阻止对方将飞盘传入己方得分区得分而采取的一系列策略和行动，主要包括人盯人防守、区域防守、防守接盘人、补防、逼向防守。以下主要介绍人盯人防守和区域防守。

1. 人盯人防守

人盯人防守是一种较为基础且常见的防守方式，即每位防守队员负责盯防对方一名特定的队员，限制其接盘和参与进攻的机会，需要防守队员时刻保持专注，紧密跟随被盯防者的移动。

2. 区域防守

区域防守是将场地划分为多个区域，每个区域的防守队员负责防守该区域内的进攻队员，保持队形紧凑，相互协防和补位，限制进攻方的得分机会。

第二节 定向运动

学习目标

1. 了解定向运动的特点和锻炼价值，培养观察、分析和解决问题的能力。

2. 掌握定向运动中地图和指北针的使用方法，提高根据地图标识判定和选择行进路线的能力，提升应变能力和快速反应能力。

3. 增强耐力、灵敏等身体素质，提高身体健康水平，培养吃苦耐劳和顽强拼搏的意志品质。

4. 初步具备参加中短距离定向比赛的能力，培养在公园、山地和林地参加定向运动的兴趣，养成良好的锻炼习惯。

一、定向运动概述

定向运动是一项运动员借助地图和指北针，在尽可能短的时间内，按顺序抵达地图上所标记的检查点在实际场地中对应位置的运动，通常在公园、山地、丛林等环境中进行。在跑动过程中需要穿越森林、跨越沟坎、翻越山岭等，有助于发展力量、耐力、平衡等身体素质和心肺功能，是一项集技能与体能于一体的运动。定向运动的比赛环境多样，且要求独立寻找点标，能够培养独立分析、判断问题和处理问题的能力，以及面对困难沉着冷静和顽强勇敢的心理素质。

二、定向运动基本技术

定向运动基本技术是指在参与定向运动过程中，为实现快速、准确抵达地图所标注的检查点这一目标，所运用的一系列专业技能与方法，主要包括读图、指北针应用、距离判断、路线选择、重新定位，以及检查点捕捉等。

（一）读图

作为一种专用地图，定向地图包括各种符号与颜色标注的实际地点的地貌、植被、人工地物、岩面与石块、水体与湿地等内容，还涵盖磁北线、比例尺注记、等高距注记、图例及检查点说明等信息，如图 10-2-1 所示。其中，比例尺是地图上距离和实地距离的比例，可以帮助判断地图范围和跑动距离；等高线是展示地表面的起伏形态，可以帮助判断地形的高低与坡度。

图 10-2-1 某公园定向运动地图

读图技术是通过读取和分析地图上显示的信息，在大脑中构建实际地形的过程。首先要标定地图，使指北针指示的北方与地图上的北向重合，确保地图方向与实际方向保持一致；之后利用地图信息和指北针确定下一个目标的方位。在熟悉读图的过程中，可以采用简化读图法，即忽略地图上复杂的或次要的地形地貌特征，仅关注地图上标注的建筑物、水域或等高线等比较大的或具有导航作用的特征。

（二）指北针应用

在定向运动中，指北针主要用于标定地图和确定前进方向，是定向运动不可或缺的工具之一，如图 10-2-2 所示。

在原地标定地图时，转动身体直至指北针磁针与地图磁北线平行，且磁针红端（北端）与磁北方向一致，此时地图即被标定。

在使用指北针时，应确保其呈水平位，待磁针稳定后再进行操作。但在沿着前进方向穿越特征稀少的开阔地时，应尽量利用前进方位方向上可视的目标来导航，减少对指北针的依赖。如果仅依靠地图即可导航，可不使用指北针，以提高行进速度。

图 10-2-2 指北针

（三）距离判断

距离判断的准确性主要取决于平时训练和比赛经验的积累。运动员通过长期的实践总结经验，会形成自己的距离判断风格。

步测是定向运动中测量距离的基本方法。在平坦的地形中，可通过计算复步数（以两步为一个单位，即同一只脚的着地次数）来估计两点间的水平距离。为提高步测的准确性，需要培养比较精确的距离感，可以使用不同比例尺的地图进行反复练习。

（四）路线选择

路线选择是指在检查点间选择行进路线的技能，是定向运动的灵魂，也是定向运动区别于越野跑的核心特征。虽然定向运动要求运动员在尽可能短的时间内完成比赛，但由于受到竞技状态、地形、植被、爬高量等因素的影响，距离最短的路线并不一定是最佳的路线。

作为初学者，常存在“找到检查点最重要”的误区。实际上，选择路线与找到检查点同样重要。在选择路线时，应先确定检查点特征，再确定攻击点，最后确定路线。与路线选择相关的技术主要有攻击点技术、偏向瞄准技术、等高线技术等。

（五）重新定位

重新定位是指在丢失站立点后，利用标定地图、路线回忆、安全方位和重新定位特征确定站立点的技术。发现丢失站立点后，应立即停下来，标定地图，进行图地对照、回忆与思考。

如果得到的结论不能解决重新定位问题，应再检查地图，跑向最近的显著特征处，在该处通过标定地图进行重新定位。必须牢记：在迷失的地方漫无目的地搜索会延误更多的时间。

（六）检查点捕捉

检查点捕捉是定向运动的重要环节之一，所有技术都是围绕检查点捕捉来进行的。首先要找到检查点附近明显的地物、地貌，再根据检查点说明表上指示的具体位置来确定检查点，同时快速确定下一个检查点的出口方向，并以最快的速度打卡、快速离开。从捕捉检查点到打卡再到离开检查点奔向下一个检查点，整个过程应做到快速、流畅。

图 10-2-3　点标旗

点标旗作为检查点的重要工具，由三面正方形标志旗连接组成，每面点标旗的尺寸为 30 cm × 30 cm，正方形以对角线划分，左上部为白色，右下部为橙黄色，如图 10-2-3 所示。点标旗悬挂的地点一般距地面 80 ~ 120 cm。打卡器为运动员提供到达位置的凭据，有针孔打卡器和电子打卡器两种。

学练指导

1. 拿到地图后，应第一时间标定地图，并在整个过程中确保地图方向与实地方向保持一致，这一要求须贯彻始终。

2. 在行进过程中，经过岔路口、特殊地貌时，要迅速准确地对照地图，随时掌握自己在地图上的位置，做到“人在地上跑，图在心中移”。

3. 在确定检查点后，要结合自身优势和特点，遵循“有路不越野”“择近不择远”“走高不走低”和“遇障提前绕”等路线选择技巧。

4. 刚开始开展定向运动时，可先制作教室布局图，熟悉后可扩展到校园局部或全校范围的地图。

5. 为了更好地参与定向运动，可进行辅助的有氧耐力训练。例如，在田径场或者校园内进行变速跑，一般以 400 m、600 m、800 m 或 1 000 m 等距离进行，快跑阶段心率控制在每分钟 140 次左右，慢跑心率控制在每分钟 120 次以下，间歇时心率恢复到每分钟 100 次以下时，开始下一组练习。

三、定向运动的组织与参与

（一）定向运动的组织

1. 竞赛场地与地图

竞赛场地应选择地形比较复杂、植被丰富的区域，为设计难度较高的竞赛路线提供可能性。但是，地形变化少、行进参照物少、道路网密集、高密度的森林、不能通行的悬崖峭壁与沼泽地、自然保护区等不宜作为比赛区域。

竞赛地图、线路符号和其他叠印符号应依据国际定向运动联合会定向运动地图规范《ISOM 2017—2》或《ISSprOM 2019—2》测绘和印制。地图印制后，如有影响比赛的地图错误或比赛场地变化，须用叠印符号说明，并同时在领队、教练员和裁判长联席会议上进行说明。

2. 线路与检查点

竞赛线路应充分体现公平公正。竞赛线路是对运动员的定向技术、智能和体能的综合检验。若条件允许，竞赛线路中男、女各组别应使用各自的检查点。竞赛线路的起点和终点既可设在同一地点，也可分设在不同地点。

检查点说明的作用是具体描述检查点的地物、地貌特征，以准确描述检查点位置，并用符号的形式表示。每个检查点应安放检查点标志，确保运动员在寻找时具有一定难度，但无须刻意隐藏。

3. 计时系统

比赛计时系统可以采用电子计时系统，主要包括打卡器和指卡，如图 10-2-4 所示。运动员在打卡时要确认是否接收到了反馈信号。若因打卡太快没有接收到反馈信号，指卡内将不会留下打卡记录，运动员成绩无效。若打卡记录无法辨认、指卡丢失、漏打或错打检查点，成绩无效。

4. 起终点区域

定向比赛的起点在地图上用三角形表示。个人赛和团队赛采用间隔出发方式，接力赛同组别采用集体出发方式。间隔出发的比赛，待发区应按出发前时间设置 3～5 个待发区段，常用的配置为 1 min 待发区、2 min 待发区和 3 min 待发区。

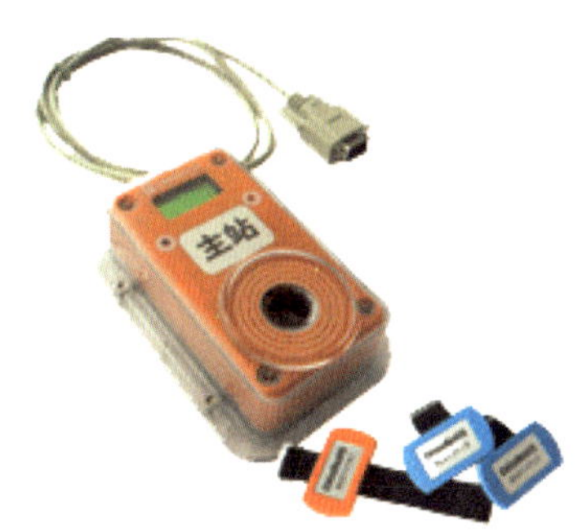

图 10-2-4　打卡器和指卡

运动员完成终点打卡，则比赛终止，以运动员指卡记录的时间为终点计时。应隔离出通往终点的冲刺通道，最后 20 m 应为直道。运动员通过终点后应上交比赛地图，并在成绩统计处录入成绩，打印成绩条。

（二）参与定向运动的基本流程

1. 赛前准备

比赛前应关注竞赛规程，特别是注意事项和补充通知，准确把握比赛的重要信息，注意饮食与休息，以确保良好的竞技状态，并准备好比赛装备，如指北针、运动服装、运动鞋等。

2. 报道与检录

比赛当日，一般提前 1 h 左右到达比赛地点，在集合地点报到、注册或领取参赛物品。进入待发区之前，做好热身、准备活动，检查指卡，确保佩戴合适、固定牢固，以防止在比赛中脱落。要按规定要求佩戴号码布或其他标志，准时检录，在起点处等待。

3. 出发

在出发前 3 min 进入待发区，将指卡放到“清除”打卡器上，清除指卡中以前的赛事信息，要确保出现声光现象。同时观察周边环境和地物特征，想象其在地图上可能的表现形式。进入 2 min 待发区时，再次对指卡进行清除。当离出发还剩最后 1 min 时，进入最前面的区域等待，最后 10 s 发令器提示，听到发令声后，将指卡插入“起点”打卡器并同时拿取比赛地图，比赛正式开始。

4. 赛中打卡

比赛正式开始后，使用地图和指北针确定第一个检查点位置，选择前进路线，到达检查点打卡时，需要检查所打的打卡器编号与要打的号码相符，确认打卡成功后再离开，如果不确定是否正确打卡，可再重新打一遍。比赛过程中若发现漏打检查点，要进行重打，再按规定顺序找完检查点，则成绩视为有效成绩。

5. 到达

顺利找到所有检查点后，冲过终点线，并在“终点”打卡器打卡，还应交还比赛地图，打印成绩单。赛后可通过成绩单对赛事路线进行分析和总结。最后找到“主站”打卡器，将指卡数据读入计算机，进行成绩统计和排名。

6. 赛后小结

本组比赛结束后，可在成绩公布栏查看成绩和排名，与队友复盘比赛路线选择和分段所用时间，分析在比赛中浪费时间的原因。